T&P BOOKS

TAILANDÊS
VOCABULÁRIO

PALAVRAS MAIS ÚTEIS

PORTUGUÊS
TAILANDÊS

Para alargar o seu léxico e apurar
as suas competências linguísticas

9000 palavras

Vocabulário Português-Tailandês - 9000 palavras

Por Andrey Taranov

Os vocabulários da T&P Books destinam-se a ajudar a aprender, a memorizar, e a rever palavras estrangeiras. O dicionário é dividido em temas, cobrindo todas as principais esferas de atividades quotidianas, negócios, ciência, cultura, etc.

O processo de aprendizagem, utilizando os dicionários baseados em temáticas da T&P Books dá-lhe as seguintes vantagens:

- Informação de origem corretamente agrupada predetermina o sucesso em fases subsequentes da memorização de palavras
- Disponibilização de palavras derivadas da mesma raiz, o que permite a memorização de unidades de texto (em vez de palavras separadas)
- Pequenas unidades de palavras facilitam o processo de estabelecimento de vínculos associativos necessários para a consolidação do vocabulário
- O nível de conhecimento da língua pode ser estimado pelo número de palavras aprendidas

T&P Books Publishing
www.tpbooks.com

ISBN: 978-1-78767-252-9

Este livro também está disponível em formato E-book.
Por favor visite www.tpbooks.com ou as principais livrarias on-line.

VOCABULÁRIO TAILANDÊS
palavras mais úteis

Os vocabulários da T&P Books destinam-se a ajudar a aprender, a memorizar, e a rever palavras estrangeiras. O vocabulário contém mais de 9000 palavras de uso comum organizadas tematicamente.

O vocabulário contém as palavras mais comummente usadas
Recomendado como adicional para qualquer curso de línguas
Satisfaz as necessidades dos iniciados e dos alunos avançados de línguas estrangeiras
Conveniente para o uso diário, sessões de revisão e atividades de auto-teste
Permite avaliar o seu vocabulário

Características especias do vocabulário

· As palavras estão organizadas de acordo com o seu significado, e não por ordem alfabética
· As palavras são apresentadas em três colunas para facilitar os processos de revisão e auto-teste
· As palavras compostas são divididas em pequenos blocos para facilitar o processo de aprendizagem
· O vocabulário oferece uma transcrição simples e adequada de cada palavra estrangeira

O vocabulário contém 256 tópicos incluindo:

Conceitos básicos, Números, Cores, Meses, Estações do ano, Unidades de medida, Roupas & Acessórios, Alimentos & Nutrição, Restaurante, Membros da Família, Parentes, Caráter, Sentimentos, Emoções, Doenças, Cidade, Passeios, Compras, Dinheiro, Casa, Lar, Escritório, Trabalho no Escritório, Importação & Exportação, Marketing, Pesquisa de Emprego, Desportos, Educação, Computador, Internet, Ferramentas, Natureza, Países, Nacionalidades e muito mais ...

TABELA DE CONTEÚDOS

GUIA DE PRONUNCIAÇÃO

Alfabeto fonético T&P	Exemplo tailandês	Exemplo Português

Vogais

[a]	ห้า [hâ:] – hâa	chamar
[e]	เป็นลม [pen lom] – bpen lom	metal
[i]	วินัย [wíʔ naj] – wí–nai	sinónimo
[o]	โกน [koːn] – gohn	lobo
[u]	หุ่นเคือง [kʰùn kʰɯːaŋ] – khùn kheuang	bonita
[aa]	ราคา [ra: kʰa:] – raa–khaa	rapaz
[oo]	ภูมิใจ [pʰuːm tɕaj] – phoom jai	blusa
[ee]	บัญชี [ban tɕʰiː] – ban–chee	cair
[eu]	เดือน [dɯːan] – deuan	Um [u] sem arredondar os lábios
[er]	เงิน [ŋɤn] – ngern	O [u] Inglês, só que com os lábios arredondados.
[ae]	แปล [plɛ:] – bplae	plateia
[ay]	เลข [lêːk] – lâyk	plateia
[ai]	ไปป์ [paj] – bpai	baixar
[oi]	โพย [pʰoːj] – phoi	moita
[ya]	สัญญา [sǎn ja:] – sǎn–yaa	Himalaias
[oie]	อบเชย [ʔòp tɕʰɤːj] – òp–choie	Combinação [ə:i]
[ieo]	หน้าเชียว [nâ: si:aw] – nâa sieow	Kia Motors

Consoantes iniciais

[b]	บาง [ba:ŋ] – baang	barril
[d]	สีแดง [sǐ: dɛːŋ] – sěe daeng	dentista
[f]	มันฝรั่ง [man fà ràŋ] – man fà–ràng	safári
[h]	เฮลซิงกิ [heːn siŋ kìʔ] – hayn–sing–gì	[h] aspirada
[y]	ยี่สิบ [jîː sìp] – yêe sip	géiser
[g]	กรง [kroŋ] – grorng	gosto
[kh]	เลขา [le: kʰǎ:] – lay–khǎa	[k] aspirada
[l]	เล็ก [lék] – lék	libra
[m]	เมลอน [me: lɔːn] – may–lorn	magnólia
[n]	หนัง [nǎŋ] – nǎng	natureza
[ng]	เงือก [ŋɯːak] – ngêuak	alcançar
[bp]	เป็น [pen] – bpen	presente
[ph]	เผา [pʰàw] – phào	[p] aspirada
[r]	เบอร์รี่ [bɤ: rî:] – ber–rêe	riscar
[s]	ซ่อน [sôn] – sôrn	sanita
[dt]	ดนตรี [don tri:] – don–dtree	tulipa
[j]	ปั่นจั่น [pân tɕàn] – bpân jàn	tchetcheno

11

Alfabeto fonético T&P	Exemplo tailandês	Exemplo Português
[ch]	วิชา [wí? tɕʰaː] – wí–chaa	[tsch] aspirado
[th]	แถว [tʰɛːw] – thǎe	[t] aspirada
[w]	เดียว [kʰiːaw] – khieow	página web

Consoantes finais

[k]	แม่เหล็ก [mɛː lèk] – mâe lèk	kiwi
[m]	เพิ่ม [pʰɤːm] – phêrm	magnólia
[n]	เนียน [niːan] – nian	natureza
[ng]	เป็นห่วง [pen hùːaŋ] – bpen hùang	alcançar
[p]	ไม่ขยับ [mâj kʰà ja p] – mâi khà–yàp	presente
[t]	ลูกเป็ด [lûːk pèt] – lôok bpèt	tulipa

Comentários

Tom médio - [ā] การคูณ [gaan khon]
Tom baixo - [à] แจกจ่าย [jàek jàai]
Tom descendente - [â] แต่ม [dtâem]
Tom alto - [á] แซ็กโซโฟน [sáek-soh-fohn]
Tom ascendente - [ǎ] เนินเขา [nern khǎo]

ABREVIATURAS
usadas no vocabulário

Abreviaturas do Português

adj	-	adjetivo
adv	-	advérbio
anim.	-	animado
conj.	-	conjunção
desp.	-	desporto
etc.	-	etecetra
ex.	-	por exemplo
f	-	nome feminino
f pl	-	feminino plural
fem.	-	feminino
inanim.	-	inanimado
m	-	nome masculino
m pl	-	masculino plural
m, f	-	masculino, feminino
masc.	-	masculino
mat.	-	matemática
mil.	-	militar
pl	-	plural
prep.	-	preposição
pron.	-	pronome
sb.	-	sobre
sing.	-	singular
v aux	-	verbo auxiliar
vi	-	verbo intransitivo
vi, vt	-	verbo intransitivo, transitivo
vr	-	verbo reflexivo
vt	-	verbo transitivo

CONCEITOS BÁSICOS

Conceitos básicos. Parte 1

1. Pronomes

tu	คุณ	khun
ele	เขา	khăo
ela	เธอ	ther
ele, ela (neutro)	มัน	man
nós	เรา	rao
vocês	คุณทั้งหลาย	khun tháng lăai
você (sing.)	คุณ	khun
você (pl)	คุณทั้งหลาย	khun tháng lăai
eles	เขา	khăo
elas	เธอ	ther

2. Cumprimentos. Saudações. Despedidas

Olá!	สวัสดี!	sà-wàt-dee
Bom dia! (formal)	สวัสดี ครับ/ค่ะ!	sà-wàt-dee khráp/khâ
Bom dia! (de manhã)	อรุณสวัสดิ์!	a-run sà-wàt
Boa tarde!	สวัสดีตอนบ่าย	sà-wàt-dee dtorn-bàai
Boa noite!	สวัสดีตอนค่ำ	sà-wàt-dee dtorn-khâm
cumprimentar (vt)	ทักทาย	thák thaai
Olá!	สวัสดี!	sà-wàt-dee
saudação (f)	คำทักทาย	kham thák thaai
saudar (vt)	ทักทาย	thák thaai
Como vai?	คุณสบายดีไหม?	khun sà-baai dee măi
Como vais?	สบายดีไหม?	sà-baai dee măi
O que há de novo?	มีอะไรใหม่?	mee à-rai mài
Adeus! (formal)	ลาก่อน!	laa gòrn
Até à vista! (informal)	บาย!	baai
Até breve!	พบกันใหม่	phóp gan mài
Adeus! (sing.)	ลาก่อน!	laa gòrn
Adeus! (pl)	สวัสดี!	sà-wàt-dee
despedir-se (vr)	บอกลา	bòrk laa
Até logo!	ลาก่อน!	laa gòrn
Obrigado! -a!	ขอบคุณ!	khòrp khun
Muito obrigado! -a!	ขอบคุณมาก!	khòrp khun mâak
De nada	ยินดีช่วย	yin dee chûay
Não tem de quê	ไม่เป็นไร	mâi bpen rai

De nada	ไม่เป็นไร	mâi bpen rai
Desculpa!	ขอโทษที!	khŏr thôht thee
Desculpe!	ขอโทษ ครับ/ค่ะ!	khŏr thôht khráp / khâ
desculpar (vt)	ให้อภัย	hâi a-phai

desculpar-se (vr)	ขอโทษ	khŏr thôht
As minhas desculpas	ขอโทษ	khŏr thôht
Desculpe!	ขอโทษ!	khŏr thôht
perdoar (vt)	อภัย	a-phai
Não faz mal	ไม่เป็นไร!	mâi bpen rai
por favor	โปรด	bpròht

Não se esqueça!	อย่าลืม!	yàa leum
Certamente! Claro!	แน่นอน!	nâe norn
Claro que não!	ไม่ใช่แน่!	mâi châi nâe
Está bem! De acordo!	โอเค!	oh-khay
Basta!	พอแล้ว	phor láew

3. Como se dirigir a alguém

Desculpe (para chamar a atenção)	ขอโทษ	khŏr thôht
senhor	ท่าน	thâan
senhora	คุณ	khun
rapariga	คุณ	khun
rapaz	พ่อหนุ่ม	phôr nùm
menino	หนู	nŏo
menina	หนู	nŏo

4. Números cardinais. Parte 1

zero	ศูนย์	sŏon
um	หนึ่ง	nèung
dois	สอง	sŏrng
três	สาม	săam
quatro	สี่	sèe

cinco	ห้า	hâa
seis	หก	hòk
sete	เจ็ด	jèt
oito	แปด	bpàet
nove	เก้า	gâo

dez	สิบ	sìp
onze	สิบเอ็ด	sìp èt
doze	สิบสอง	sìp sŏrng
treze	สิบสาม	sìp săam
catorze	สิบสี่	sìp sèe

quinze	สิบห้า	sìp hâa
dezasseis	สิบหก	sìp hòk
dezassete	สิบเจ็ด	sìp jèt

dezoito	สิบแปด	sìp bpàet
dezanove	สิบเก้า	sìp gâo
vinte	ยี่สิบ	yêe sìp
vinte e um	ยี่สิบเอ็ด	yêe sìp èt
vinte e dois	ยี่สิบสอง	yêe sìp sŏrng
vinte e três	ยี่สิบสาม	yêe sìp săam
trinta	สามสิบ	săam sìp
trinta e um	สามสิบเอ็ด	săam-sìp-èt
trinta e dois	สามสิบสอง	săam-sìp-sŏrng
trinta e três	สามสิบสาม	săam-sìp-săam
quarenta	สี่สิบ	sèe sìp
quarenta e um	สี่สิบเอ็ด	sèe-sìp-èt
quarenta e dois	สี่สิบสอง	sèe-sìp-sŏrng
quarenta e três	สี่สิบสาม	sèe-sìp-săam
cinquenta	ห้าสิบ	hâa sìp
cinquenta e um	ห้าสิบเอ็ด	hâa-sìp-èt
cinquenta e dois	ห้าสิบสอง	hâa-sìp-sŏrng
cinquenta e três	หาสิบสาม	hâa-sìp-săam
sessenta	หกสิบ	hòk sìp
sessenta e um	หกสิบเอ็ด	hòk-sìp-èt
sessenta e dois	หกสิบสอง	hòk-sìp-sŏrng
sessenta e três	หกสิบสาม	hòk-sìp-săam
setenta	เจ็ดสิบ	jèt sìp
setenta e um	เจ็ดสิบเอ็ด	jèt-sìp-èt
setenta e dois	เจ็ดสิบสอง	jèt-sìp-sŏrng
setenta e três	เจ็ดสิบสาม	jèt-sìp-săam
oitenta	แปดสิบ	bpàet sìp
oitenta e um	แปดสิบเอ็ด	bpàet-sìp-èt
oitenta e dois	แปดสิบสอง	bpàet-sìp-sŏrng
oitenta e três	แปดสิบสาม	bpàet-sìp-săam
noventa	เก้าสิบ	gâo sìp
noventa e um	เก้าสิบเอ็ด	gâo-sìp-èt
noventa e dois	เก้าสิบสอง	gâo-sìp-sŏrng
noventa e três	เกาสิบสาม	gâo-sìp-săam

5. Números cardinais. Parte 2

cem	หนึ่งร้อย	nèung rói
duzentos	สองร้อย	sŏrng rói
trezentos	สามร้อย	săam rói
quatrocentos	สี่ร้อย	sèe rói
quinhentos	ห้าร้อย	hâa rói
seiscentos	หกร้อย	hòk rói
setecentos	เจ็ดร้อย	jèt rói
oitocentos	แปดร้อย	bpàet rói
novecentos	เการ้อย	gâo rói

mil	หนึ่งพัน	nèung phan
dois mil	สองพัน	sŏrng phan
três mil	สามพัน	săam phan

| dez mil | หนึ่งหมื่น | nèung mèun |
| cem mil | หนึ่งแสน | nèung săen |

| um milhão | ล้าน | láan |
| mil milhões | พันล้าน | phan láan |

6. Números ordinais

primeiro	แรก	râek
segundo	ที่สอง	thêe sŏrng
terceiro	ที่สาม	thêe săam
quarto	ที่สี่	thêe sèe
quinto	ที่ห้า	thêe hâa

sexto	ที่หก	thêe hòk
sétimo	ที่เจ็ด	thêe jèt
oitavo	ที่แปด	thêe bpàet
nono	ที่เก้า	thêe gâo
décimo	ที่สิบ	thêe sìp

7. Números. Frações

fração (f)	เศษส่วน	sàyt sùan
um meio	หนึ่งส่วนสอง	nèung sùan sŏrng
um terço	หนึ่งส่วนสาม	nèung sùan săam
um quarto	หนึ่งส่วนสี่	nèung sùan sèe

um oitavo	หนึ่งส่วนแปด	nèung sùan bpàet
um décimo	หนึ่งส่วนสิบ	nèung sùan sìp
dois terços	สองส่วนสาม	sŏrng sùan săam
três quartos	สามส่วนสี่	săam sùan sèe

8. Números. Operações básicas

| subtração (f) | การลบ | gaan lóp |
| subtrair (vi, vt) | ลบ | lóp |

| divisão (f) | การหาร | gaan hăan |
| dividir (vt) | หาร | hăan |

| adição (f) | การบวก | gaan bùak |
| somar (vt) | บวก | bùak |

adicionar (vt)	เพิ่ม	phêrm
multiplicação (f)	การคูณ	gaan khon
multiplicar (vt)	คูณ	khoon

9. Números. Diversos

algarismo, dígito (m)	ตัวเลข	dtua lâyk
número (m)	เลข	lâyk
numeral (m)	ตัวเลข	dtua lâyk
menos (m)	เครื่องหมายลบ	khrêuang măai lóp
mais (m)	เครื่องหมายบวก	khrêuang măai bùak
fórmula (f)	สูตร	sòot
cálculo (m)	การนับ	gaan náp
contar (vt)	นับ	náp
calcular (vt)	นับ	náp
comparar (vt)	เปรียบเทียบ	bprìap thîap
Quanto?	เท่าไหร่?	thâo rài
Quantos? -as?	กี่...?	gèe...?
soma (f)	ผลรวม	phŏn ruam
resultado (m)	ผลลัพธ์	phŏn láp
resto (m)	ที่เหลือ	thêe lĕua
alguns, algumas ...	สองสาม	sŏrng săam
um pouco de ...	นิดหน่อย	nít nòi
poucos, -as (~ pessoas)	น้อย	nói
resto (m)	ที่เหลือ	thêe lĕua
um e meio	หนึ่งครึ่ง	nèung khrêung
dúzia (f)	โหล	lŏh
ao meio	เป็นสองส่วน	bpen sŏrng sùan
em partes iguais	เท่าเทียมกัน	thâo thiam gan
metade (f)	ครึ่ง	khrêung
vez (f)	ครั้ง	khráng

10. Os verbos mais importantes. Parte 1

abrir (vt)	เปิด	bpèrt
acabar, terminar (vt)	จบ	jòp
aconselhar (vt)	แนะนำ	náe nam
adivinhar (vt)	คาดเดา	khâat dao
advertir (vt)	เตือน	dteuan
ajudar (vt)	ช่วย	chûay
almoçar (vi)	ทานอาหารเที่ยง	thaan aa-hăan thîang
alugar (~ um apartamento)	เช่า	châo
amar (vt)	รัก	rák
ameaçar (vt)	ขู่	khòo
anotar (escrever)	จด	jòt
apanhar (vt)	จับ	jàp
apressar-se (vr)	รีบ	rêep
arrepender-se (vr)	เสียใจ	sĭa jai
assinar (vt)	ลงนาม	long naam
atirar, disparar (vi)	ยิง	ying

brincar (vi)	ล้อเล่น	lór lên
brincar, jogar (crianças)	เล่น	lên
buscar (vt)	หา	hǎa
caçar (vi)	ลา	lâa

cair (vi)	ตก	dtòk
cavar (vt)	ขุด	khùt
cessar (vt)	หยุด	yùt
chamar (~ por socorro)	เรียก	rîak
chegar (vi)	มา	maa
chorar (vi)	ร้องไห้	rórng hâi

começar (vt)	เริ่ม	rêrm
comparar (vt)	เปรียบเทียบ	bprìap thîap
compreender (vt)	เข้าใจ	khâo jai
concordar (vi)	เห็นด้วย	hěn dûay
confiar (vt)	เชื่อ	chêua

confundir (equivocar-se)	สับสน	sàp sǒn
conhecer (vt)	รู้จัก	róo jàk
contar (fazer contas)	นับ	náp
contar com (esperar)	พึ่งพา	phêung phaa
continuar (vt)	ทำต่อไป	tham dtòr bpai

controlar (vt)	ควบคุม	khûap khum
convidar (vt)	เชิญ	chern
correr (vi)	วิ่ง	wîng
criar (vt)	สร้าง	sâang
custar (vt)	ราคา	raa-khaa

11. Os verbos mais importantes. Parte 2

dar (vt)	ให้	hâi
dar uma dica	บอกใบ้	bòrk bâi
decorar (enfeitar)	ประดับ	bprà-dàp
defender (vt)	ปกป้อง	bpòk bpôrng
deixar cair (vt)	ทิ้งให้ตก	thíng hâi dtòk

descer (para baixo)	ลง	long
desculpar (vt)	ให้อภัย	hâi a-phai
desculpar-se (vr)	ขอโทษ	khǒr thôht
dirigir (~ uma empresa)	บริหาร	bor-rí-hǎan
discutir (notícias, etc.)	หารือ	hǎa-reu
dizer (vt)	บอก	bòrk

duvidar (vt)	สงสัย	sǒng-sǎi
encontrar (achar)	พบ	phóp
enganar (vt)	หลอก	lòrk
entrar (na sala, etc.)	เข้า	khâo
enviar (uma carta)	ส่ง	sòng

errar (equivocar-se)	ทำผิด	tham phìt
escolher (vt)	เลือก	lêuak
esconder (vt)	ซ่อน	sôrn

| escrever (vt) | เขียน | khĭan |
| esperar (o autocarro, etc.) | รอ | ror |

esperar (ter esperança)	หวัง	wăng
esquecer (vt)	ลืม	leum
estudar (vt)	เรียน	rian
exigir (vt)	เรียกร้อง	rîak rórng
existir (vi)	มีอยู่	mee yòo

explicar (vt)	อธิบาย	à-thí-baai
falar (vi)	พูด	phôot
faltar (clases, etc.)	พลาด	phlâat
fazer (vt)	ทำ	tham
ficar em silêncio	นิ่งเงียบ	nîng ngîap
gabar-se, jactar-se (vr)	โอ้อวด	ôh ùat

gostar (apreciar)	ชอบ	chôrp
gritar (vi)	ตะโกน	dtà-gohn
guardar (cartas, etc.)	รักษา	rák-săa
informar (vt)	แจง	jâeng
insistir (vi)	ยืนยัน	yeun yan

insultar (vt)	ดูถูก	doo thòok
interessar-se (vr)	สนใจใน	sŏn jai nai
ir (a pé)	ไป	bpai
ir nadar	ไปว่ายน้ำ	bpai wâai náam
jantar (vi)	ทานอาหารเย็น	thaan aa-hăan yen

12. Os verbos mais importantes. Parte 3

ler (vt)	อ่าน	àan
libertar (cidade, etc.)	ปลดปล่อย	bplòt bplòi
matar (vt)	ฆ่า	khâa
mencionar (vt)	กล่าวถึง	glàao thěung
mostrar (vt)	แสดง	sà-daeng

mudar (modificar)	เปลี่ยน	bplìan
nadar (vi)	ว่ายน้ำ	wâai náam
negar-se (vt)	ปฏิเสธ	bpà-dtì-sàyt
objetar (vt)	คาน	kháan

observar (vt)	สังเกตการณ์	săng-gàyt gaan
ordenar (mil.)	สั่งการ	sàng gaan
ouvir (vt)	ได้ยิน	dâai yin
pagar (vt)	จ่าย	jàai
parar (vi)	หยุด	yùt

participar (vi)	มีส่วนร่วม	mee sùan rûam
pedir (comida)	สั่ง	sàng
pedir (um favor, etc.)	ขอ	khŏr
pegar (tomar)	เอา	ao
pensar (vt)	คิด	khít
perceber (ver)	สังเกต	săng-gàyt
perdoar (vt)	ให้อภัย	hâi a-phai

perguntar (vt)	ถาม	thǎam
permitir (vt)	อนุญาต	a-nú-yâat
pertencer (vt)	เป็นของของ...	bpen khǒrng khǒrng...

planear (vt)	วางแผน	waang phǎen
poder (vi)	สามารถ	sǎa-mâat
possuir (vt)	เป็นเจาของ	bpen jâo khǒrng
preferir (vt)	ชอบ	chôrp
preparar (vt)	ทำอาหาร	tham aa-hǎan

prever (vt)	คาดหวัง	khâat wǎng
prometer (vt)	สัญญา	sǎn-yaa
pronunciar (vt)	ออกเสียง	òrk sǐang
propor (vt)	เสนอ	sà-něr
punir (castigar)	ลงโทษ	long thôht

13. Os verbos mais importantes. Parte 4

quebrar (vt)	แตก	dtàek
queixar-se (vr)	บุ่น	bòn
querer (desejar)	ตองการ	dtôrng gaan
recomendar (vt)	แนะนำ	náe nam
repetir (dizer outra vez)	ช้ำ	sám

repreender (vt)	ดุด่า	dù dàa
reservar (~ um quarto)	จอง	jorng
responder (vt)	ตอบ	dtòrp
rezar, orar (vi)	ภาวนา	phaa-wá-naa
rir (vi)	หัวเราะ	hǔa rór

roubar (vt)	ขูโมย	khà-moi
saber (vt)	รู้	róo
sair (~ de casa)	ออกไป	òrk bpai
salvar (vt)	กู้	gôo
seguir ...	ไปตาม...	bpai dtaam...

sentar-se (vr)	นั่ง	nâng
ser necessário	ตองการ	dtôrng gaan
ser, estar	เป็น	bpen
significar (vt)	หมาย	mǎai

sorrir (vi)	ยิ้ม	yím
subestimar (vt)	ดูถูก	doo thòok
surpreender-se (vr)	ประหลาดใจ	bprà-làat jai
tentar (vt)	พยายาม	phá-yaa-yaam

ter (vt)	มี	mee
ter fome	หิว	hǐw
ter medo	กลัว	glua
ter sede	กระหายน้ำ	grà-hǎai náam

tocar (com as mãos)	แตะต้อง	dtàe dtôrng
tomar o pequeno-almoço	ทานอาหารเช้า	thaan aa-hǎan cháo
trabalhar (vi)	ทำงาน	tham ngaan

| traduzir (vt) | แปล | bplae |
| unir (vt) | สมาน | sà-măan |

vender (vt)	ขาย	khăai
ver (vt)	เห็น	hĕn
virar (ex. ~ à direita)	เลี้ยว	líeow
voar (vi)	บิน	bin

14. Cores

| cor (f) | สี | sĕe |
| matiz (m) | สีออน | sĕe òrn |

| tom (m) | สีสัน | sĕe săn |
| arco-íris (m) | สายรุ้ง | săai rúng |

branco	สีขาว	sĕe khăao
preto	สีดำ	sĕe dam
cinzento	สีเทา	sĕe thao

verde	สีเขียว	sĕe khĭeow
amarelo	สีเหลือง	sĕe lĕuang
vermelho	สีแดง	sĕe daeng

azul	สีน้ำเงิน	sĕe nám ngern
azul claro	สีฟ้า	sĕe fáa
rosa	สีชมพู	sĕe chom-poo
laranja	สีสม	sĕe sôm

| violeta | สีม่วง | sĕe mûang |
| castanho | สีน้ำตาล | sĕe nám dtaan |

| dourado | สีทอง | sĕe thorng |
| prateado | สีเงิน | sĕe ngern |

bege	สีน้ำตาลออน	sĕe nám dtaan òrn
creme	สีครีม	sĕe khreem
turquesa	สีเขียวแกมน้ำเงิน	sĕe khĭeow gaem náam ngern
vermelho cereja	สีแดงเชอรรี่	sĕe daeng cher-rêe

| lilás | สีม่วงออน | sĕe mûang-òrn |
| carmesim | สีแดงเขม | sĕe daeng khâym |

claro	ออน	òrn
escuro	แก	gàe
vivo	สด	sòt

| de cor | สี | sĕe |
| a cores | สี | sĕe |

preto e branco	ขาวดำ	khăao-dam
unicolor	สีเดียว	sĕe dieow
multicor	หลากสี	làak sĕe

15. Questões

Quem?	ใคร?	khrai
Que?	อะไร?	a-rai
Onde?	ที่ไหน?	thêe nǎi
Para onde?	ที่ไหน?	thêe nǎi
De onde?	จากที่ไหน?	jàak thêe nǎi
Quando?	เมื่อไหร่?	mêua rài
Para quê?	ทำไม?	tham-mai
Porquê?	ทำไม?	tham-mai

Para quê?	เพื่ออะไร?	phêua a-rai
Como?	อย่างไร?	yàang rai
Qual?	อะไร?	a-rai
Qual? (entre dois ou mais)	ไหน?	nǎi

A quem?	สำหรับใคร?	sǎm-ràp khrai
Sobre quem?	เกี่ยวกับใคร?	gìeow gàp khrai
Do quê?	เกี่ยวกับอะไร?	gìeow gàp a-rai
Com quem?	กับใคร?	gàp khrai

Quantos? -as?	กี่...?	gèe...?
Quanto?	เท่าไหร่?	thâo rài
De quem? (masc.)	ของใคร?	khǒrng khrai

16. Preposições

com (prep.)	กับ	gàp
sem (prep.)	ปราศจาก	bpràat-sà-jàak
a, para (exprime lugar)	ไปที่	bpai thêe
sobre (ex. falar ~)	เกี่ยวกับ	gìeow gàp
antes de ...	ก่อน	gòrn
diante de ...	หน้า	nâa

sob (debaixo de)	ใต้	dtâi
sobre (em cima de)	เหนือ	něua
sobre (~ a mesa)	บน	bon
de (vir ~ Lisboa)	จาก	jàak
de (feito ~ pedra)	ทำใช้	tham chái

| dentro de (~ dez minutos) | ใน | nai |
| por cima de ... | ขาม | khâam |

17. Palavras funcionais. Advérbios. Parte 1

Onde?	ที่ไหน?	thêe nǎi
aqui	ที่นี่	thêe nêe
lá, ali	ที่นั่น	thêe nân

| em algum lugar | ที่ใดที่หนึ่ง | thêe dai thêe nèung |
| em lugar nenhum | ไม่มีที่ไหน | mâi mee thêe nǎi |

| ao pé de ... | ข้าง | khâang |
| ao pé da janela | ข้างหน้าต่าง | khâang nâa dtàang |

Para onde?	ที่ไหน?	thêe nǎi
para cá	ที่นี่	thêe nêe
para lá	ที่นั่น	thêe nân
daqui	จากที่นี่	jàak thêe nêe
de lá, dali	จากที่นั่น	jàak thêe nân

| perto | ใกล้ | glâi |
| longe | ไกล | glai |

perto de ...	ใกล้	glâi
ao lado de	ใกล้ๆ	glâi glâi
perto, não fica longe	ไม่ไกล	mâi glai

esquerdo	ซ้าย	sáai
à esquerda	ข้างซ้าย	khâang sáai
para esquerda	ซ้าย	sáai

direito	ขวา	khwǎa
à direita	ข้างขวา	khâang kwǎa
para direita	ขวา	khwǎa

à frente	ข้างหน้า	khâang nâa
da frente	หน้า	nâa
em frente (para a frente)	หน้า	nâa

atrás de ...	ข้างหลัง	khâang lǎng
por detrás (vir ~)	จากข้างหลัง	jàak khâang lǎng
para trás	หลัง	lǎng

| meio (m), metade (f) | กลาง | glaang |
| no meio | ตรงกลาง | dtrorng glaang |

de lado	ข้าง	khâang
em todo lugar	ทุกที่	thúk thêe
ao redor (olhar ~)	รอบ	rôrp

de dentro	จากข้างใน	jàak khâang nai
para algum lugar	ที่ไหน	thêe nǎi
diretamente	ตรงไป	dtrorng bpai
de volta	กลับ	glàp

| de algum lugar | จากที่ใด | jàak thêe dai |
| de um lugar | จากที่ใด | jàak thêe dai |

em primeiro lugar	ข้อที่หนึ่ง	khôr thêe nèung
em segundo lugar	ข้อที่สอง	khôr thêe sǒrng
em terceiro lugar	ขอที่สาม	khôr thêe sǎam

de repente	ในทันที	nai than thee
no início	ตอนแรก	dtorn-râek
pela primeira vez	เป็นครั้งแรก	bpen khráng râek
muito antes de ...	นานก่อน	naan gòrn
de novo, novamente	ใหม่	mài

para sempre	ให้จบสิ้น	hâi jòp sîn
nunca	ไมเคย	mâi khoie
de novo	อีกครั้งหนึ่ง	èek khráng nèung
agora	ตอนนี้	dtorn-née
frequentemente	บ่อย	bòi
então	เวลานั้น	way-laa nán
urgentemente	อย่างเร่งด่วน	yàang râyng dùan
usualmente	มักจะ	mák jà

a propósito, ...	อนึ่ง	à-nèung
é possível	เป็นไปได้	bpen bpai dâai
provavelmente	อาจจะ	àat jà
talvez	อาจจะ	àat jà
além disso, ...	นอกจากนั้น...	nôrk jàak nán...
por isso ...	นั่นเป็นเหตุผลที่...	nân bpen hàyt phŏn thêe...
apesar de ...	แม้ว่า...	máe wâa...
graças a ...	เนื่องจาก...	nêuang jàak...

que (pron.)	อะไร	a-rai
que (conj.)	ที่	thêe
algo	อะไร	a-rai
alguma coisa	อะไรก็ตาม	a-rai gôr dtaam
nada	ไม่มีอะไร	mâi mee a-rai

quem	ใคร	khrai
alguém (~ teve uma ideia ...)	บางคน	baang khon
alguém	บางคน	baang khon

ninguém	ไม่มีใคร	mâi mee khrai
para lugar nenhum	ไม่ไปไหน	mâi bpai năi
de ninguém	ไม่เป็นของของใคร	mâi bpen khŏrng khŏrng khrai
de alguém	ของคนหนึ่ง	khŏrng khon nèung

tão	มาก	mâak
também (gostaria ~ de ...)	ด้วย	dûay
também (~ eu)	ด้วย	dûay

18. Palavras funcionais. Advérbios. Parte 2

Porquê?	ทำไม?	tham-mai
por alguma razão	เพราะเหตุผลอะไร	phrór hàyt phŏn à-rai
porque ...	เพราะว่า,,,	phrór wâa
por qualquer razão	ด้วยจุดประสงค์อะไร	dûay jùt bprà-sŏng a-rai

e (tu ~ eu)	และ	láe
ou (ser ~ não ser)	หรือ	rĕu
mas (porém)	แต่	dtàe
para (~ a minha mãe)	สำหรับ	săm-ràp

demasiado, muito	เกินไป	gern bpai
só, somente	เท่านั้น	thâo nán
exatamente	ตรง	dtrorng
cerca de (~ 10 kg)	ประมาณ	bprà-maan

aproximadamente	ประมาณ	bprà-maan
aproximado	ประมาณ	bprà-maan
quase	เกือบ	gèuap
resto (m)	ที่เหลือ	thêe lĕua

o outro (segundo)	อีก	èek
outro	อื่น	èun
cada	ทุก	thúk
qualquer	ใดๆ	dai dai
muitos, muitas	หลาย	lăai
muito	มาก	mâak
muitas pessoas	หลายคน	lăai khon
todos	ทุกๆ	thúk thúk

em troca de ...	ที่จะเปลี่ยนเป็น	thêe jà bplìan bpen
em troca	แทน	thaen
à mão	ใช้มือ	chái meu
pouco provável	แทบจะไม่	thâep jà mâi

provavelmente	อาจจะ	àat jà
de propósito	โดยเจตนา	doi jàyt-dtà-naa
por acidente	บังเอิญ	bang-ern

muito	มาก	mâak
por exemplo	ยกตัวอย่าง	yók dtua yàang
entre	ระหว่าง	rá-wàang
entre (no meio de)	ทามกลาง	tâam-glaang
tanto	มากมาย	mâak maai
especialmente	โดยเฉพาะ	doi chà-phór

Conceitos básicos. Parte 2

19. Opostos

rico	รวย	ruay
pobre	จน	jon
doente	เจ็บป่วย	jèp bpùay
são	สบายดี	sà-baai dee
grande	ใหญ่	yài
pequeno	เล็ก	lék
rapidamente	อย่างเร็ว	yàang reo
lentamente	อยางชา	yàang cháa
rápido	เร็ว	reo
lento	ชา	cháa
alegre	ยินดี	yin dee
triste	เสียใจ	sĭa jai
juntos	ด้วยกัน	dûay gan
separadamente	ตางหาก	dtàang hàak
em voz alta (ler ~)	ออกเสียง	òrk sĭang
para si (em silêncio)	อยางเงียบๆ	yàang ngîap ngîap
alto	สูง	sŏong
baixo	ต่ำ	dtàm
profundo	ลึก	léuk
pouco fundo	ตื้น	dtêun
sim	ใช่	châi
não	ไม่ใช่	mâi châi
distante (no espaço)	ไกล	glai
próximo	ใกล	glâi
longe	ไกล	glai
perto	ใกลๆ	glâi glâi
longo	ยาว	yaao
curto	สั้น	sân
bom, bondoso	ใจดี	jai dee
mau	เลวราย	leo ráai

| casado | แต่งงานแล้ว | dtàeng ngaan láew |
| solteiro | เป็นโสด | bpen sòht |

| proibir (vt) | ห้าม | hâam |
| permitir (vt) | อนุญาต | a-nú-yâat |

| fim (m) | จบ | jòp |
| começo (m) | จุดเริ่มต้น | jùt rêrm-dtôn |

| esquerdo | ซ้าย | sáai |
| direito | ขวา | khwǎa |

| primeiro | แรก | râek |
| último | สุดท้าย | sùt tháai |

| crime (m) | อาชญากรรม | àat-yaa-gam |
| castigo (m) | การลงโทษ | gaan long thôht |

| ordenar (vt) | สั่ง | sàng |
| obedecer (vt) | เชื่อฟัง | chêua fang |

| reto | ตรง | dtrorng |
| curvo | โค้ง | khóhng |

| paraíso (m) | สวรรค์ | sà-wǎn |
| inferno (m) | นรก | ná-rók |

| nascer (vi) | เกิด | gèrt |
| morrer (vi) | ตาย | dtaai |

| forte | แข็งแรง | khǎeng raeng |
| fraco, débil | อ่อนแอ | òrn ae |

| idoso | แก่ | gàe |
| jovem | หนุ่ม | nùm |

| velho | เก่าแก่ | gào gàe |
| novo | ใหม่ | mài |

| duro | แข็ง | khǎeng |
| mole | อ่อน | òrn |

| tépido | อุ่น | ùn |
| frio | หนาว | nǎao |

| gordo | อ้วน | ûan |
| magro | ผอม | phǒrm |

| estreito | แคบ | khâep |
| largo | กว้าง | gwâang |

| bom | ดี | dee |
| mau | ไม่ดี | mâi dee |

| valente | กล้าหาญ | glâa hǎan |
| cobarde | ขี้ขลาด | khêe khlàat |

20. Dias da semana

segunda-feira (f)	วันจันทร์	wan jan
terça-feira (f)	วันอังคาร	wan ang-khaan
quarta-feira (f)	วันพุธ	wan phút
quinta-feira (f)	วันพฤหัสบดี	wan phá-réu-hàt-sà-bor-dee
sexta-feira (f)	วันศุกร์	wan sùk
sábado (m)	วันเสาร์	wan săo
domingo (m)	วันอาทิตย์	wan aa-thít
hoje	วันนี้	wan née
amanhã	พรุ่งนี้	phrûng-née
depois de amanhã	วันมะรืนนี้	wan má-reun née
ontem	เมื่อวานนี้	mêua waan née
anteontem	เมื่อวานซืนนี้	mêua waan-seun née
dia (m)	วัน	wan
dia (m) de trabalho	วันทำงาน	wan tham ngaan
feriado (m)	วันนักขัตฤกษ์	wan nák-khàt-rêrk
dia (m) de folga	วันหยุด	wan yùt
fim (m) de semana	วันสุดสัปดาห์	wan sùt sàp-daa
o dia todo	ทั้งวัน	tháng wan
no dia seguinte	วันรุ่งขึ้น	wan rûng khêun
há dois dias	สองวันก่อน	sŏrng wan gòrn
na véspera	วันก่อนหน้านี้	wan gòrn nâa née
diário	รายวัน	raai wan
todos os dias	ทุกวัน	thúk wan
semana (f)	สัปดาห์	sàp-daa
na semana passada	สัปดาห์ก่อน	sàp-daa gòrn
na próxima semana	สัปดาห์หน้า	sàp-daa nâa
semanal	รายสัปดาห์	raai sàp-daa
cada semana	ทุกสัปดาห์	thúk sàp-daa
duas vezes por semana	สัปดาห์ละสองครั้ง	sàp-daa lá sŏrng kháng
cada terça-feira	ทุกวันอังคาร	túk wan ang-khaan

21. Horas. Dia e noite

manhã (f)	เช้า	cháo
de manhã	ตอนเช้า	dtorn cháo
meio-dia (m)	เที่ยงวัน	thîang wan
à tarde	ตอนบาย	dtorn bàai
noite (f)	เย็น	yen
à noite (noitinha)	ตอนเย็น	dtorn yen
noite (f)	คืน	kheun
à noite	กลางคืน	glaang kheun
meia-noite (f)	เที่ยงคืน	thîang kheun
segundo (m)	วินาที	wí-naa-thee
minuto (m)	นาที	naa-thee
hora (f)	ชั่วโมง	chûa mohng

meia hora (f)	ครึ่งชั่วโมง	khrêung chûa mohng
quarto (m) de hora	สิบห้านาที	sìp hâa naa-thee
quinze minutos	สิบห้านาที	sìp hâa naa-thee
vinte e quatro horas	24 ชั่วโมง	yêe sìp sèe · chûa mohng

nascer (m) do sol	พระอาทิตย์ขึ้น	phrá aa-thít khêun
amanhecer (m)	ใกล้รุ่ง	glâi rûng
madrugada (f)	เช้า	cháo
pôr do sol (m)	พระอาทิตย์ตก	phrá aa-thít dtòk

de madrugada	ตอนเช้า	dtorn cháo
hoje de manhã	เช้านี้	cháo née
amanhã de manhã	พรุ่งนี้เช้า	phrûng-née cháo

hoje à tarde	บ่ายนี้	bàai née
à tarde	ตอนบ่าย	dtorn bàai
amanhã à tarde	พรุ่งนี้บ่าย	phrûng-née bàai

hoje à noite	คืนนี้	kheun née
amanhã à noite	คืนพรุ่งนี้	kheun phrûng-née

às três horas em ponto	3 โมงตรง	săam mohng dtrorng
por volta das quatro	ประมาณ 4 โมง	bprà-maan sèe mohng
às doze	ภายใน 12 โมง	phaai nai sìp sŏng mohng

dentro de vinte minutos	อีก 20 นาที	èek yêe sìp naa-thee
dentro duma hora	อีกหนึ่งชั่วโมง	èek nèung chûa mohng
a tempo	ทันเวลา	than way-laa

menos um quarto	อีกสิบห้านาที	èek sìp hâa naa-thee
durante uma hora	ภายในหนึ่งชั่วโมง	phaai nai nèung chûa mohng
a cada quinze minutos	ทุก 15 นาที	thúk sìp hâa naa-thee
as vinte e quatro horas	ทั้งวัน	tháng wan

22. Meses. Estações

janeiro (m)	มกราคม	mók-gà-raa khom
fevereiro (m)	กุมภาพันธ์	gum-phaa phan
março (m)	มีนาคม	mee-naa khom
abril (m)	เมษายน	may-săa-yon
maio (m)	พฤษภาคม	phréut-sà-phaa khom
junho (m)	มิถุนายน	mí-thù-naa-yon

julho (m)	กรกฎาคม	gà-rá-gà-daa-khom
agosto (m)	สิงหาคม	sĭng hăa khom
setembro (m)	กันยายน	gan-yaa-yon
outubro (m)	ตุลาคม	dtù-laa khom
novembro (m)	พฤศจิกายน	phréut-sà-jì-gaa-yon
dezembro (m)	ธันวาคม	than-waa khom

primavera (f)	ฤดูใบไม้ผลิ	réu-doo bai máai phlì
na primavera	ฤดูใบไม้ผลิ	réu-doo bai máai phlì
primaveril	ฤดูใบไม้ผลิ	réu-doo bai máai phlì
verão (m)	ฤดูร้อน	réu-doo rórn

no verão	ฤดูร้อน	réu-doo rórn
de verão	ฤดูร้อน	réu-doo rórn
outono (m)	ฤดูใบไม้ร่วง	réu-doo bai máai rûang
no outono	ฤดูใบไม้ร่วง	réu-doo bai máai rûang
outonal	ฤดูใบไม้รวง	réu-doo bai máai rûang
inverno (m)	ฤดูหนาว	réu-doo nǎao
no inverno	ฤดูหนาว	réu-doo nǎao
de inverno	ฤดูหนาว	réu-doo nǎao
mês (m)	เดือน	deuan
este mês	เดือนนี้	deuan née
no próximo mês	เดือนหน้า	deuan nâa
no mês passado	เดือนที่แลว	deuan thêe láew
há um mês	หนึ่งเดือนก่อนหน้านี้	nèung deuan gòrn nâa née
dentro de um mês	อีกหนึ่งเดือน	èek nèung deuan
dentro de dois meses	อีกสองเดือน	èek sǒrng deuan
todo o mês	ทั้งเดือน	tháng deuan
um mês inteiro	ตลอดทั้งเดือน	dtà-lòrt tháng deuan
mensal	รายเดือน	raai deuan
mensalmente	ทุกเดือน	thúk deuan
cada mês	ทุกเดือน	thúk deuan
duas vezes por mês	เดือนละสองครั้ง	deuan lá sǒrng kráng
ano (m)	ปี	bpee
este ano	ปีนี้	bpee née
no próximo ano	ปีหน้า	bpee nâa
no ano passado	ปีที่แลว	bpee thêe láew
há um ano	หนึ่งปีกอน	nèung bpee gòrn
dentro dum ano	อีกหนึ่งปี	èek nèung bpee
dentro de 2 anos	อีกสองปี	èek sǒng bpee
todo o ano	ทั้งปี	tháng bpee
um ano inteiro	ตลอดทั้งปี	dtà-lòrt tháng bpee
cada ano	ทุกปี	thúk bpee
anual	รายปี	raai bpee
anualmente	ทุกปี	thúk bpee
quatro vezes por ano	ปีละสี่ครั้ง	bpee lá sèe kráng
data (~ de hoje)	วันที่	wan thêe
data (ex. ~ de nascimento)	วันเดือนปี	wan deuan bpee
calendário (m)	ปฏิทิน	bpà-dtì-thin
meio ano	ครึ่งปี	khrêung bpee
seis meses	หกเดือน	hòk deuan
estação (f)	ฤดูกาล	réu-doo gaan
século (m)	ศตวรรษ	sà-dtà-wát

23. Tempo. Diversos

tempo (m)	เวลา	way-laa
momento (m)	ครู่หนึ่ง	khrôo nèung

instante (m)	คู่เดียว	khrôo dieow
instantâneo	เพียงครู่เดียว	phiang khrôo dieow
lapso (m) de tempo	ช่วงเวลา	chûang way-laa
vida (f)	ชีวิต	chee-wít
eternidade (f)	ตลอดกาล	dtà-lòrt gaan
época (f)	สมัย	sà-măi
era (f)	ยุค	yúk
ciclo (m)	วัฏจักร	wát-dtà-jàk
período (m)	ช่วง	chûang
prazo (m)	ระยะเวลา	rá-yá way-laa
futuro (m)	อนาคต	a-naa-khót
futuro	อนาคต	a-naa-khót
da próxima vez	ครั้งหน้า	khráng nâa
passado (m)	อดีต	a-dèet
passado	ที่ผ่านมา	thêe phàan maa
na vez passada	ครั้งที่แล้ว	khráng thêe láew
mais tarde	ภายหลัง	phaai lăng
depois	หลังจาก	lăng jàak
atualmente	เวลานี้	way-laa née
agora	ตอนนี้	dtorn-née
imediatamente	ทันที	than thee
em breve, brevemente	อีกไม่นาน	èek mâi naan
de antemão	ล่วงหน้า	lûang nâa
há muito tempo	นานมาแล้ว	naan maa láew
há pouco tempo	เมื่อเร็ว ๆ นี้	mêua reo reo née
destino (m)	ชะตากรรม	chá-dtaa gam
recordações (f pl)	ความทรงจำ	khwaam song jam
arquivo (m)	จดหมายเหตุ	jòt măai hàyt
durante ...	ระหว่าง...	rá-wàang...
durante muito tempo	นาน	naan
pouco tempo	ไม่นาน	mâi naan
cedo (levantar-se ~)	ล่วงหน้า	lûang nâa
tarde (deitar-se ~)	ช้า	cháa
para sempre	ตลอดกาล	dtà-lòrt gaan
começar (vt)	เริ่ม	rêrm
adiar (vt)	เลื่อน	lêuan
simultaneamente	ในเวลาเดียวกัน	nai way-laa dieow gan
permanentemente	อย่างถาวร	yàang thăa-won
constante (ruído, etc.)	ต่อเนื่อง	dtòr nêuang
temporário	ชั่วคราว	chûa khraao
às vezes	บางครั้ง	baang khráng
raramente	ไม่บ่อย	mâi bòi
frequentemente	บ่อย	bòi

24. Linhas e formas

quadrado (m)	สี่เหลี่ยมจัตุรัส	sèe lìam jàt-dtù-ràt
quadrado	สี่เหลี่ยมจัตุรัส	sèe lìam jàt-dtù-ràt

círculo (m)	วงกลม	wong glom
redondo	กลม	glom
triângulo (m)	รูปสามเหลี่ยม	rôop săam lìam
triangular	สามเหลี่ยม	săam lìam

oval (f)	รูปกลมรี	rôop glom ree
oval	กลมรี	glom ree
retângulo (m)	สี่เหลี่ยมมุมฉาก	sèe lìam mum chàak
retangular	สี่เหลี่ยมมุมฉาก	sèe lìam mum chàak

pirâmide (f)	พีระมิด	phee-rá-mít
rombo, losango (m)	รูปสี่เหลี่ยม ขนมเปียกปูน	rôop sèe lìam khà-nŏm bpìak bpoon
trapézio (m)	รูปสี่เหลี่ยมคางหมู	rôop sèe lìam khaang mŏo
cubo (m)	ลูกบาศก์	lôok bàat
prisma (m)	ปริซึม	bprì seum

circunferência (f)	เส้นรอบวง	sên rôrp wong
esfera (f)	ทรงกลม	song glom
globo (m)	ลูกกลม	lôok glom
diâmetro (m)	เส้นผ่านศูนย์กลาง	sên phàan sŏon-glaang
raio (m)	เส้นรัศมี	sên rát-sà-mĕe
perímetro (m)	เส้นรอบวง	sên rôrp wong
centro (m)	กลาง	glaang

horizontal	แนวนอน	naew norn
vertical	แนวตั้ง	naew dtâng
paralela (f)	เส้นขนาน	sên khà-năan
paralelo	ขนาน	khà-năan

linha (f)	เส้น	sên
traço (m)	เส้น	sên
reta (f)	เส้นตรง	sên dtrorng
curva (f)	เส้นโค้ง	sên khóhng
fino (linha ~a)	บาง	baang
contorno (m)	เส้นขอบ	sâyn khòrp

interseção (f)	เส้นตัด	sên dtàt
ângulo (m) reto	มุมฉาก	mum chàak
segmento (m)	เซกเมนต์	sâyk-mayn
setor (m)	เซกเตอร์	sâyk-dtêr
lado (de um triângulo, etc.)	ขาง	khâang
ângulo (m)	มุม	mum

25. Unidades de medida

peso (m)	น้ำหนัก	nám nàk
comprimento (m)	ความยาว	khwaam yaao
largura (f)	ความกว้าง	khwaam gwâang
altura (f)	ความสูง	khwaam sŏong
profundidade (f)	ความลึก	khwaam léuk
volume (m)	ปริมาณ	bpà-rí-maan
área (f)	บริเวณ	bor-rí-wayn
grama (m)	กรัม	gram

miligrama (m)	มิลลิกรัม	min-lí gram
quilograma (m)	กิโลกรัม	gì-loh gram
tonelada (f)	ตัน	dtan
libra (453,6 gramas)	ปอนด์	bporn
onça (f)	ออนซ์	orn

metro (m)	เมตร	máyt
milímetro (m)	มิลลิเมตร	min-lí mâyt
centímetro (m)	เซ็นติเมตร	sen dtì mâyt
quilómetro (m)	กิโลเมตร	gì-loh máyt
milha (f)	ไมล	mai

polegada (f)	นิ้ว	níw
pé (304,74 mm)	ฟุต	fút
jarda (914,383 mm)	หลา	lǎa

metro (m) quadrado	ตารางเมตร	dtaa-raang máyt
hectare (m)	เฮกตาร์	hêek dtaa

litro (m)	ลิตร	lít
grau (m)	องศา	ong-sǎa
volt (m)	โวลต	wohn
ampere (m)	แอมแปร์	aem-bpae
cavalo-vapor (m)	แรงม้า	raeng máa

quantidade (f)	จำนวน	jam-nuan
um pouco de ...	นิดนอย	nít nói
metade (f)	ครึ่ง	khrêung
dúzia (f)	โหล	lǒh
peça (f)	สวน	sùan

dimensão (f)	ขนาด	khà-nàat
escala (f)	มาตราสวน	mâat-dtraa sùan

mínimo	นอยที่สุด	nói thêe sùt
menor, mais pequeno	เล็กที่สุด	lék thêe sùt
médio	กลาง	glaang
máximo	สูงสุด	sǒong sùt
maior, mais grande	ใหญที่สุด	yài têe sùt

26. Recipientes

boião (m) de vidro	ขวดโหล	khùat lǒh
lata (~ de cerveja)	กระปอง	grà-bpǒrng
balde (m)	ถัง	thǎng
barril (m)	ถัง	thǎng

bacia (~ de plástico)	กะทะ	gà-thá
tanque (m)	ถังเก็บน้ำ	thǎng gèp nám
cantil (m) de bolso	กระติกน้ำ	grà-dtìk nám
bidão (m) de gasolina	ภาชนะ	phaa-chá-ná
cisterna (f)	ถังบรรจุ	thǎng ban-jù
caneca (f)	แกว	gâew
chávena (f)	ถวย	thûay

pires (m)	จานรอง	jaan rorng
copo (m)	แก้ว	gâew
taça (f) de vinho	แก้วไวน์	gâew wai
panela, caçarola (f)	หม้อ	môr

| garrafa (f) | ขวด | khùat |
| gargalo (m) | ปาก | bpàak |

jarro, garrafa (f)	คนโท	khon-thoh
jarro (m) de barro	เหยือก	yèuak
recipiente (m)	ภาชนะ	phaa-chá-ná
pote (m)	หม้อ	môr
vaso (m)	แจกัน	jae-gan

frasco (~ de perfume)	กระติก	grà-dtìk
frasquinho (ex. ~ de iodo)	ขวดเล็ก	khùat lék
tubo (~ de pasta dentífrica)	หลอด	lòrt

saca (ex. ~ de açúcar)	ถุง	thŭng
saco (~ de plástico)	ถุง	thŭng
maço (m)	ซอง	sorng

caixa (~ de sapatos, etc.)	กล่อง	glòrng
caixa (~ de madeira)	ลัง	lang
cesta (f)	ตะกร้า	dtà-grâa

27. Materiais

material (m)	วัสดุ	wát-sà-dù
madeira (f)	ไม้	máai
de madeira	ไม้	máai

| vidro (m) | แก้ว | gâew |
| de vidro | แกว | gâew |

| pedra (f) | หิน | hĭn |
| de pedra | หิน | hĭn |

| plástico (m) | พลาสติก | pláat-dtìk |
| de plástico | พลาสติก | pláat-dtìk |

| borracha (f) | ยาง | yaang |
| de borracha | ยาง | yaang |

| tecido, pano (m) | ผ้า | phâa |
| de tecido | ผา | phâa |

| papel (m) | กระดาษ | grà-dàat |
| de papel | กระดาษ | grà-dàat |

cartão (m)	กระดาษแข็ง	grà-dàat khăeng
de cartão	กระดาษแข็ง	grà-dàat khăeng
polietileno (m)	โพลีเอทิลีน	phoh-lee-ay-thí-leen
celofane (m)	เซลโลเฟน	sayn loh-fayn

| linóleo (m) | เสื้อน้ำมัน | sèua náam man |
| contraplacado (m) | ไม้อัด | máai àt |

porcelana (f)	เครื่องเคลือบดินเผา	khrêuang khlêuap din phǎo
de porcelana	เครื่องเคลือบดินเผา	khrêuang khlêuap din phǎo
barro (f)	ดินเหนียว	din nǐeow
de barro	ดินเหนียว	din nǐeow
cerâmica (f)	เซรามิก	say-raa mík
de cerâmica	เซรามิก	say-raa mík

28. Metais

metal (m)	โลหะ	loh-hà
metálico	โลหะ	loh-hà
liga (f)	โลหะสัมฤทธิ์	loh-hà sǎm-rít

ouro (m)	ทอง	thorng
de ouro	ทอง	thorng
prata (f)	เงิน	ngern
de prata	เงิน	ngern

ferro (m)	เหล็ก	lèk
de ferro	เหล็ก	lèk
aço (m)	เหล็กกล้า	lèk glâa
de aço	เหล็กกลา	lèk glâa
cobre (m)	ทองแดง	thorng daeng
de cobre	ทองแดง	thorng daeng

alumínio (m)	อะลูมิเนียม	a-loo-mí-niam
de alumínio	อะลูมิเนียม	a-loo-mí-niam
bronze (m)	ทองบรอนซ์	thorng-bron
de bronze	ทองบรอนซ์	thorng-bron

latão (m)	ทองเหลือง	thorng lěuang
níquel (m)	นิกเกิล	ník-gêrn
platina (f)	ทองคำขาว	thorng kham khǎao
mercúrio (m)	ปรอท	bpa -ròrt
estanho (m)	ดีบุก	dee-bùk
chumbo (m)	ตะกั่ว	dtà-gùa
zinco (m)	สังกะสี	sǎng-gà-sěe

O SER HUMANO

O ser humano. O corpo

29. Humanos. Conceitos básicos

ser (m) humano	มนุษย์	má-nút
homem (m)	ผู้ชาย	phôo chaai
mulher (f)	ผู้หญิง	phôo yǐng
criança (f)	เด็ก, ลูก	dèk, lôok
menina (f)	เด็กผู้หญิง	dèk phôo yǐng
menino (m)	เด็กผู้ชาย	dèk phôo chaai
adolescente (m)	วัยรุ่น	wai rûn
velho, ancião (m)	ชายชรา	chaai chá-raa
velha, anciã (f)	หญิงชรา	yǐng chá-raa

30. Anatomia humana

organismo (m)	ร่างกาย	râang gaai
coração (m)	หัวใจ	hǔa jai
sangue (m)	เลือด	lêuat
artéria (f)	เส้นเลือดแดง	sâyn lêuat daeng
veia (f)	เส้นเลือดดำ	sâyn lêuat dam
cérebro (m)	สมอง	sà-mǒrng
nervo (m)	เส้นประสาท	sên bprà-sàat
nervos (m pl)	เส้นประสาท	sên bprà-sàat
vértebra (f)	กระดูกสันหลัง	grà-dòok sǎn-lǎng
coluna (f) vertebral	สันหลัง	sǎn lǎng
estômago (m)	กระเพาะอาหาร	grà phór aa-hǎan
intestinos (m pl)	ลำไส้	lam sâi
intestino (m)	ลำไส้	lam sâi
fígado (m)	ตับ	dtàp
rim (m)	ไต	dtai
osso (m)	กระดูก	grà-dòok
esqueleto (m)	โครงกระดูก	khrohng grà-dòok
costela (f)	ซี่โครง	sêe khrohng
crânio (m)	กะโหลก	gà-lòhk
músculo (m)	กล้ามเนื้อ	glâam néua
bíceps (m)	กล้ามเนื้อไบเซ็ปส์	glâam néua bai-sép
tríceps (m)	กล้ามเนื้อไทรเซปส์	gglâam néua thrai-sâyp
tendão (m)	เส้นเอ็น	sâyn en
articulação (f)	ขอตอ	khôr dtòr

pulmões (m pl)	ปอด	bpòrt
órgãos (m pl) genitais	อวัยวะเพศ	a-wai-wá phâyt
pele (f)	ผิวหนัง	phǐw nǎng

31. Cabeça

cabeça (f)	หัว	hǔa
cara (f)	หนา	nâa
nariz (m)	จมูก	jà-mòok
boca (f)	ปาก	bpàak

olho (m)	ตา	dtaa
olhos (m pl)	ตา	dtaa
pupila (f)	รูมานตา	roo mâan dtaa
sobrancelha (f)	คิ้ว	khíw
pestana (f)	ขนตา	khǒn dtaa
pálpebra (f)	เปลือกตา	bplèuak dtaa

língua (f)	ลิ้น	lín
dente (m)	ฟัน	fan
lábios (m pl)	ริมฝีปาก	rim fěe bpàak
maçãs (f pl) do rosto	โหนกแกม	nòhk gâem
gengiva (f)	เหงือก	ngèuak
paladar (m)	เพดานปาก	phay-daan bpàak

narinas (f pl)	รูจมูก	roo jà-mòok
queixo (m)	คาง	khaang
mandíbula (f)	ขากรรไกร	khǎa gan-grai
bochecha (f)	แกม	gâem

testa (f)	หน้าผาก	nâa phàak
têmpora (f)	ขมับ	khà-màp
orelha (f)	หู	hǒo
nuca (f)	หลังศีรษะ	lǎng sěe-sà
pescoço (m)	คอ	khor
garganta (f)	ลำคอ	lam khor

cabelos (m pl)	ผม	phǒm
penteado (m)	ทรงผม	song phǒm
corte (m) de cabelo	ทรงผม	song phǒm
peruca (f)	ผมปลอม	phǒm bplorm

bigode (m)	หนวด	nùat
barba (f)	เครา	krao
usar, ter (~ barba, etc.)	ลองไว้	lorng wái
trança (f)	ผมเปีย	phǒm bpia
suíças (f pl)	จอน	jorn

ruivo	ผมแดง	phǒm daeng
grisalho	ผมหงอก	phǒm ngòrk
calvo	หัวล้าน	hǔa láan
calva (f)	หัวลาน	hǔa láan
rabo-de-cavalo (m)	ผมทรงหางม้า	phǒm song hǎang máa
franja (f)	ผมมา	phǒm máa

38

32. Corpo humano

mão (f)	มือ	meu
braço (m)	แขน	khăen
dedo (m)	นิ้ว	níw
dedo (m) do pé	นิ้วเท้า	níw tháo
polegar (m)	นิ้วโป้ง	níw bpôhng
dedo (m) mindinho	นิ้วก้อย	níw gôi
unha (f)	เล็บ	lép
punho (m)	กำปั้น	gam bpân
palma (f) da mão	ฝ่ามือ	fàa meu
pulso (m)	ข้อมือ	khôr meu
antebraço (m)	แขนช่วงล่าง	khăen chûang lâang
cotovelo (m)	ข้อศอก	khôr sòrk
ombro (m)	ไหล่	lài
perna (f)	ขา	khăa
pé (m)	เท้า	tháo
joelho (m)	หัวเข่า	hŭa khào
barriga (f) da perna	น่อง	nôrng
anca (f)	สะโพก	sà-phôhk
calcanhar (m)	ส้นเท้า	sôn tháo
corpo (m)	ร่างกาย	râang gaai
barriga (f)	ท้อง	thórng
peito (m)	อก	òk
seio (m)	หน้าอก	nâa òk
lado (m)	ข้าง	khâang
costas (f pl)	หลัง	lăng
região (f) lombar	หลังส่วนล่าง	lăng sùan lâang
cintura (f)	เอว	eo
umbigo (m)	สะดือ	sà-deu
nádegas (f pl)	ก้น	gôn
traseiro (m)	ก้น	gôn
sinal (m)	ไฝเสน่ห์	făi sà-này
sinal (m) de nascença	ปาน	bpaan
tatuagem (f)	รอยสัก	roi sàk
cicatriz (f)	แผลเป็น	phlăe bpen

Vestuário & Acessórios

33. Roupa exterior. Casacos

roupa (f)	เสื้อผ้า	sêua phâa
roupa (f) exterior	เสื้อนอก	sêua nôk
roupa (f) de inverno	เสื้อกันหนาว	sêua gan nǎao
sobretudo (m)	เสื้อโค้ท	sêua khóht
casaco (m) de peles	เสื้อโค้ทขนสัตว์	sêua khóht khǒn sàt
casaco curto (m) de peles	แจคเก็ตขนสัตว์	jáek-gèt khǒn sàt
casaco (m) acolchoado	แจ็คเก็ตกันหนาว	jàek-gèt gan nǎao
casaco, blusão (m)	แจ็คเก็ต	jáek-gèt
impermeável (m)	เสื้อกันฝน	sêua gan fǒn
impermeável	ซึ่งกันน้ำได้	sêung gan náam dâai

34. Vestuário de homem & mulher

camisa (f)	เสื้อ	sêua
calças (f pl)	กางเกง	gaang-gayng
calças (f pl) de ganga	กางเกงยีนส์	gaang-gayng yeen
casaco (m) de fato	แจ็คเก็ตสูท	jàek-gèt sòot
fato (m)	ชุดสูท	chút sòot
vestido (ex. ~ vermelho)	ชุดเดรส	chút draet
saia (f)	กระโปรง	grà bprohng
blusa (f)	เสื้อ	sêua
casaco (m) de malha	แจ็คเก็ตถัก	jáek-gèt thàk
casaco, blazer (m)	แจคเก็ต	jáek-gèt
T-shirt, camiseta (f)	เสื้อยืด	sêua yêut
calções (Bermudas, etc.)	กางเกงขาสั้น	gaang-gayng khǎa sân
fato (m) de treino	ชุดวอรม	chút wom
roupão (m) de banho	เสื้อคลุมอาบน้ำ	sêua khlum àap náam
pijama (m)	ชุดนอน	chút norn
suéter (m)	เสื้อไหมพรม	sêua mǎi phrom
pulôver (m)	เสื้อกันหนาวแบบสวม	sêua gan nǎao bàep sǔam
colete (m)	เสื้อกั๊ก	sêua gák
fraque (m)	เสื้อเทลโค้ต	sêua thayn-khóht
smoking (m)	ชุดทักซิโด	chút thák sí dôh
uniforme (m)	เครื่องแบบ	khrêuang bàep
roupa (f) de trabalho	ชุดทำงาน	chút tam ngaan
fato-macaco (m)	ชุดเอี๊ยม	chút íam
bata (~ branca, etc.)	เสื้อคลุม	sêua khlum

35. Vestuário. Roupa interior

roupa (f) interior	ชุดชั้นใน	chút chán nai
cuecas boxer (f pl)	กางเกงในชาย	gaang-gayng nai chaai
cuecas (f pl)	กางเกงในสตรี	gaang-gayng nai sàt-dtree
camisola (f) interior	เสื้อชั้นใน	sêua chán nai
peúgas (f pl)	ถุงเท้า	thŭng tháo
camisa (f) de noite	ชุดนอนสตรี	chút norn sàt-dtree
sutiã (m)	ยกทรง	yók song
meias longas (f pl)	ถุงเท้ายาว	thŭng tháo yaao
meias-calças (f pl)	ถุงน่องเต็มตัว	thŭng nôrng dtem dtua
meias (f pl)	ถุงน่อง	thŭng nôrng
fato (m) de banho	ชุดว่ายน้ำ	chút wâai náam

36. Adereços de cabeça

chapéu (m)	หมวก	mùak
chapéu (m) de feltro	หมวก	mùak
boné (m) de beisebol	หมวกเบสบอล	mùak bàyt-bon
boné (m)	หมวกติงลี่	mùak dting lêe
boina (f)	หมวกเบเร่ต์	mùak bay-rây
capuz (m)	ฮูด	hóot
panamá (m)	หมวกปานามา	mùak bpaa-naa-maa
gorro (m) de malha	หมวกไหมพรม	mùak măi phrom
lenço (m)	ผ้าโพกศีรษะ	phâa phôhk sĕe-sà
chapéu (m) de mulher	หมวกสตรี	mùak sàt-dtree
capacete (m) de proteção	หมวกนิรภัย	mùak ní-rá-phai
bivaque (m)	หมวกหนีบ	mùak nèep
capacete (m)	หมวกกันน็อค	mùak ní-rá-phai
chapéu-coco (m)	หมวกกลมทรงสูง	mùak glom song sŏong
chapéu (m) alto	หมวกทรงสูง	mùak song sŏong

37. Calçado

calçado (m)	รองเท้า	rorng tháo
botinas (f pl)	รองเท้า	rorng tháo
sapatos (de salto alto, etc.)	รองเท้า	rorng tháo
botas (f pl)	รองเท้าบูท	rorng tháo bòot
pantufas (f pl)	รองเทาแตะในบ้าน	rorng tháo dtàe nai bâan
ténis (m pl)	รองเท้ากีฬา	rorng tháo gee-laa
sapatilhas (f pl)	รองเท้าผ้าใบ	rorng tháo phâa bai
sandálias (f pl)	รองเทาแตะ	rorng tháo dtàe
sapateiro (m)	คนซ่อมรองเท้า	khon sôrm rorng tháo
salto (m)	สนรองเทา	sôn rorng tháo

par (m)	คู่	khôo
atacador (m)	เชือกรองเท้า	chêuak rorng tháo
apertar os atacadores	ผูกเชือกรองเท้า	phòok chêuak rorng tháo
calçadeira (f)	ที่ชอนรองเท้า	thêe chón rorng tháo
graxa (f) para calçado	ยาขัดรองเท้า	yaa khàt rorng tháo

38. Têxtil. Tecidos

algodão (m)	ฝ้าย	fâai
de algodão	ฝ้าย	fâai
linho (m)	แฟลกซ์	fláek
de linho	แฟลกซ์	fláek

seda (f)	ไหม	măi
de seda	ไหม	măi
lã (f)	ขนสัตว์	khŏn sàt
de lã	ขนสัตว์	khŏn sàt

veludo (m)	กำมะหยี่	gam-má-yèe
camurça (f)	หูนังกลับ	năng glàp
bombazina (f)	ผาลูกฟูก	phâa lôok fôok

náilon (m)	ไนลอน	nai-lorn
de náilon	ไนลอน	nai-lorn
poliéster (m)	โพลีเอสเตอร์	poh-lee-àyt-dtêr
de poliéster	โพลีเอสเตอร์	poh-lee-àyt-dtêr

couro (m)	หนัง	năng
de couro	หนัง	năng
pele (f)	ขนสัตว์	khŏn sàt
de peles, de pele	ขนสัตว์	khŏn sàt

39. Acessórios pessoais

luvas (f pl)	ถุงมือ	thŭng meu
mitenes (f pl)	ถุงมือ	thŭng meu
cachecol (m)	ผาพันคอ	phâa phan khor

óculos (m pl)	แว่นตา	wâen dtaa
armação (f) de óculos	กรอบแว่น	gròrp wâen
guarda-chuva (m)	รม	rôm
bengala (f)	ไม้เท้า	máai tháo
escova (f) para o cabelo	แปรงหวีผม	bpraeng wĕe phŏm
leque (m)	พัด	phát

gravata (f)	เนคไท	nâyk-thai
gravata-borboleta (f)	โบว์หูกระตาย	boh hŏo grà-dtàai
suspensórios (m pl)	สายเอี่ยม	săai íam
lenço (m)	ผาเช็ดหนา	phâa chét-nâa

| pente (m) | หวี | wĕe |
| travessão (m) | ที่หนีบผม | têe nèep phŏm |

gancho (m) de cabelo	กิ๊บ	gíp
fivela (f)	หัวเข็มขัด	hŭa khĕm khàt
cinto (m)	เข็มขัด	khĕm khàt
correia (f)	สายกระเป๋า	săai grà-bpăo
mala (f)	กระเป๋า	grà-bpăo
mala (f) de senhora	กระเป๋าถือ	grà-bpăo thĕu
mochila (f)	กระเป๋าสะพายหลัง	grà-bpăo sà-phaai lăng

40. Vestuário. Diversos

moda (f)	แฟชั่น	fae-chân
na moda	คานิยม	khâa ní-yom
estilista (m)	นักออกแบบแฟชั่น	nák òrk bàep fae-chân
colarinho (m), gola (f)	คอปกเสื้อ	khor bpòk sêua
bolso (m)	กระเป๋า	grà-bpăo
de bolso	กระเป๋า	grà-bpăo
manga (f)	แขนเสื้อ	khăen sêua
presilha (f)	ที่แขวนเสื้อ	thêe khwăen sêua
braguilha (f)	ซิปกางเกง	síp gaang-gayng
fecho (m) de correr	ซิป	síp
fecho (m), colchete (m)	ซิป	síp
botão (m)	กระดุม	grà dum
casa (f) de botão	รูกระดุม	roo grà dum
saltar (vi) (botão, etc.)	หลุดออก	lùt òrk
coser, costurar (vi)	เย็บ	yép
bordar (vt)	ปัก	bpàk
bordado (m)	ลายปัก	laai bpàk
agulha (f)	เข็มเย็บผ้า	khĕm yép phâa
fio (m)	เสนตาย	sây-dâai
costura (f)	รอยเย็บ	roi yép
sujar-se (vr)	สกปรก	sòk-gà-bpròk
mancha (f)	รอยเปื้อน	roi bpêuan
engelhar-se (vr)	พับเป็นรอยยน	pháp bpen roi yôn
rasgar (vt)	ฉีก	chèek
traça (f)	แมลงกินผ้า	má-laeng gin phâa

41. Cuidados pessoais. Cosméticos

pasta (f) de dentes	ยาสีฟัน	yaa sĕe fan
escova (f) de dentes	แปรงสีฟัน	bpraeng sĕe fan
escovar os dentes	แปรงฟัน	bpraeng fan
máquina (f) de barbear	มีดโกน	mêet gohn
creme (m) de barbear	ครีมโกนหนวด	khreem gohn nùat
barbear-se (vr)	โกน	gohn
sabonete (m)	สบู่	sà-bòo

champô (m)	แชมพู	chaem-phoo
tesoura (f)	กรรไกร	gan-grai
lima (f) de unhas	ตะไบเล็บ	dtà-bai lép
corta-unhas (m)	กรรไกรตัดเล็บ	gan-grai dtàt lép
pinça (f)	แหนบ	nàep
cosméticos (m pl)	เครื่องสำอาง	khrêuang sǎm-aang
máscara (f) facial	มาสกหน้า	mâak nâa
manicura (f)	การแต่งเล็บ	gaan dtàeng lép
fazer a manicura	แต่งเล็บ	dtàeng lép
pedicure (f)	การแต่งเล็บเท้า	gaan dtàeng lép táo
mala (f) de maquilhagem	กระเป๋าเครื่องสำอาง	grà-bpǎo khrêuang sǎm-aang
pó (m)	แป้งฝุ่น	bpâeng-fùn
caixa (f) de pó	ตลับแป้ง	dtà-làp bpâeng
blush (m)	แป้งทาแก้ม	bpâeng thaa gâem
perfume (m)	น้ำหอม	nám hǒrm
água (f) de toilette	น้ำหอมออนๆ	náam hǒrm òn òn
loção (f)	โลชั่น	loh-chân
água-de-colónia (f)	โคโลญจ์	khoh-lohn
sombra (f) de olhos	อายแชโดว์	aai-chae-doh
lápis (m) delineador	อายไลเนอร์	aai lai-ner
máscara (f), rímel (m)	มาสคารา	mâat-khaa-râa
batom (m)	ลิปสติก	líp-sà-dtìk
verniz (m) de unhas	น้ำยาทาเล็บ	nám yaa-thaa lép
laca (f) para cabelos	สเปรย์ฉีดผม	sà-bpray chèet phǒm
desodorizante (m)	ยาดับกลิ่น	yaa dàp glìn
creme (m)	ครีม	khreem
creme (m) de rosto	ครีมทาหน้า	khreem thaa nâa
creme (m) de mãos	ครีมทามือ	khreem thaa meu
creme (m) antirrugas	ครีมลดริ้วรอย	khreem lót ríw roi
creme (m) de dia	ครีมกลางวัน	khreem klaang wan
creme (m) de noite	ครีมกลางคืน	khreem klaang kheun
de dia	กลางวัน	glaang wan
da noite	กลางคืน	glaang kheun
tampão (m)	ผ้าอนามัยแบบสอด	phâa a-naa-mai bàep sòrt
papel (m) higiénico	กระดาษชำระ	grà-dàat cham-rá
secador (m) elétrico	เครื่องเป่าผม	khrêuang bpào phǒm

42. Joalheria

joias (f pl)	เครื่องเพชรพลอย	khrêuang phét phloi
precioso	เพชรพลอย	phét phloi
marca (f) de contraste	ตราฮอลมาร์ค	dtraa hon-mâak
anel (m)	แหวน	wǎen
aliança (f)	แหวนแต่งงาน	wǎen dtàeng ngaan
pulseira (f)	กำไลขอมือ	gam-lai khôr meu
brincos (m pl)	ตุ้มหู	dtûm hǒo

colar (m)	สร้อยคอ	sôi khor
coroa (f)	มงกุฎ	mong-gùt
colar (m) de contas	สร้อยคอลูกปัด	sôi khor lôok bpàt

diamante (m)	เพชร	phét
esmeralda (f)	มรกต	mor-rá-gòt
rubi (m)	พลอยสีทับทิม	phloi sĕe tháp-thim
safira (f)	ไพลิน	phai-lin
pérola (f)	ไข่มุก	khài múk
âmbar (m)	อำพัน	am phan

43. Relógios de pulso. Relógios

relógio (m) de pulso	นาฬิกา	naa-lí-gaa
mostrador (m)	หน้าปัด	nâa bpàt
ponteiro (m)	เข็ม	khĕm
bracelete (f) em aço	สายนาฬิกาข้อมือ	săai naa-lí-gaa khôr meu
bracelete (f) em pele	สายรัดข้อมือ	săai rát khôr meu

pilha (f)	แบตเตอรี่	bàet-dter-rêe
descarregar-se	หมด	mòt
trocar a pilha	เปลี่ยนแบตเตอรี่	bplìan bàet-dter-rêe
estar adiantado	เดินเร็วเกินไป	dern reo gern bpai
estar atrasado	เดินช้า	dern cháa

relógio (m) de parede	นาฬิกาแขวนผนัง	naa-lí-gaa khwăen phà-năng
ampulheta (f)	นาฬิกาทราย	naa-lí-gaa saai
relógio (m) de sol	นาฬิกาแดด	naa-lí-gaa dàet
despertador (m)	นาฬิกาปลุก	naa-lí-gaa bplùk
relojoeiro (m)	ช่างซ่อมนาฬิกา	châang sôrm naa-lí-gaa
reparar (vt)	ซ่อม	sôrm

Alimantaçáo. Nutriçáo

44. Comida

carne (f)	เนื้อ	néua
galinha (f)	ไก่	gài
frango (m)	เนื้อลูกไก่	néua lôok gài
pato (m)	เป็ด	bpèt
ganso (m)	ห่าน	hàan
caça (f)	สัตว์ที่ล่า	sàt thêe lâa
peru (m)	ไก่งวง	gài nguang
carne (f) de porco	เนื้อหมู	néua mǒo
carne (f) de vitela	เนื้อลูกวัว	néua lôok wua
carne (f) de carneiro	เนื้อแกะ	néua gàe
carne (f) de vaca	เนื้อวัว	néua wua
carne (f) de coelho	เนื้อกระต่าย	néua grà-dtàai
chouriço, salsichão (m)	ไส้กรอก	sâi gròrk
salsicha (f)	ไส้กรอกเวียนนา	sâi gròrk wian-naa
bacon (m)	หมูเบคอน	mǒo bay-khorn
fiambre (f)	แฮม	haem
presunto (m)	แฮมแกมมอน	haem gaem-morn
patê (m)	ปาเต	bpaa dtay
fígado (m)	ตับ	dtàp
carne (f) moída	เนื้อสับ	néua sàp
língua (f)	ลิ้น	lín
ovo (m)	ไข่	khài
ovos (m pl)	ไข่	khài
clara (f) do ovo	ไข่ขาว	khài khǎao
gema (f) do ovo	ไข่แดง	khài daeng
peixe (m)	ปลา	bplaa
marisco (m)	อาหารทะเล	aa hǎan thá-lay
crustáceos (m pl)	สัตว์พวกกุ้งกั้งปู	sàt phûak gûng gâng bpoo
caviar (m)	ไข่ปลา	khài-bplaa
caranguejo (m)	ปู	bpoo
camarão (m)	กุ้ง	gûng
ostra (f)	หอยนางรม	hǒi naang rom
lagosta (f)	กุ้งมังกร	gûng mang-gon
polvo (m)	ปลาหมึก	bplaa mèuk
lula (f)	ปลาหมึกกล้วย	bplaa mèuk-glûay
esturjão (m)	ปลาสเตอร์เจียน	bpláa sà-dtêr jian
salmão (m)	ปลาแซลมอน	bplaa saen-morn
halibute (m)	ปลาตาเดียว	bplaa dtaa-dieow
bacalhau (m)	ปลาค็อด	bplaa khót

cavala, sarda (f)	ปลาแม็คเคอเร็ล	bplaa máek-kay-a-rĕn
atum (m)	ปลาทูนา	bplaa thoo-nâa
enguia (f)	ปลาไหล	bplaa lăi
truta (f)	ปลาเทราท์	bplaa thrau
sardinha (f)	ปลาซาร์ดีน	bplaa saa-deen
lúcio (m)	ปลาไพค์	bplaa phai
arenque (m)	ปลาเฮอร์ริง	bplaa her-ring
pão (m)	ขนมปัง	khà-nŏm bpang
queijo (m)	เนยแข็ง	noie khăeng
açúcar (m)	น้ำตาล	nám dtaan
sal (m)	เกลือ	gleua
arroz (m)	ข้าว	khâao
massas (f pl)	พาสต้า	phâat-dtâa
talharim (m)	กวยเตี๋ยว	gŭay-dtĭeow
manteiga (f)	เนย	noie
óleo (m) vegetal	น้ำมันพืช	nám man phêut
óleo (m) de girassol	น้ำมันดอกทานตะวัน	nám man dòrk thaan dtà-wan
margarina (f)	เนยเทียม	noie thiam
azeitonas (f pl)	มะกอก	má-gòrk
azeite (m)	น้ำมันมะกอก	nám man má-gòrk
leite (m)	นม	nom
leite (m) condensado	นมข้น	nom khôn
iogurte (m)	โยเกิร์ต	yoh-gèrt
nata (f)	ชาวรครีม	saao khreem
nata (f) do leite	ครีม	khreem
maionese (f)	มาย็องเนส	maa-yorng-nâyt
creme (m)	สวนผสมของเนย	sùan phà-sŏm khŏrng
	และน้ำตาล	noie láe nám dtaan
grãos (m pl) de cereais	เมล็ดธัญพืช	má-lét than-yá-phêut
farinha (f)	แป้ง	bpâeng
enlatados (m pl)	อาหารกระป๋อง	aa-hăan grà-bpŏrng
flocos (m pl) de milho	ดูอร์นเฟลค	khorn-flâyk
mel (m)	น้ำผึ้ง	nám phêung
doce (m)	แยม	yaem
pastilha (f) elástica	หมากฝรั่ง	màak fà-ràng

45. Bebidas

água (f)	น้ำ	nám
água (f) potável	น้ำดื่ม	nám dèum
água (f) mineral	น้ำแร่	nám râe
sem gás	ไม่มีฟอง	mâi mee forng
gaseificada	น้ำอัดลม	nám àt lom
com gás	มีฟอง	mee forng

gelo (m)	น้ำแข็ง	nám khǎeng
com gelo	ใส่น้ำแข็ง	sài nám khǎeng
sem álcool	ไม่มีแอลกอฮอล์	mâi mee aen-gor-hor
bebida (f) sem álcool	เครื่องดื่มที่ไม่มีแอลกอฮอล	krêuang dèum têe mâi mee aen-gor-hor
refresco (m)	เครื่องดื่มให้ความสดชื่น	khrêuang dèum hâi khwaam sòt chêun
limonada (f)	น้ำเลมอนเนด	nám lay-morn-nâyt
bebidas (f pl) alcoólicas	เหล้า	lǎu
vinho (m)	ไวน์	wai
vinho (m) branco	ไวน์ขาว	wai khǎao
vinho (m) tinto	ไวน์แดง	wai daeng
licor (m)	สุรา	sù-raa
champanhe (m)	แชมเปญ	chaem-bpayn
vermute (m)	เหล้าองุ่นขาวซึ่งมีกลิ่นหอม	lâo a-ngùn khǎao sêung mee glìn hǒrm
uísque (m)	เหล้าวิสกี้	lǎu wít-sa -gêe
vodka (f)	เหล้าวอดก้า	lǎu wórt-gâa
gim (m)	เหล้ายิน	lǎu yin
conhaque (m)	เหล้าคอนยัก	lǎu khorn yák
rum (m)	เหล้ารัม	lǎu ram
café (m)	กาแฟ	gaa-fae
café (m) puro	กาแฟดำ	gaa-fae dam
café (m) com leite	กาแฟใส่นม	gaa-fae sài nom
cappuccino (m)	กาแฟคาปูชิโน	gaa-fae khaa bpoo chí noh
café (m) solúvel	กาแฟสำเร็จรูป	gaa-fae sǎm-rèt rôop
leite (m)	นม	nom
coquetel (m)	ค็อกเทล	khók-tayn
batido (m) de leite	มิลค์เชค	min-châyk
sumo (m)	น้ำผลไม้	nám phǒn-lá-máai
sumo (m) de tomate	น้ำมะเขือเทศ	nám má-khěua thâyt
sumo (m) de laranja	น้ำส้ม	nám sôm
sumo (m) fresco	น้ำผลไม้คั้นสด	nám phǒn-lá-máai khán sòt
cerveja (f)	เบียร์	bia
cerveja (f) clara	เบียร์ไลท์	bia lai
cerveja (f) preta	เบียร์ดารค	bia dàak
chá (m)	ชา	chaa
chá (m) preto	ชาดำ	chaa dam
chá (m) verde	ชาเขียว	chaa khǐeow

46. Vegetais

legumes (m pl)	ผัก	phàk
verduras (f pl)	ผักใบเขียว	phàk bai khǐeow
tomate (m)	มะเขือเทศ	má-khěua thâyt

pepino (m)	แตงกวา	dtaeng-gwaa
cenoura (f)	แครอท	khae-rót
batata (f)	มันฝรั่ง	man fà-ràng
cebola (f)	หัวหอม	hǔa hǒrm
alho (m)	กระเทียม	grà-thiam
couve (f)	กะหล่ำปลี	gà-làm bplee
couve-flor (f)	ดอกกะหล่ำ	dòrk gà-làm
couve-de-bruxelas (f)	กะหล่ำดาว	gà-làm-daao
brócolos (m pl)	บร็อคโคลี่	bròrk-khoh-lêe
beterraba (f)	บีทรูท	bee-trôot
beringela (f)	มะเขือยาว	má-khěua-yaao
curgete (f)	แตงซูคินี	dtaeng soo-khí-nee
abóbora (f)	ฟักทอง	fák-thorng
nabo (m)	หัวผักกาด	hǔa-phàk-gàat
salsa (f)	ผักชีฝรั่ง	phàk chee fà-ràng
funcho, endro (m)	ผักชีลาว	phàk-chee-laao
alface (f)	ผักกาดหอม	phàk gàat hǒrm
aipo (m)	คื่นช่าย	khêun-châai
espargo (m)	หน่อไม้ฝรั่ง	nòr máai fà-ràng
espinafre (m)	ผักขม	phàk khǒm
ervilha (f)	ถั่วลันเตา	thùa-lan-dtao
fava (f)	ถั่ว	thùa
milho (m)	ข้าวโพด	khâao-phôht
feijão (m)	ถั่วรูปไต	thùa rôop dtai
pimentão (m)	พริกหยวก	phrík-yùak
rabanete (m)	หัวไชเท้า	hǔa chai tháo
alcachofra (f)	อาร์ติโชค	aa dtì chôhk

47. Frutos. Nozes

fruta (f)	ผลไม้	phǒn-lá-máai
maçã (f)	แอปเปิ้ล	àep-bpêrn
pera (f)	แพร	phae
limão (m)	มะนาว	má-naao
laranja (f)	ส้ม	sôm
morango (m)	สตรอว์เบอร์รี่	sà-dtror-ber-rêe
tangerina (f)	ส้มแมนดาริน	sôm maen daa rin
ameixa (f)	พลัม	phlam
pêssego (m)	ลูกทอ	lôok thór
damasco (m)	แอปริคอท	ae-bprì-khôrt
framboesa (f)	ราสเบอร์รี่	râat-ber-rêe
ananás (m)	สับปะรด	sàp-bpà-rót
banana (f)	กล้วย	glûay
melancia (f)	แตงโม	dtaeng moh
uva (f)	องุ่น	a-ngùn
ginja (f)	เชอร์รี่	cher-rêe
cereja (f)	เชอร์รี่ป่า	cher-rêe bpàa

meloa (f)	เมลอน	may-lorn
toranja (f)	ส้มโอ	sôm oh
abacate (m)	อะโวคาโด	a-who-khaa-doh
papaia (f)	มะละกอ	má-lá-gor
manga (f)	มะม่วง	má-mûang
romã (f)	ทับทิม	tháp-thim

groselha (f) vermelha	เรดเคอร์แรนท์	râyt-khêr-raen
groselha (f) preta	แบล็คเคอร์แรนท์	blàek khêr-raen
groselha (f) espinhosa	กูสเบอร์รี่	gòot-ber-rêe
mirtilo (m)	บิลเบอร์รี่	bil-ber-rêe
amora silvestre (f)	แบล็คเบอร์รี่	blàek ber-rêe

uvas (f pl) passas	ลูกเกด	lôok gàyt
figo (m)	มะเดื่อฝรั่ง	má dèua fà-ràng
tâmara (f)	ลูกอินทผลัม	lôok in-thá-plăm

amendoim (m)	ถั่วลิสง	thùa-lí-sŏng
amêndoa (f)	อัลมอนด์	an-morn
noz (f)	วอลนัต	wor-lá-nát
avelã (f)	เฮเซลนัท	hay sayn nát
coco (m)	มะพร้าว	má-phráao
pistáchios (m pl)	ถั่วพิสตาชิโอ	thùa phít dtaa chí oh

48. Páo. Bolaria

pastelaria (f)	ขนม	khà-nŏm
pão (m)	ขนมปัง	khà-nŏm bpang
bolacha (f)	คุกกี้	khúk-gêe

chocolate (m)	ช็อกโกแลต	chók-goh-láet
de chocolate	ช็อกโกแลต	chók-goh-láet
rebuçado (m)	ลูกกวาด	lôok gwàat
bolo (cupcake, etc.)	ขนมเค้ก	khà-nŏm kháyk
bolo (m) de aniversário	ขนมเค้ก	khà-nŏm kháyk

| tarte (~ de maçã) | ขนมพาย | khà-nŏm phaai |
| recheio (m) | ไส้ในขนม | sâi nai khà-nŏm |

doce (m)	แยม	yaem
geleia (f) de frutas	แยมผิวส้ม	yaem phĭw sôm
waffle (m)	วาฟเฟิล	waaf-fern
gelado (m)	ไอศกรีม	ai-sà-greem
pudim (m)	พุดดิ้ง	phút-dîng

49. Pratos cozinhados

prato (m)	มื้ออาหาร	méu aa-hăan
cozinha (~ portuguesa)	อาหาร	aa-hăan
receita (f)	ตำราอาหาร	dtam-raa aa-hăan
porção (f)	สวน	sùan
salada (f)	สลัด	sà-làt

sopa (f)	ชุป	súp
caldo (m)	ชุปน้ำใส	súp nám-săi
sandes (f)	แซนด์วิช	saen-wít
ovos (m pl) estrelados	ไข่ทอด	khài thôrt

hambúrguer (m)	แฮมเบอร์เกอร์	haem-ber-gêr
bife (m)	สเต็กเนื้อ	sà-dtèk néua

conduto (m)	เครื่องเคียง	khrêuang khiang
espaguete (m)	สปาเก็ตตี้	sà-bpaa-gèt-dtêe
puré (m) de batata	มันฝรั่งบด	man fà-ràng bòt
pizza (f)	พิชซ่า	phít-sâa
papa (f)	ข้าวต้ม	khâao-dtôm
omelete (f)	ไข่เจียว	khài jieow

cozido em água	ต้ม	dtôm
fumado	รมควัน	rom khwan
frito	ทอด	thôrt
seco	ตากแห้ง	dtàak hâeng
congelado	แช่แข็ง	châe khăeng
em conserva	ดอง	dorng

doce (açucarado)	หวาน	wăan
salgado	เค็ม	khem
frio	เย็น	yen
quente	ร้อน	rórn
amargo	ขม	khŏm
gostoso	อร่อย	à-ròi

cozinhar (em água a ferver)	ต้ม	dtôm
fazer, preparar (vt)	ทำอาหาร	tham aa-hăan
fritar (vt)	ทอด	thôrt
aquecer (vt)	อุ่น	ùn

salgar (vt)	ใส่เกลือ	sài gleua
apimentar (vt)	ใส่พริกไทย	sài phrík thai
ralar (vt)	ขูด	khòot
casca (f)	เปลือก	bplèuak
descascar (vt)	ปอกเปลือก	bpòrk bplêuak

50. Especiarias

sal (m)	เกลือ	gleua
salgado	เค็ม	khem
salgar (vt)	ใส่เกลือ	sài gleua

pimenta (f) preta	พริกไทย	phrík thai
pimenta (f) vermelha	พริกแดง	phrík daeng
mostarda (f)	มัสตาร์ด	mát-dtàat
raiz-forte (f)	ฮอสแรดิช	hórt rae dìt

condimento (m)	เครื่องปรุงรส	khrêuang bprung rót
especiaria (f)	เครื่องเทศ	khrêuang thâyt
molho (m)	ซอส	sós

vinagre (m)	น้ำส้มสายชู	nám sôm săai choo
anis (m)	เทียนสัตตบุษย์	thian-sàt-dtà-bùt
manjericão (m)	ใบโหระพา	bai hŏh rá phaa
cravo (m)	กานพลู	gaan-phloo
gengibre (m)	ขิง	khĭng
coentro (m)	ผักชีลา	pàk-chee-laa
canela (f)	อบเชย	òp-choie

sésamo (m)	งา	ngaa
folhas (f pl) de louro	ใบกระวาน	bai grà-waan
páprica (f)	พริกป่น	phrík bpòn
cominho (m)	เทียนตากบ	thian dtaa gòp
açafrão (m)	หญ้าฝรั่น	yâa fà-ràn

51. Refeições

| comida (f) | อาหาร | aa-hăan |
| comer (vt) | กิน | gin |

pequeno-almoço (m)	อาหารเช้า	aa-hăan cháo
tomar o pequeno-almoço	ทานอาหารเช้า	thaan aa-hăan cháo
almoço (m)	ข้าวเที่ยง	khâao thîang
almoçar (vi)	ทานอาหารเที่ยง	thaan aa-hăan thîang
jantar (m)	อาหารเย็น	aa-hăan yen
jantar (vi)	ทานอาหารเย็น	thaan aa-hăan yen

| apetite (m) | ความอยากอาหาร | kwaam yàak aa hăan |
| Bom apetite! | กินให้อร่อย! | gin hâi a-ròi |

abrir (~ uma lata, etc.)	เปิด	bpèrt
derramar (vt)	ทำหก	tham hòk
derramar-se (vr)	ทำหกออกมา	tham hòk òrk maa
ferver (vi)	ต้ม	dtôm
ferver (vt)	ต้ม	dtôm
fervido	ต้ม	dtôm
arrefecer (vt)	แช่เย็น	châe yen
arrefecer-se (vr)	แช่เย็น	châe yen

| sabor, gosto (m) | รสชาติ | rót châat |
| gostinho (m) | รส | rót |

fazer dieta	ลดน้ำหนัก	lót nám nàk
dieta (f)	อาหารพิเศษ	aa-hăan phí-sàyt
vitamina (f)	วิตามิน	wí-dtaa-min
caloria (f)	แคลอรี่	khae-lor-rêe
vegetariano (m)	คนกินเจ	khon gin jay
vegetariano	มังสวิรัติ	mang-sà-wí-rát

gorduras (f pl)	ไขมัน	khăi man
proteínas (f pl)	โปรตีน	bproh-dteen
carboidratos (m pl)	คาร์โบไฮเดรต	kaa-boh-hai-dràyt
fatia (~ de limão, etc.)	แผ่น	phàen
pedaço (~ de bolo)	ชิ้น	chín
migalha (f)	เศษ	sàyt

52. Por a mesa

colher (f)	ช้อน	chórn
faca (f)	มีด	mêet
garfo (m)	สอม	sôrm
chávena (f)	แก้ว	gâew
prato (m)	จาน	jaan
pires (m)	จานรอง	jaan rorng
guardanapo (m)	ผ้าเช็ดปาก	phâa chét bpàak
palito (m)	ไม้จิ้มฟัน	máai jîm fan

53. Restaurante

restaurante (m)	ร้านอาหาร	ráan aa-hǎan
café (m)	ร้านกาแฟ	ráan gaa-fae
bar (m), cervejaria (f)	ร้านเหล้า	ráan lâo
salão (m) de chá	รานน้ำชา	ráan nám chaa
empregado (m) de mesa	คนเสิร์ฟชาย	khon sèrf chaai
empregada (f) de mesa	คนเสิร์ฟหญิง	khon sèrf yǐng
barman (m)	บาร์เทนเดอร์	baa-thayn-dêr
ementa (f)	เมนู	may-noo
lista (f) de vinhos	รายการไวน์	raai gaan wai
reservar uma mesa	จองโต๊ะ	jorng dtó
prato (m)	มื้ออาหาร	méu aa-hǎan
pedir (vt)	สั่ง	sàng
fazer o pedido	สั่งอาหาร	sàng aa-hǎan
aperitivo (m)	เครื่องดื่มเหล้ากอนอาหาร	khrêuang dèum lâo gòrn aa-hǎan
entrada (f)	ของกินเล่น	khǒrng gin lâyn
sobremesa (f)	ของหวาน	khǒrng wǎan
conta (f)	คิดเงิน	khít ngern
pagar a conta	จ่ายค่าอาหาร	jàai khâa aa hǎan
dar o troco	ให้เงินทอน	hâi ngern thorn
gorjeta (f)	เงินทิป	ngern thíp

Família, parentes e amigos

54. Informação pessoal. Formulários

nome (m)	ชื่อ	chêu
apelido (m)	นามสกุล	naam sà-gun
data (f) de nascimento	วันเกิด	wan gèrt
local (m) de nascimento	สถานที่เกิด	sà-thǎan thêe gèrt
nacionalidade (f)	สัญชาติ	sǎn-châat
lugar (m) de residência	ที่อยู่อาศัย	thêe yòo aa-sǎi
país (m)	ประเทศ	bprà-thâyt
profissão (f)	อาชีพ	aa-chêep
sexo (m)	เพศ	phâyt
estatura (f)	ความสูง	khwaam sǒong
peso (m)	น้ำหนัก	nám nàk

55. Membros da família. Parentes

mãe (f)	มารดา	maan-daa
pai (m)	บิดา	bì-daa
filho (m)	ลูกชาย	lôok chaai
filha (f)	ลูกสาว	lôok sǎao
filha (f) mais nova	ลูกสาวคนเล็ก	lôok sǎao khon lék
filho (m) mais novo	ลูกชายคนเล็ก	lôok chaai khon lék
filha (f) mais velha	ลูกสาวคนโต	lôok sǎao khon dtoh
filho (m) mais velho	ลูกชายคนโต	lôok chaai khon dtoh
irmão (m) mais velho	พี่ชาย	phêe chaai
irmão (m) mais novo	น้องชาย	nórng chaai
irmã (f) mais velha	พี่สาว	phêe sǎao
irmã (f) mais nova	น้องสาว	nórng sǎao
primo (m)	ลูกพี่ลูกน้อง	lôok phêe lôok nórng
prima (f)	ลูกพี่ลูกน้อง	lôok phêe lôok nórng
mamã (f)	แม่	mâe
papá (m)	พ่อ	phôr
pais (pl)	พ่อแม่	phôr mâe
criança (f)	เด็ก, ลูก	dèk, lôok
crianças (f pl)	เด็กๆ	dèk dèk
avó (f)	ย่า, ยาย	yâa, yaai
avô (m)	ปู่, ตา	bpòo, dtaa
neto (m)	หลานชาย	lǎan chaai
neta (f)	หลานสาว	lǎan sǎao

netos (pl)	หลานๆ	lăan
tio (m)	ลุง	lung
tia (f)	ป้า	bpâa
sobrinho (m)	หลานชาย	lăan chaai
sobrinha (f)	หลานสาว	lăan săao

sogra (f)	แม่ยาย	mâe yaai
sogro (m)	พ่อสามี	phôr săa-mee
genro (m)	ลูกเขย	lôok khŏie
madrasta (f)	แม่เลี้ยง	mâe líang
padrasto (m)	พ่อเลี้ยง	phôr líang

criança (f) de colo	ทารก	thaa-rók
bebé (m)	เด็กเล็ก	dèk lék
menino (m)	เด็ก	dèk

mulher (f)	ภรรยา	phan-rá-yaa
marido (m)	สามี	săa-mee
esposo (m)	สามี	săa-mee
esposa (f)	ภรรยา	phan-rá-yaa

casado	แต่งงานแล้ว	dtàeng ngaan láew
casada	แตงงานแลว	dtàeng ngaan láew
solteiro	เป็นโสด	bpen sòht
solteirão (m)	ชายโสด	chaai sòht
divorciado	หย่าแล้ว	yàa láew
viúva (f)	แม่หม้าย	mâe mâai
viúvo (m)	พ่อหม้าย	phôr mâai

parente (m)	ญาติ	yâat
parente (m) próximo	ญาติใกล้ชิด	yâat glâi chít
parente (m) distante	ญาติห่างๆ	yâat hàang hàang
parentes (m pl)	ญาติๆ	yâat

órfão (m)	เด็กชายกำพร้า	dèk chaai gam phráa
órfã (f)	เด็กหญิงกำพรา	dèk yĭng gam phráa
tutor (m)	ผู้ปกครอง	phôo bpòk khrorng
adotar (um filho)	บุญธรรม	bun tham
adotar (uma filha)	บุญธรรม	bun tham

56. Amigos. Colegas de trabalho

amigo (m)	เพื่อน	phêuan
amiga (f)	เพื่อน	phêuan
amizade (f)	มิตรภาพ	mít-dtrà-phâap
ser amigos	เป็นเพื่อน	bpen phêuan

amigo (m)	เพื่อนสนิท	phêuan sà-nìt
amiga (f)	เพื่อนสนิท	phêuan sà-nìt
parceiro (m)	หุ้นส่วน	hûn sùan

chefe (m)	หัวหน้า	hŭa-nâa
superior (m)	ผู้บังคับบัญชา	phôo bang-kháp ban-chaa
proprietário (m)	เจ้าของ	jâo khŏrng

| subordinado (m) | ลูกน้อง | lôok nórng |
| colega (m) | เพื่อนรวมงาน | phêuan rûam ngaan |

conhecido (m)	ผู้คุ้นเคย	phôo khún khoie
companheiro (m) de viagem	เพื่อนร่วมทาง	pêuan rûam thaang
colega (m) de classe	เพื่อนรุ่น	phêuan rûn

vizinho (m)	เพื่อนบ้านผู้ชาย	phêuan bâan pôo chaai
vizinha (f)	เพื่อนบ้านผู้หญิง	phêuan bâan phôo yǐng
vizinhos (pl)	เพื่อนบ้าน	phêuan bâan

57. Homem. Mulher

mulher (f)	ผู้หญิง	phôo yǐng
rapariga (f)	หญิงสาว	yǐng sǎao
noiva (f)	เจ้าสาว	jâo sǎao

bonita	สวย	sǔay
alta	สูง	sǒong
esbelta	ผอม	phǒrm
de estatura média	เตี้ย	dtîa

| loura (f) | ผมสีทอง | phǒm sěe thorng |
| morena (f) | ผมสีคล้ำ | phǒm sěe khlám |

de senhora	สตรี	sàt-dtree
virgem (f)	บริสุทธิ์	bor-rí-sùt
grávida	ตั้งครรภ์	dtâng khan

homem (m)	ผู้ชาย	phôo chaai
louro (m)	ผมสีทอง	phǒm sěe thorng
moreno (m)	ผมสีคล้ำ	phǒm sěe khlám
alto	สูง	sǒong
de estatura média	เตี้ย	dtîa

rude	หยาบคาย	yàap kaai
atarracado	แข็งแรง	khǎeng raeng
robusto	กำยำ	gam-yam
forte	แข็งแรง	khǎeng raeng
força (f)	ความแข็งแรง	khwaam khǎeng raeng

gordo	ท้วม	thúam
moreno	ผิวดำ	phǐw dam
esbelto	ผอม	phǒrm
elegante	สง่า	sà-ngàa

58. Idade

idade (f)	อายุ	aa-yú
juventude (f)	วัยเยาว์	wai yao
jovem	หนุ่ม	nùm
mais novo	อายุน้อยกว่า	aa-yú nói gwàa

mais velho	อายุสูงกว่า	aa-yú sŏong gwàa
jovem (m)	ชายหนุ่ม	chaai nùm
adolescente (m)	วัยรุ่น	wai rûn
rapaz (m)	คนหนุ่ม	khon nùm

| velhote (m) | ชายชรา | chaai chá-raa |
| velhota (f) | หญิงชรา | yĭng chá-raa |

adulto	ผู้ใหญ่	phôo yài
de meia-idade	วัยกลาง	wai glaang
de certa idade	วัยชรา	wai chá-raa
idoso	แก่	gàe

reforma (f)	การเกษียณอายุ	gaan gà-sĭan aa-yú
reformar-se (vr)	เกษียณ	gà-sĭan
reformado (m)	ผู้เกษียณอายุ	phôo gà-sĭan aa-yú

59. Crianças

criança (f)	เด็ก, ลูก	dèk, lôok
crianças (f pl)	เด็กๆ	dèk dèk
gémeos (m pl)	แฝด	fàet

berço (m)	เปล	bplay
guizo (m)	ของเล่นกุ๊งกิ๊ง	khŏrng lên gúng-gîng
fralda (f)	ผ้าอ้อม	phâa ôrm

chupeta (f)	จุกนม	jùk-nom
carrinho (m) de bebé	รถเข็นเด็ก	rót khĕn dèk
jardim (m) de infância	โรงเรียนอนุบาล	rohng rian a-nú-baan
babysitter (f)	คนเฝ้าเด็ก	khon fâo dèk

infância (f)	วัยเด็ก	wai dèk
boneca (f)	ตุกตา	dtúk-dtaa
brinquedo (m)	ของเล่น	khŏrng lên
jogo (m) de armar	ชุดของเล่นก่อสร้าง	chút khŏrng lên gòr sâang

bem-educado	มีกิริยา มารยาทดี	mee gì-rí-yaa maa-rá-yâat dee
mal-educado	ไม่มีมารยาท	mâi mee maa-rá-yâat
mimado	เสียคน	sĭa khon

| ser travesso | ซน | son |
| travesso, traquinas | ซน | son |

| travessura (f) | ความเกเร | kwaam gay-ray |
| criança (f) travessa | เด็กเกเร | dèk gay-ray |

| obediente | ที่เชื่อฟัง | thêe chêua fang |
| desobediente | ที่ไม่เชื่อฟัง | thêe mâi chêua fang |

dócil	ที่เชื่อฟังผู้ใหญ่	thée chêua fang phôo yài
inteligente	ฉลาด	chà-làat
menino (m) prodígio	เด็กมีพรสวรรค์	dèk mee phon sà-wăn

57

60. Casais. Vida de família

beijar (vt)	จูบ	jòop
beijar-se (vr)	จูบ	jòop
família (f)	ครอบครัว	khrôrp khrua
familiar	ครอบครัว	khrôrp khrua
casal (m)	ผัวเมีย	phŭa mia
matrimónio (m)	การแต่งงาน	gaan dtàeng ngaan
lar (m)	บ้าน	bâan
dinastia (f)	วงศตระกูล	wong dtrà-goon
encontro (m)	การออกเดท	gaan òrk dàyt
beijo (m)	การจูบ	gaan jòop
amor (m)	ความรัก	khwaam rák
amar (vt)	รัก	rák
amado, querido	ที่รัก	thêe rák
ternura (f)	ความละเมียดละไม	khwaam lá-mîat lá-mai
terno, afetuoso	ละเมียดละไม	lá-mîat lá-mai
fidelidade (f)	ความซื่อ	khwaam sêu
fiel	ซื่อ	sêu
cuidado (m)	การดูแล	gaan doo lae
carinhoso	ชอบดูแล	chôrp doo lae
recém-casados (m pl)	คู่แต่งงานใหม่	khôo dtàeng ngaan mài
lua de mel (f)	ฮันนีมูน	han-nee-moon
casar-se (com um homem)	แต่งงาน	dtàeng ngaan
casar-se (com uma mulher)	แต่งงาน	dtàeng ngaan
boda (f)	การสมรส	gaan sŏm rót
bodas (f pl) de ouro	การสมรส ครบรอบ50ปี	gaan sŏm rót khróp rôrp hâa-sìp bpee
aniversário (m)	วันครบรอบ	wan khróp rôrp
amante (m)	คู่รัก	khôo rák
amante (f)	เมียน้อย	mia nói
adultério (m)	การคบชู้	gaan khóp chóo
cometer adultério	คบชู้	khóp chóo
ciumento	หึงหวง	hĕung hŭang
ser ciumento	หึง	hĕung
divórcio (m)	การหย่าร้าง	gaan yàa ráang
divorciar-se (vr)	หย่า	yàa
brigar (discutir)	ทะเลาะ	thá-lór
fazer as pazes	ประนีประนอม	bprà-nee-bprà-nom
juntos	ด้วยกัน	dûay gan
sexo (m)	เพศสัมพันธ์	phâyt săm-phan
felicidade (f)	ความสุข	khwaam sùk
feliz	มีความสุข	mee khwaam sùk
infelicidade (f)	เหตุร้าย	hàyt ráai
infeliz	ไม่มีความสุข	mâi mee khwaam sùk

Caráter. Sentimentos. Emoções

61. Sentimentos. Emoções

sentimento (m)	ความรู้สึก	khwaam róo sèuk
sentimentos (m pl)	ความรู้สึก	khwaam róo sèuk
sentir (vt)	รู้สึก	róo sèuk
fome (f)	ความหิว	khwaam hǐw
ter fome	หิว	hǐw
sede (f)	ความกระหาย	khwaam grà-hǎai
ter sede	กระหาย	grà-hǎai
sonolência (f)	ความง่วง	khwaam ngûang
estar sonolento	ง่วง	ngûang
cansaço (m)	ความเหนื่อย	khwaam nèuay
cansado	เหนื่อย	nèuay
ficar cansado	เหนื่อย	nèuay
humor (m)	อารมณ์	aa-rom
tédio (m)	ความเบื่อ	khwaam bèua
aborrecer-se (vr)	เบื่อ	bèua
isolamento (m)	ความเหงา	khwaam ngǎo
isolar-se	ปลีกวิเวก	bplèek wí-wâyk
preocupar (vt)	ทำให้...เป็นห่วง	tham hâi...bpen hùang
preocupar-se (vr)	กังวล	gang-won
preocupação (f)	ความเป็นห่วง	khwaam bpen hùang
ansiedade (f)	ความวิตกกังวล	khwaam wí-dtòk gang-won
preocupado	เป็นห่วงใหญ่	bpen hùang yài
estar nervoso	กระวนกระวาย	grà won grà waai
entrar em pânico	ตื่นตระหนก	dtèun dtrà-nòk
esperança (f)	ความหวัง	khwaam wǎng
esperar (vt)	หวัง	wǎng
certeza (f)	ความแน่ใจ	khwaam nâe jai
certo	แน่ใจ	nâe jai
indecisão (f)	ความไม่มั่นใจ	khwaam mâi mân jai
indeciso	ไม่มั่นใจ	mâi mân jai
ébrio, bêbado	เมา	mao
sóbrio	ไม่เมา	mâi mao
fraco	อ่อนแอ	òrn ae
feliz	มีความสุข	mee khwaam sùk
assustar (vt)	ทำให้...กลัว	tham hâi...glua
fúria (f)	ความโกรธเคือง	khwaam gròht kheuang
ira, raiva (f)	ความเดือดดาล	khwaam dèuat daan
depressão (f)	ความหดหู่	khwaam hòt-hòo
desconforto (m)	อึดอัด	èut àt

conforto (m)	สบาย	sà-baai
arrepender-se (vr)	เสียดาย	sĭa daai
arrependimento (m)	ความเสียดาย	khwaam sĭa daai
azar (m), má sorte (f)	โชคราย	chôhk ráai
tristeza (f)	ความเศรา	khwaam sâo
vergonha (f)	ความละอายใจ	khwaam lá-aai jai
alegria (f)	ความปิติ	khwaam bpì-dtì
entusiasmo (m)	ความกระตือรือรน	khwaam grà-dteu-reu-rón
entusiasta (m)	คนที่กระตือรือรน	khon thêe grà-dteu-reu-rón
mostrar entusiasmo	แสดงความ	sà-daeng khwaam
	กระตือรือรน	grà-dteu-reu-rón

62. Caráter. Personalidade

caráter (m)	นิสัย	ní-sǎi
falha (f) de caráter	ขอเสีย	khôr sĭa
mente (f)	สติ	sà-dtì
razão (f)	สติ	sà-dtì
consciência (f)	มโนธรรม	má-noh tham
hábito (m)	นิสัย	ní-sǎi
habilidade (f)	ความสามารถ	khwaam sǎa-mâat
saber (~ nadar, etc.)	สามารถ	sǎa-mâat
paciente	อดทน	òt thon
impaciente	ใจรอนใจเร็ว	jai rórn jai reo
curioso	อยากรูอยากเห็น	yàak róo yàak hěn
curiosidade (f)	ความอยากรูอยากเห็น	khwaam yàak róo yàak hěn
modéstia (f)	ความถอมตน	khwaam thòrm dton
modesto	ถอมตน	thòrm dton
imodesto	หยาบโลน	yàap lohn
preguiça (f)	ความขี้เกียจ	khwaam khêe gìat
preguiçoso	ขี้เกียจ	khêe gìat
preguiçoso (m)	คนขี้เกียจ	khon khêe gìat
astúcia (f)	ความเจาเลห	khwaam jâo lây
astuto	เจาเลห	jâo lây
desconfiança (f)	ความหวาดระแวง	khwaam wàat rá-waeng
desconfiado	เคลือบแคลง	khlêuap-khlaeng
generosidade (f)	ความเอื้อเฟื้อ	khwaam êua féua
generoso	มีน้ำใจ	mee nám jai
talentoso	มีพรสวรรค์	mee phon sà-wǎn
talento (m)	พรสวรรค	phon sà-wǎn
corajoso	กลาหาญ	glâa hǎan
coragem (f)	ความกลาหาญ	khwaam glâa hǎan
honesto	ซื่อสัตย	sêu sàt
honestidade (f)	ความซื่อสัตย	khwaam sêu sàt
prudente	ระมัดระวัง	rá mát rá-wang
valente	กลา	glâa

| sério | เอาจริงเอาจัง | ao jing ao jang |
| severo | เขมงวด | khêm ngûat |

decidido	เด็ดเดี่ยว	dèt dìeow
indeciso	ไม่เด็ดขาด	mâi dèt khàat
tímido	อาย	aai
timidez (f)	ความขวยอาย	khwaam khŭay aai

confiança (f)	ความไว้ใจ	khwaam wái jai
confiar (vt)	ไว้เนื้อเชื่อใจ	wái néua chêua jai
crédulo	เชื่อใจ	chêua jai

sinceramente	อย่างจริงใจ	yàang jing jai
sincero	จริงใจ	jing jai
sinceridade (f)	ความจริงใจ	khwaam jing jai
aberto	เปิดเผย	bpèrt phŏie

calmo	ใจเย็น	jai yen
franco	จริงใจ	jing jai
ingénuo	หลงเชื่อ	lŏng chêua
distraído	ใจลอย	jai loi
engraçado	ตลก	dtà-lòk

ganância (f)	ความโลภ	khwaam lôhp
ganancioso	โลภ	lôhp
avarento	ขี้เหนียว	khêe nĭeow
mau	เลว	leo
teimoso	ดื้อ	dêu
desagradável	ไม่น่าพึงพอใจ	mâi nâa pheung phor jai

egoísta (m)	คนที่เห็นแก่ตัว	khon thêe hĕn gàe dtua
egoísta	เห็นแก่ตัว	hĕn gàe dtua
cobarde (m)	คนขี้ขลาด	khon khêe khlàat
cobarde	ขี้ขลาด	khêe khlàat

63. O sono. Sonhos

dormir (vi)	นอน	norn
sono (m)	ความนอน	khwaam norn
sonho (m)	ความฝัน	khwaam făn
sonhar (vi)	ฝัน	făn
sonolento	งวง	ngûang

cama (f)	เตียง	dtiang
colchão (m)	ฟูกนอน	fôok norn
cobertor (m)	ผ้าห่ม	phâa hòm
almofada (f)	หมอน	mŏrn
lençol (m)	ผ้าปูที่นอน	phâa bpoo thêe norn

insónia (f)	อาการนอนไม่หลับ	aa-gaan norn mâi làp
insone	นอนไม่หลับ	norn mâi làp
sonífero (m)	ยานอนหลับ	yaa-norn-làp
tomar um sonífero	กินยานอนหลับ	gin yaa-norn-làp
estar sonolento	งวง	ngûang

bocejar (vi)	หาว	hăao
ir para a cama	ไปนอน	bpai norn
fazer a cama	ปูที่นอน	bpoo thêe norn
adormecer (vi)	หลับ	làp

pesadelo (m)	ฝันร้าย	făn ráai
ronco (m)	การกรน	gaan-kron
roncar (vi)	กรน	gron

despertador (m)	นาฬิกาปลุก	naa-lí-gaa bplùk
acordar, despertar (vt)	ปลุก	bplùk
acordar (vi)	ตื่น	dtèun
levantar-se (vr)	ลุกขึ้น	lúk khêun
lavar-se (vr)	ล้างหน้าล้างตา	láang nâa láang dtaa

64. Humor. Riso. Alegria

humor (m)	อารมณ์ขัน	aa-rom khăn
sentido (m) de humor	อารมณ์	aa-rom
divertir-se (vr)	เริงรื่น	rerng rêun
alegre	เริงรื่น	rerng rêun
alegria (f)	ความรื่นเริง	khwaam rêun-rerng

sorriso (m)	รอยยิ้ม	roi yím
sorrir (vi)	ยิ้ม	yím
começar a rir	เริ่มหัวเราะ	rêrm hŭa rór
rir (vi)	หัวเราะ	hŭa rór
riso (m)	การหัวเราะ	gaan hŭa rór

anedota (f)	เรื่องขำขัน	rêuang khăm khăn
engraçado	ตลก	dtà-lòk
ridículo	ขบขัน	khòp khăn

brincar, fazer piadas	ล้อเล่น	lór lên
piada (f)	ตลก	dtà-lòk
alegria (f)	ความสุขสันต์	khwaam sùk-săn
regozijar-se (vr)	โมทนา	moh-thá-naa
alegre	ยินดี	yin dee

65. Discussão, conversação. Parte 1

| comunicação (f) | การสื่อสาร | gaan sèu săn |
| comunicar-se (vr) | สื่อสาร | sèu săn |

conversa (f)	การสนทนา	gaan sŏn-thá-naa
diálogo (m)	บทสนทนา	bòt sŏn-thá-naa
discussão (f)	การหารือ	gaan hăa-reu
debate (m)	การโต้แยง	gaan dtôh yáeng
debater (vt)	โต้แยง	dtôh yáeng

| interlocutor (m) | คู่สนทนา | khôo sŏn-tá-naa |
| tema (m) | หัวข้อ | hŭa khòr |

ponto (m) de vista	แง่คิด	ngâe khít
opinião (f)	ความคิดเห็น	khwaam khít hěn
discurso (m)	สุนทรพจน์	sǔn tha ra phót

discussão (f)	การหารือ	gaan hǎa-reu
discutir (vt)	หารือ	hǎa-reu
conversa (f)	การสนทนา	gaan sǒn-thá-naa
conversar (vi)	คุยกัน	khui gan
encontro (m)	การพบกัน	gaan phóp gan
encontrar-se (vr)	พบ	phóp

provérbio (m)	สุภาษิต	sù-phaa-sìt
ditado (m)	คำกลาว	kham glàao
adivinha (f)	ปริศนา	bprìt-sà-nǎa
dizer uma adivinha	ถามปริศนา	thǎam bprìt-sà-nǎa
senha (f)	รหัสผาน	rá-hàt phàan
segredo (m)	ความลับ	khwaam láp

juramento (m)	คำสาบาน	kham sǎa-baan
jurar (vi)	สาบาน	sǎa baan
promessa (f)	คำสัญญา	kham sǎn-yaa
prometer (vt)	สัญญา	sǎn-yaa

conselho (m)	คำแนะนำ	kham náe nam
aconselhar (vt)	แนะนำ	náe nam
seguir o conselho	ทำตามคำแนะนำ	tham dtaam kham náe nam
escutar (~ os conselhos)	เชื่อฟัง	chêua fang

novidade, notícia (f)	ข่าว	khàao
sensação (f)	ข่าวดัง	khàao dang
informação (f)	ข้อมูล	khôr moon
conclusão (f)	ข้อสรุป	khôr sà-rùp
voz (f)	เสียง	sǐang
elogio (m)	คำชมเชย	kham chom choie
amável	ใจดี	jai dee

palavra (f)	คำ	kham
frase (f)	วลี	wá-lee
resposta (f)	คำตอบ	kham dtòrp

| verdade (f) | ความจริง | khwaam jing |
| mentira (f) | การโกหก | gaan goh-hòk |

pensamento (m)	ความคิด	khwaam khít
ideia (f)	ความคิด	khwaam khít
fantasia (f)	จินตนาการ	jin-dtà-naa gaan

66. Discussão, conversação. Parte 2

estimado	ที่นับถือ	thêe náp thěu
respeitar (vt)	นับถือ	náp thěu
respeito (m)	ความนับถือ	khwaam náp thěu
Estimado ..., Caro ...	ทาน	thâan
apresentar (vt)	แนะนำ	náe nam

travar conhecimento	รู้จัก	róo jàk
intenção (f)	ความตั้งใจ	khwaam dtâng jai
tencionar (vt)	ตั้งใจ	dtâng jai
desejo (m)	การขอพร	gaan khŏr phon
desejar (ex. ~ boa sorte)	ขอ	khŏr

surpresa (f)	ความประหลาดใจ	khwaam bprà-làat jai
surpreender (vt)	ทำให้...ประหลาดใจ	tham hâi...bprà-làat jai
surpreender-se (vr)	ประหลาดใจ	bprà-làat jai

dar (vt)	ให้	hâi
pegar (tomar)	รับ	ráp
devolver (vt)	ให้คืน	hâi kheun
dar de volta	เอาคืน	ao kheun

desculpar-se (vr)	ขอโทษ	khŏr thôht
desculpa (f)	คำขอโทษ	kham khŏr thôht
perdoar (vt)	ให้อภัย	hâi a-phai

falar (vi)	คุยกัน	khui gan
escutar (vt)	ฟัง	fang
ouvir até o fim	ฟังจนจบ	fang jon jòp
compreender (vt)	เข้าใจ	khâo jai

mostrar (vt)	แสดง	sà-daeng
olhar para ...	ดู	doo
chamar (dizer em voz alta o nome)	เรียก	rîak

distrair (vt)	รบกวน	róp guan
perturbar (vt)	รบกวน	róp guan
entregar (~ em mãos)	ส่ง	sòng

pedido (m)	ข้อร้องขอ	khôr rórng khŏr
pedir (ex. ~ ajuda)	ร้องขอ	rórng khŏr
exigência (f)	ขอเรียกร้อง	khôr rîak rórng
exigir (vt)	เรียกร้อง	rîak rórng

chamar nomes (vt)	แซว	saew
zombar (vt)	ล้อเลียน	lór lian
zombaria (f)	ขอล้อเลียน	khôr lór lian
alcunha (f)	ชื่อเล่น	chêu lên

insinuação (f)	การพูดเป็นนัย	gaan phôot bpen nai
insinuar (vt)	พูดเป็นนัย	phôot bpen nai
subentender (vt)	หมายความว่า	măai khwaam wâa

descrição (f)	คำพรรณนา	kham phan-ná-naa
descrever (vt)	พรรณนา	phan-ná-naa
elogio (m)	คำชม	kham chom
elogiar (vt)	ชม	chom

desapontamento (m)	ความผิดหวัง	khwaam phìt wăng
desapontar (vt)	ทำให้...ผิดหวัง	tham hâi...phìt wăng
desapontar-se (vr)	ผิดหวัง	phìt wăng
suposição (f)	ขอสมมุติ	khôr sŏm mút
supor (vt)	สมมุติ	sŏm mút

advertência (f)	คำเตือน	kham dteuan
advertir (vt)	เตือน	dteuan

67. Discussão, conversação. Parte 3

convencer (vt)	เกลี้ยกล่อม	glîak-glôm
acalmar (vt)	ทำให้...สงบ	tham hâi...sà-ngòp
silêncio (o ~ é de ouro)	ความเงียบ	khwaam ngîap
ficar em silêncio	เงียบ	ngîap
sussurrar (vt)	กระซิบ	grà síp
sussurro (m)	เสียงกระซิบ	sǐang grà síp
francamente	พูดตรงๆ	phôot dtrorng dtrorng
a meu ver …	ในสายตาของ	nai sǎai dtaa-kǒrng
	ผม/ฉัน...	phǒm/chǎn...
detalhe (~ da história)	รายละเอียด	raai lá-ìat
detalhado	โดยละเอียด	doi lá-ìat
detalhadamente	อย่างละเอียด	yàang lá-ìat
dica (f)	คำบอกใบ้	kham bòrk bâi
dar uma dica	บอกใบ้	bòrk bâi
olhar (m)	การมอง	gaan morng
dar uma vista de olhos	มอง	morng
fixo (olhar ~)	จ้อง	jôrng
piscar (vi)	กระพริบตา	grà phríp dtaa
pestanejar (vt)	ขยิบตา	khà-yìp dtaa
acenar (com a cabeça)	พยักหน้า	phá-yák nâa
suspiro (m)	การถอนหายใจ	gaan thǒrn hǎai jai
suspirar (vi)	ถอนหายใจ	thǒrn hǎai-jai
estremecer (vi)	สั่น	sàn
gesto (m)	อิริยาบถ	i-rí-yaa-bòt
tocar (com as mãos)	สัมผัส	sǎm-phàt
agarrar (algm pelo braço)	จับ	jàp
bater de leve	แตะ	dtàe
Cuidado!	ระวัง!	rá-wang
A sério?	จริงหรือ?	jing rěu
Tens a certeza?	คุณแน่ใจหรือ?	khun nâe jai rěu
Boa sorte!	ขอให้โชคดี!	khǒr hâi chôhk dee
Compreendi!	ฉันเข้าใจ!	chǎn khâo jai
Que pena!	น่าเสียดาย!	nâa sǐa-daai

68. Acordo. Recusa

consentimento (~ mútuo)	การยินยอม	gaan yin yorm
consentir (vi)	ยินยอม	yin yorm
aprovação (f)	คำอนุมัติ	kham a-nú-mát
aprovar (vt)	อนุมัติ	a-nú-mát

| recusa (f) | คำปฏิเสธ | kham bpà-dtì-sàyt |
| negar-se (vt) | ปฏิเสธ | bpà-dtì-sàyt |

Está ótimo!	เยี่ยม!	yîam
Muito bem!	ดีเลย!	dee loie
Está bem! De acordo!	โอเค!	oh-khay

proibido	ไม่ได้รับอนุญาต	mâi dâai ráp a-nú-yâat
é proibido	ห้าม	hâam
é impossível	มันเป็นไปไม่ได้	man bpen bpai mâi dâai
incorreto	ไม่ถูกต้อง	mâi thòok dtôrng

rejeitar (~ um pedido)	ปฏิเสธ	bpà-dtì-sàyt
apoiar (vt)	สนับสนุน	sà-nàp-sà-nǔn
aceitar (desculpas, etc.)	ยอมรับ	yorm ráp

confirmar (vt)	ยืนยัน	yeun yan
confirmação (f)	คำยืนยัน	kham yeun yan
permissão (f)	คำอนุญาต	kham a-nú-yâat
permitir (vt)	อนุญาต	a-nú-yâat
decisão (f)	การตัดสินใจ	gaan dtàt sǐn jai
não dizer nada	ไม่พูดอะไร	mâi phôot a-rai

condição (com uma ~)	เงื่อนไข	ngêuan khǎi
pretexto (m)	ข้ออ้าง	khôr âang
elogio (m)	คำชม	kham chom
elogiar (vt)	ชม	chom

69. Sucesso. Boa sorte. Insucesso

êxito, sucesso (m)	ความสำเร็จ	khwaam sǎm-rèt
com êxito	ให้เป็นผลสำเร็จ	hâi bpen phǒn sǎm-rèt
bem sucedido	ที่สำเร็จ	thêe sǎm-rèt

sorte (fortuna)	โชค	chôhk
Boa sorte!	ขอให้โชคดี!	khǒr hâi chôhk dee
de sorte	มีโชค	mee chôhk
sortudo, felizardo	มีโชคดี	mee chôhk dee

fracasso (m)	ความล้มเหลว	khwaam lóm lěo
pouca sorte (f)	โชคร้าย	chôhk ráai
azar (m), má sorte (f)	โชคร้าย	chôhk ráai
mal sucedido	ไม่ประสบ	mâi bprà-sòp
	ความสำเร็จ	khwaam sǎm-rèt
catástrofe (f)	ความล้มเหลว	khwaam lóm lěo

orgulho (m)	ความภาคภูมิใจ	khwaam phâak phoom jai
orgulhoso	ภูมิใจ	phoom jai
estar orgulhoso	ภูมิใจ	phoom jai

vencedor (m)	ผู้ชนะ	phôo chá-ná
vencer (vi)	ชนะ	chá-ná
perder (vt)	แพ้	pháe
tentativa (f)	ความพยายาม	khwaam phá-yaa-yaam

| tentar (vt) | พยายาม | phá-yaa-yaam |
| chance (m) | โอกาส | oh-gàat |

70. Conflitos. Emoções negativas

grito (m)	เสียงตะโกน	sǐang dtà-gohn
gritar (vi)	ตะโกน	dtà-gohn
começar a gritar	เริ่มตะโกน	rêrm dtà-gohn

discussão (f)	การทะเลาะ	gaan thá-lór
discutir (vt)	ทะเลาะ	thá-lór
escândalo (m)	ความทะเลาะ	khwaam thá-lór
criar escândalo	ตีโพยตีพาย	dtee phoi dtee phaai
conflito (m)	ความขัดแย้ง	khwaam khàt yáeng
mal-entendido (m)	การเข้าใจผิด	gaan khâo jai phìt

insulto (m)	คำดูถูก	kham doo thòok
insultar (vt)	ดูถูก	doo thòok
insultado	โดนดูถูก	dohn doo thòok
ofensa (f)	ความเคียดแค้น	khwaam khîat-kháen
ofender (vt)	ลวงเกิน	lûang gern
ofender-se (vr)	ถือสา	thěu sǎa

indignação (f)	ความโกรธแค้น	khwaam gròht kháen
indignar-se (vr)	ขุ่นเคือง	khùn kheuang
queixa (f)	คำร้อง	kham rórng
queixar-se (vr)	บ่น	bòn

desculpa (f)	คำขอโทษ	kham khǒr thôht
desculpar-se (vr)	ขอโทษ	khǒr thôht
pedir perdão	ขออภัย	khǒr a-phai

crítica (f)	คำวิจารณ์	kham wí-jaan
criticar (vt)	วิจารณ์	wí-jaan
acusação (f)	การกล่าวหา	gaan glàao hǎa
acusar (vt)	กล่าวหา	glàao hǎa

vingança (f)	การแก้แค้น	gaan gâe kháen
vingar (vt)	แก้แค้น	gâe kháen
pagar de volta	แก้แค้น	gâe kháen

desprezo (m)	ความดูหมิ่น	khwaam doo mìn
desprezar (vt)	ดูหมิ่น	doo mìn
ódio (m)	ความเกลียดชัง	khwaam glìat chang
odiar (vt)	เกลียด	glìat

nervoso	กระวนกระวาย	grà won grà waai
estar nervoso	กระวนกระวาย	grà won grà waai
zangado	โกรธ	gròht
zangar (vt)	ทำให้...โกรธ	tham hâi...gròht

humilhação (f)	ความเสียดเย้ย	khwaam sìat yóie
humilhar (vt)	ฉีกหน้า	chèek nâa
humilhar-se (vr)	ฉีกหน้าตนเอง	chèek nâa dton ayng

choque (m)	ความตกตะลึง	khwaam dtòk dtà-leung
chocar (vt)	ทำให้...ตกตะลึง	tham hâi...dtòk dtà-leung

aborrecimento (m)	ปัญหา	bpan-hǎa
desagradável	ไม่น่าพึงพอใจ	mâi nâa pheung phor jai

medo (m)	ความกลัว	khwaam glua
terrível (tempestade, etc.)	แย่	yâe
assustador (ex. história ~a)	น่ากลัว	nâa glua
horror (m)	ความกลัว	khwaam glua
horrível (crime, etc.)	แย่มาก	yâe mâak

começar a tremer	เริ่มตัวสั่น	rêrm dtua sàn
chorar (vi)	ร้องไห้	rórng hâi
começar a chorar	เริ่มร้องไห้	rêrm rórng hâi
lágrima (f)	น้ำตา	nám dtaa

falta (f)	ความผิด	khwaam phìt
culpa (f)	ผิด	phìt
desonra (f)	เสียเกียรติ	sǐa gìat
protesto (m)	การประท้วง	gaan bprà-thúang
stress (m)	ความวาวุ่นใจ	khwaam wáa-wûn-jai

perturbar (vt)	รบกวน	róp guan
zangar-se com ...	โกรธจัด	gròht jàt
zangado	โกรธ	gròht
terminar (vt)	ยุติ	yút-dtì
praguejar	ดุด่า	dù dàa

assustar-se	ตกใจ	dtòk jai
golpear (vt)	ตี	dtee
brigar (na rua, etc.)	สู้	sôo

resolver (o conflito)	ยุติ	yút-dtì
descontente	ไม่พอใจ	mâi phor jai
furioso	โกรธจัด	gròht jàt

Não está bem!	มันไม่ค่อยดี	man mâi khòi dee
É mau!	มันไม่ดีเลย	man mâi dee loie

Medicina

71. Doenças

doença (f)	โรค	rôhk
estar doente	ป่วย	bpùay
saúde (f)	สุขภาพ	sùk-khà-phâap
nariz (m) a escorrer	น้ำมูกไหล	nám môok lǎi
amigdalite (f)	ตอมทอนซิลอักเสบ	dtòm thorn-sin àk-sàyp
constipação (f)	หวัด	wàt
constipar-se (vr)	เป็นหวัด	bpen wàt
bronquite (f)	โรคหลอดลมอักเสบ	rôhk lòrt lom àk-sàyp
pneumonia (f)	โรคปอดบวม	rôhk bpòrt-buam
gripe (f)	ไขหวัดใหญ่	khâi wàt yài
míope	สายตาสั้น	sǎai dtaa sân
presbita	สายตายาว	sǎai dtaa yaao
estrabismo (m)	ตาเหล	dtaa lày
estrábico	เป็นตาเหล่	bpen dtaa kǎy rěu lày
catarata (f)	ต้อกระจก	dtôr grà-jòk
glaucoma (m)	ต้อหิน	dtôr hǐn
AVC (m), apoplexia (f)	โรคหลอดเลือดสมอง	rôhk lòrt lêuat sà-mǒrng
ataque (m) cardíaco	อาการหัวใจวาย	aa-gaan hǔa jai waai
enfarte (m) do miocárdio	กล้ามเนื้อหัวใจตาย	glâam néua hǔa jai dtaai
	เหตุขาดเลือด	hàyt khàat lêuat
paralisia (f)	อัมพาต	am-má-phâat
paralisar (vt)	ทำให้เป็นอัมพาต	tham hâi bpen am-má-phâat
alergia (f)	ภูมิแพ้	phoom pháe
asma (f)	โรคหืด	rôhk hèut
diabetes (f)	โรคเบาหวาน	rôhk bao wǎan
dor (f) de dentes	อาการปวดฟัน	aa-gaan bpùat fan
cárie (f)	ฟันผุ	fan phù
diarreia (f)	อาการท้องเสีย	aa-gaan thórng sǐa
prisão (f) de ventre	อาการท้องผูก	aa-gaan thórng phòok
desarranjo (m) intestinal	อาการปวดท้อง	aa-gaan bpùat thórng
intoxicação (f) alimentar	ภาวะอาหารเป็นพิษ	phaa-wá aa hǎan bpen pít
intoxicar-se	กินอาหารเป็นพิษ	gin aa hǎan bpen phít
artrite (f)	โรคข้ออักเสบ	rôhk khôr àk-sàyp
raquitismo (m)	โรคกระดูกออน	rôhk grà-dòok òrn
reumatismo (m)	โรครูมาติก	rôhk roo-maa-dtìk
arteriosclerose (f)	ภาวะหลอดเลือดแข็ง	phaa-wá lòrt lêuat khǎeng
gastrite (f)	โรคกระเพาะอาหาร	rôhk grà-phór aa-hǎan
apendicite (f)	ไส้ติ่งอักเสบ	sâi dtìng àk-sàyp

| colecistite (f) | โรคถุงน้ำดีอักเสบ | rôhk thǔng nám dee àk-sàyp |
| úlcera (f) | แผลเปื่อย | phlǎe bpèuay |

sarampo (m)	โรคหัด	rôhk hàt
rubéola (f)	โรคหัดเยอรมัน	rôhk hàt yer-rá-man
iterícia (f)	โรคดีซ่าน	rôhk dee sâan
hepatite (f)	โรคตับอักเสบ	rôhk dtàp àk-sàyp

esquizofrenia (f)	โรคจิตเภท	rôhk jìt-dtà-phâyt
raiva (f)	โรคพิษสุนัขบ้า	rôhk phít sù-nák bâa
neurose (f)	โรคประสาท	rôhk bprà-sàat
comoção (f) cerebral	สมองกระทบ กระเทือน	sà-mǒrng grà-thóp grà-theuan

cancro (m)	มะเร็ง	má-reng
esclerose (f)	การแข็งตัวของ เนื้อเยื่อรางกาย	gaan kǎeng dtua kǒng néua yêua râang gaai
esclerose (f) múltipla	โรคปลอกประสาท เสื่อมแข็ง	rôhk bplòk bprà-sàat sèuam kǎeng

alcoolismo (m)	โรคพิษสุราเรื้อรัง	rôhk phít sù-raa réua rang
alcoólico (m)	คนขี้เหล้า	khon khêe lâo
sífilis (f)	โรคซิฟิลิส	rôhk sí-fí-lít
SIDA (f)	โรคเอดส์	rôhk àyt

tumor (m)	เนื้องอก	néua ngôk
maligno	ร้าย	ráai
benigno	ไม่ร้าย	mâi ráai

febre (f)	ไข้	khâi
malária (f)	ไข้มาลาเรีย	kâi maa-laa-ria
gangrena (f)	เนื้อตายเน่า	néua dtaai nâo
enjoo (m)	ภาวะเมาคลื่น	phaa-wá mao khlêun
epilepsia (f)	โรคลมบ้าหมู	rôhk lom bâa-mǒo

epidemia (f)	โรคระบาด	rôhk rá-bàat
tifo (m)	โรครากสาดใหญ่	rôhk râak-sàat yài
tuberculose (f)	วัณโรค	wan-ná-rôhk
cólera (f)	อหิวาตกโรค	a-hì-wâat-gà-rôhk
peste (f)	กาฬโรค	gaan-lá-rôhk

72. Simtomas. Tratamentos. Parte 1

sintoma (m)	อาการ	aa-gaan
temperatura (f)	อุณหภูมิ	un-hà-phoom
febre (f)	อุณหภูมิสูง	un-hà-phoom sǒong
pulso (m)	ชีพจร	chêep-phá-jon

vertigem (f)	อาการเวียนหัว	aa-gaan wian hǔa
quente (testa, etc.)	ร้อน	rórn
calafrio (m)	หนาวสั่น	nǎo sàn
pálido	หน้าเชียว	nâa sieow
tosse (f)	การไอ	gaan ai
tossir (vi)	ไอ	ai

espirrar (vi)	จาม	jaam
desmaio (m)	การเป็นลม	gaan bpen lom
desmaiar (vi)	เป็นลม	bpen lom
nódoa (f) negra	ฟกช้ำ	fók chám
galo (m)	บวม	buam
magoar-se (vr)	ชน	chon
pisadura (f)	รอยฟกช้ำ	roi fók chám
aleijar-se (vr)	ได้รอยช้ำ	dâai roi chám
coxear (vi)	กะโผลกกะเผลก	gà-phlòhk-gà-phlàyk
deslocação (f)	ขอหลุด	khôr lùt
deslocar (vt)	ทำขอหลุด	tham khôr lùt
fratura (f)	กระดูกหัก	grà-dòok hàk
fraturar (vt)	หักกระดูก	hàk grà-dòok
corte (m)	รอยบาด	roi bàat
cortar-se (vr)	ทำบาด	tham bàat
hemorragia (f)	การเลือดไหล	gaan lêuat lǎi
queimadura (f)	แผลไฟไหม้	phlǎe fai mâi
queimar-se (vr)	ได้รับแผลไฟไหม้	dâai ráp phlǎe fai mâi
picar (vt)	ตำ	dtam
picar-se (vr)	ตำตัวเอง	dtam dtua ayng
lesionar (vt)	ทำให้บาดเจ็บ	tham hâi bàat jèp
lesão (m)	การบาดเจ็บ	gaan bàat jèp
ferida (f), ferimento (m)	แผล	phlǎe
trauma (m)	แผลบาดเจ็บ	phlǎe bàat jèp
delirar (vi)	คลุ้มคลั่ง	khlúm khlâng
gaguejar (vi)	พูดตะกุกตะกัก	phôot dtà-gùk-dtà-gàk
insolação (f)	โรคลมแดด	rôhk lom dàet

73. Simtomas. Tratamentos. Parte 2

dor (f)	ความเจ็บปวด	khwaam jèp bpùat
farpa (no dedo)	เสี้ยน	sîan
suor (m)	เหงื่อ	ngèua
suar (vi)	เหงื่อออก	ngèua òrk
vómito (m)	การอาเจียน	gaan aa-jian
convulsões (f pl)	การชัก	gaan chák
grávida	ตั้งครรภ์	dtâng khan
nascer (vi)	เกิด	gèrt
parto (m)	การคลอด	gaan khlôrt
dar â luz	คลอดบุตร	khlôrt bùt
aborto (m)	การแทงบุตร	gaan tháeng bùt
respiração (f)	การหายใจ	gaan hǎai-jai
inspiração (f)	การหายใจเข้า	gaan hǎai-jai khâo
expiração (f)	การหายใจออก	gaan hǎai-jai òrk
expirar (vi)	หายใจออก	hǎai-jai òrk

inspirar (vi)	หายใจเข้า	hăai-jai khâo
inválido (m)	คนพิการ	khon phí-gaan
aleijado (m)	พิการ	phí-gaan
toxicodependente (m)	ผู้ติดยาเสพติด	phôo dtìt yaa-sàyp-dtìt
surdo	หูหนวก	hŏo nùak
mudo	เป็นใบ้	bpen bâi
surdo-mudo	หูหนวกเป็นใบ้	hŏo nùak bpen bâi
louco (adj.)	บ้า	bâa
louco (m)	คนบ้า	khon bâa
louca (f)	คนบ้า	khon bâa
ficar louco	เสียสติ	sĭa sà-dtì
gene (m)	ยีน	yeun
imunidade (f)	ภูมิคุ้มกัน	phoom khúm gan
hereditário	เป็นกรรมพันธุ์	bpen gam-má-phan
congénito	แต่กำเนิด	dtàe gam-nèrt
vírus (m)	เชื้อไวรัส	chéua wai-rát
micróbio (m)	จุลินทรีย์	jù-lin-see
bactéria (f)	แบคทีเรีย	bàek-tee-ria
infeção (f)	การติดเชื้อ	gaan dtìt chéua

74. Simtomas. Tratamentos. Parte 3

hospital (m)	โรงพยาบาล	rohng phá-yaa-baan
paciente (m)	ผู้ป่วย	phôo bpùay
diagnóstico (m)	การวินิจฉัยโรค	gaan wí-nít-chăi rôhk
cura (f)	การรักษา	gaan rák-săa
tratamento (m) médico	การรักษา ทางการแพทย์	gaan rák-săa thaang gaan phâet
curar-se (vr)	รับการรักษา	ráp gaan rák-săa
tratar (vt)	รักษา	rák-săa
cuidar (pessoa)	รักษา	rák-săa
cuidados (m pl)	การดูแลรักษา	gaan doo lae rák-săa
operação (f)	การผ่าตัด	gaan phàa dtàt
enfaixar (vt)	พันแผล	phan phlăe
ligadura (f)	การพันแผล	gaan phan phlăe
vacinação (f)	การฉีดวัคซีน	gaan chèet wák-seen
vacinar (vt)	ฉีดวัคซีน	chèet wák-seen
injeção (f)	การฉีดยา	gaan chèet yaa
dar uma injeção	ฉีดยา	chèet yaa
ataque (~ de asma, etc.)	มีอาการเฉียบพลัน	mee aa-gaan chìap phlan
amputação (f)	การตัดอวัยวะออก	gaan dtàt a-wai-wá òrk
amputar (vt)	ตัด	dtàt
coma (f)	อาการโคม่า	aa-gaan khoh-mâa
estar em coma	อยู่ในอาการโคม่า	yòo nai aa-gaan khoh-mâa
reanimação (f)	หน่วยอภิบาล	nùay à-phí-baan
recuperar-se (vr)	ฟื้นตัว	féun dtua

estado (~ de saúde)	อาการ	aa-gaan
consciência (f)	สติสัมปชัญญะ	sà-dtì săm-bpà-chan-yá
memória (f)	ความทรงจำ	khwaam song jam
tirar (vt)	ถอน	thŏrn
chumbo (m), obturação (f)	การอุด	gaan ùt
chumbar, obturar (vt)	อุด	ùt
hipnose (f)	การสะกดจิต	gaan sà-gòt jìt
hipnotizar (vt)	สะกดจิต	sà-gòt jìt

75. Médicos

médico (m)	แพทย์	phâet
enfermeira (f)	พยาบาล	phá-yaa-baan
médico (m) pessoal	แพทย์สวนตัว	phâet sùan dtua
dentista (m)	ทันตแพทย์	than-dtà phâet
oculista (m)	จักษุแพทย์	jàk-sù phâet
terapeuta (m)	อายุรแพทย์	aa-yú-rá-phâet
cirurgião (m)	ศัลยแพทย์	săn-yá-phâet
psiquiatra (m)	จิตแพทย์	jìt-dtà-phâet
pediatra (m)	กุมารแพทย์	gù-maan phâet
psicólogo (m)	นักจิตวิทยา	nák jìt wít-thá-yaa
ginecologista (m)	นรีแพทย์	ná-ree phâet
cardiologista (m)	หทัยแพทย์	hà-thai phâet

76. Medicina. Drogas. Acessórios

medicamento (m)	ยา	yaa
remédio (m)	ยา	yaa
receitar (vt)	จายยา	jàai yaa
receita (f)	ใบสั่งยา	bai sàng yaa
comprimido (m)	ยาเม็ด	yaa mét
pomada (f)	ยาทา	yaa thaa
ampola (f)	หลอดยา	lòrt yaa
preparado (m)	ยาสวนผสม	yaa sùan phà-sŏm
xarope (m)	น้ำเชื่อม	nám chêuam
cápsula (f)	ยาเม็ด	yaa mét
remédio (m) em pó	ยาผง	yaa phŏng
ligadura (f)	ผ้าพันแผล	phâa phan phlăe
algodão (m)	สำลี	săm-lee
iodo (m)	ไอโอดีน	ai oh-deen
penso (m) rápido	พลาสเตอร์	phláat-dtêr
conta-gotas (f)	ที่หยอดตา	thêe yòrt dtaa
termómetro (m)	ปรอท	bpa -ròrt
seringa (f)	เข็มฉีดยา	khĕm chèet-yaa
cadeira (f) de rodas	รถเข็นคนพิการ	rót khĕn khon phí-gaan

muletas (f pl)	ไม้ค้ำยัน	máai khám yan
analgésico (m)	ยาแก้ปวด	yaa gâe bpùat
laxante (m)	ยาระบาย	yaa rá-baai
álcool (m) etílico	เอธานอล	ay-thaa-norn
ervas (f pl) medicinais	สมุนไพร ทางการแพทย์	sà-mǔn phrai thaang gaan phâet
de ervas (chá ~)	สมุนไพร	sà-mǔn phrai

77. Fumar. Produtos tabágicos

tabaco (m)	ยาสูบ	yaa sòop
cigarro (m)	บุหรี่	bù rèe
charuto (m)	ซิการ์	sí-gâa
cachimbo (m)	ไปป์	bpai
maço (~ de cigarros)	ซอง	sorng

fósforos (m pl)	ไม้ขีด	máai khèet
caixa (f) de fósforos	กล่องไม้ขีด	glòrng máai khèet
isqueiro (m)	ไฟแช็ก	fai cháek
cinzeiro (m)	ที่เขี่ยบุหรี่	thêe khìa bù rèe
cigarreira (f)	กล่องใส่บุหรี่	glòrng sài bù rèe

boquilha (f)	ที่ต่อบุหรี่	thêe dtòr bù rèe
filtro (m)	ตัวกรองบุหรี่	dtua grorng bù rèe

fumar (vi, vt)	สูบ	sòop
acender um cigarro	จุดบุหรี่	jùt bù rèe
tabagismo (m)	การสูบบุหรี่	gaan sòop bù rèe
fumador (m)	ผู้สูบบุหรี่	pôo sòop bù rèe

beata (f)	ก้นบุหรี่	gôn bù rèe
fumo (m)	ควันบุหรี่	khwan bù rèe
cinza (f)	ขี้บุหรี่	khêe bù rèe

HABITAT HUMANO

Cidade

78. Cidade. Vida na cidade

cidade (f)	เมือง	meuang
capital (f)	เมืองหลวง	meuang lŭang
aldeia (f)	หมู่บ้าน	mòo bâan
mapa (m) da cidade	แผนที่เมือง	phăen thêe meuang
centro (m) da cidade	ใจกลางเมือง	jai glaang-meuang
subúrbio (m)	ชานเมือง	chaan meuang
suburbano	ชานเมือง	chaan meuang
periferia (f)	รอบนอกเมือง	rôrp nôrk meuang
arredores (m pl)	เขตรอบเมือง	khàyt rôrp-meuang
quarteirão (m)	บล็อกผังเมือง	blòrk phăng meuang
quarteirão (m) residencial	บล็อกที่อยู่อาศัย	blòrk thêe yòo aa-săi
tráfego (m)	การจราจร	gaan jà-raa-jon
semáforo (m)	ไฟจราจร	fai jà-raa-jon
transporte (m) público	ขนส่งมวลชน	khŏn sòng muan chon
cruzamento (m)	สี่แยก	sèe yâek
passadeira (f)	ทางม้าลาย	thaang máa laai
passagem (f) subterrânea	อุโมงค์คนเดิน	u-mohng kon dern
cruzar, atravessar (vt)	ขาม	khâam
peão (m)	คนเดินเท้า	khon dern tháo
passeio (m)	ทางเทา	thaang tháo
ponte (f)	สะพาน	sà-phaan
margem (f) do rio	ทางเลียบแม่น้ำ	thaang lîap mâe náam
fonte (f)	น้ำพุ	nám phú
alameda (f)	ทางเลียบสวน	thaang lîap sŭan
parque (m)	สวน	sŭan
bulevar (m)	ถนนกว้าง	thà-nŏn gwâang
praça (f)	จัตุรัส	jàt-dtù-ràt
avenida (f)	ถนนใหญ่	thà-nŏn yài
rua (f)	ถนน	thà-nŏn
travessa (f)	ซอย	soi
beco (m) sem saída	ทางตัน	thaang dtan
casa (f)	บ้าน	bâan
edifício, prédio (m)	อาคาร	aa-khaan
arranha-céus (m)	ตึกระฟ้า	dtèuk rá-fáa
fachada (f)	ด้านหน้าอาคาร	dâan-nâa aa-khaan
telhado (m)	หลังคา	lăng khaa

janela (f)	หน้าต่าง	nâa dtàang
arco (m)	ซุมประตู	súm bprà-dtoo
coluna (f)	เสา	săo
esquina (f)	มุม	mum

montra (f)	หน้าต่างร้านค้า	nâa dtàang ráan kháa
letreiro (m)	ป้ายราน	bpâai ráan
cartaz (m)	โปสเตอร์	bpòht-dtêr
cartaz (m) publicitário	ป้ายโฆษณา	bpâai khôht-sà-naa
painel (m) publicitário	กระดานปิดประกาศโฆษณา	grà-daan bpìt bprà-gàat khôht-sà-naa

lixo (m)	ขยะ	khà-yà
cesta (f) do lixo	ถังขยะ	thăng khà-yà
jogar lixo na rua	ทิ้งขยะ	thíng khà-yà
aterro (m) sanitário	ที่ทิ้งขยะ	thêe thíng khà-yà

cabine (f) telefónica	ตู้โทรศัพท์	dtôo thoh-rá-sàp
candeeiro (m) de rua	เสาโคม	săo khohm
banco (m)	ม้านั่ง	máa nâng

polícia (m)	เจ้าหน้าที่ตำรวจ	jâo nâa-thêe dtam-rùat
polícia (instituição)	ตำรวจ	dtam-rùat
mendigo (m)	ขอทาน	khŏr thaan
sem-abrigo (m)	คนไร้บ้าน	khon rái bâan

79. Instituições urbanas

loja (f)	ร้านค้า	ráan kháa
farmácia (f)	ร้านขายยา	ráan khăai yaa
ótica (f)	รานตัดแว่น	ráan dtàt wâen
centro (m) comercial	ศูนย์การค้า	sŏon gaan kháa
supermercado (m)	ซูเปอร์มาร์เก็ต	soo-bper-maa-gèt

padaria (f)	ร้านขนมปัง	ráan khà-nŏm bpang
padeiro (m)	คนอบขนมปัง	khon òp khà-nŏm bpang
pastelaria (f)	ร้านขนม	ráan khà-nŏm
mercearia (f)	ร้านขายของชำ	ráan khăai khŏrng cham
talho (m)	รานขายเนื้อ	ráan khăai néua

loja (f) de legumes	ร้านขายผัก	ráan khăai phàk
mercado (m)	ตลาด	dtà-làat

café (m)	ร้านกาแฟ	ráan gaa-fae
restaurante (m)	รานอาหาร	ráan aa-hăan
bar (m), cervejaria (f)	บาร์	baa
pizzaria (f)	รานพิชซ่า	ráan phís-sâa

salão (m) de cabeleireiro	ร้านทำผม	ráan tham phŏm
correios (m pl)	โรงไปรษณีย์	rohng bprai-sà-nee
lavandaria (f)	ร้านซักแหง	ráan sák hâeng
estúdio (m) fotográfico	ห้องถ่ายภาพ	hôrng thàai phâap
sapataria (f)	ร้านขายรองเท้า	ráan khăai rorng táo
livraria (f)	รานขายหนังสือ	ráan khăai năng-sĕu

loja (f) de artigos de desporto	ร้านขายอุปกรณ์กีฬา	ráan khǎai u-bpà-gon gee-laa
reparação (f) de roupa	ร้านซ่อมเสื้อผ้า	ráan sôrm sêua phâa
aluguer (m) de roupa	ร้านเช่าเสื้อออกงาน	ráan châo sêua òrk ngaan
aluguer (m) de filmes	รานเช่าวิดีโอ	ráan châo wí-dee-oh
circo (m)	โรงละครสัตว์	rohng lá-khon sàt
jardim (m) zoológico	สวนสัตว์	sǔan sàt
cinema (m)	โรงภาพยนตร์	rohng phâap-phá-yon
museu (m)	พิพิธภัณฑ์	phí-phítha phan
biblioteca (f)	ห้องสมุด	hôrng sà-mùt
teatro (m)	โรงละคร	rohng lá-khon
ópera (f)	โรงอุปรากร	rohng ù-bpà-raa-gon
clube (m) noturno	ไนท์คลับ	nai-khláp
casino (m)	คาสิโน	khaa-sì-noh
mesquita (f)	สุเหร่า	sù-ráo
sinagoga (f)	โบสถ์ยิว	bòht yiw
catedral (f)	อาสนวิหาร	aa sǒn wí-hǎan
templo (m)	วิหาร	wí-hǎan
igreja (f)	โบสถ์	bòht
instituto (m)	วิทยาลัย	wít-thá-yaa-lai
universidade (f)	มหาวิทยาลัย	má-hǎa wít-thá-yaa-lai
escola (f)	โรงเรียน	rohng rian
prefeitura (f)	ศาลากลางจังหวัด	sǎa-laa glaang jang-wàt
câmara (f) municipal	ศาลาเทศบาล	sǎa-laa thâyt-sà-baan
hotel (m)	โรงแรม	rohng raem
banco (m)	ธนาคาร	thá-naa-khaan
embaixada (f)	สถานทูต	sà-thǎan thôot
agência (f) de viagens	บริษัททัวร์	bor-rí-sàt thua
agência (f) de informações	สำนักงาน	sǎm-nák ngaan
	ศูนย์ข้อมูล	sǒon khôr moon
casa (f) de câmbio	ร้านแลกเงิน	ráan lâek ngern
metro (m)	รถไฟใต้ดิน	rót fai dtâi din
hospital (m)	โรงพยาบาล	rohng phá-yaa-baan
posto (m) de gasolina	ปั้มน้ำมัน	bpám náam man
parque (m) de estacionamento	ลานจอดรถ	laan jòrt rót

80. Sinais

letreiro (m)	ป้ายร้าน	bpâai ráan
inscrição (f)	ป้ายเตือน	bpâai dteuan
cartaz, póster (m)	โปสเตอร์	bpòht-dtêr
sinal (m) informativo	ป้ายบอกทาง	bpâai bòrk thaang
seta (f)	ลูกศร	lôok sǒn
aviso (advertência)	คำเตือน	kham dteuan
sinal (m) de aviso	ป้ายเตือน	bpâai dteuan
avisar, advertir (vt)	เตือน	dteuan

dia (m) de folga	วันหยุด	wan yùt
horário (m)	ตารางเวลา	dtaa-raang way-laa
horário (m) de funcionamento	เวลาทำการ	way-laa tham gaan
BEM-VINDOS!	ยินดีต้อนรับ!	yin dee dtôrn ráp
ENTRADA	ทางเข้า	thaang khâo
SAÍDA	ทางออก	thaang òrk
EMPURRE	ผลัก	phlàk
PUXE	ดึง	deung
ABERTO	เปิด	bpèrt
FECHADO	ปิด	bpìt
MULHER	หญิง	yĭng
HOMEM	ชาย	chaai
DESCONTOS	ลดราคา	lót raa-khaa
SALDOS	ขายของลดราคา	khăai khŏrng lót raa-khaa
NOVIDADE!	ใหม่!	mài
GRÁTIS	ฟรี	free
ATENÇÃO!	โปรดทราบ!	bpròht sâap
NÃO HÁ VAGAS	ไม่มีห้องว่าง	mâi mee hôrng wâang
RESERVADO	จองแล้ว	jorng láew
ADMINISTRAÇÃO	สำนักงาน	săm-nák ngaan
SOMENTE PESSOAL AUTORIZADO	เฉพาะพนักงาน	chà-phór phá-nák ngaan
CUIDADO CÃO FEROZ	ระวังสุนัข!	rá-wang sù-nák
PROIBIDO FUMAR!	ห้ามสูบบุหรี่	hâam sòop bù rèe
NÃO TOCAR	ห้ามแตะ!	hâam dtàe
PERIGOSO	อันตราย	an-dtà-raai
PERIGO	อันตราย	an-dtà-raai
ALTA TENSÃO	ไฟฟ้าแรงสูง	fai fáa raeng sŏong
PROIBIDO NADAR	ห้ามว่ายน้ำ!	hâam wâai náam
AVARIADO	เสีย	sĭa
INFLAMÁVEL	อันตรายติดไฟ	an-dtà-raai dtìt fai
PROIBIDO	ห้าม	hâam
ENTRADA PROIBIDA	ห้ามผ่าน!	hâam phàan
CUIDADO TINTA FRESCA	สีพื้นเปียก	sĕe phéun bpìak

81. Transportes urbanos

autocarro (m)	รถเมล์	rót may
elétrico (m)	รถราง	rót raang
troleicarro (m)	รถโดยสารประจำทางไฟฟ้า	rót doi săan bprà-jam thaang fai fáa
itinerário (m)	เส้นทาง	sên thaang
número (m)	หมวยเลข	măai lâyk
ir de ... (carro, etc.)	ไปด้วย	bpai dûay
entrar (~ no autocarro)	ขึ้น	khêun

descer de ...	ลง	long
paragem (f)	ป้าย	bpâai
próxima paragem (f)	ป้ายถัดไป	bpâai thàt bpai
ponto (m) final	ป้ายสุดท้าย	bpâai sùt tháai
horário (m)	ตารางเวลา	dtaa-raang way-laa
esperar (vt)	รอ	ror

| bilhete (m) | ตั๋ว | dtŭa |
| custo (m) do bilhete | ค่าตั๋ว | khâa dtŭa |

bilheteiro (m)	คนขายตั๋ว	khon khăai dtŭa
controlo (m) dos bilhetes	การตรวจตั๋ว	gaan dtrùat dtŭa
revisor (m)	พนักงานตรวจตั๋ว	phá-nák ngaan dtrùat dtŭa

atrasar-se (vr)	ไปสาย	bpai săai
perder (o autocarro, etc.)	พลาด	phlâat
estar com pressa	รีบเร่ง	rêep râyng

táxi (m)	แท็กซี่	tháek-sêe
taxista (m)	คนขับแท็กซี่	khon khàp tháek-sêe
de táxi (ir ~)	โดยแท็กซี่	doi tháek-sêe
praça (f) de táxis	ป้ายจอดแท็กซี่	bpâai jòrt tháek sêe
chamar um táxi	เรียกแท็กซี่	rîak tháek sêe
apanhar um táxi	ขึ้นรถแท็กซี่	khêun rót tháek-sêe

tráfego (m)	การจราจร	gaan jà-raa-jon
engarrafamento (m)	การจราจรติดขัด	gaan jà-raa-jon dtìt khàt
horas (f pl) de ponta	ชั่วโมงเร่งด่วน	chûa mohng râyng dùan
estacionar (vi)	จอด	jòrt
estacionar (vt)	จอด	jòrt
parque (m) de estacionamento	ลานจอดรถ	laan jòrt rót

metro (m)	รถไฟใต้ดิน	rót fai dtâi din
estação (f)	สถานี	sà-thăa-nee
ir de metro	ขึ้นรถไฟใต้ดิน	khêun rót fai dtâi din
comboio (m)	รถไฟ	rót fai
estação (f)	สถานีรถไฟ	sà-thăa-nee rót fai

82. Turismo

monumento (m)	อนุสาวรีย์	a-nú-săa-wá-ree
fortaleza (f)	ป้อม	bpôrm
palácio (m)	วัง	wang
castelo (m)	ปราสาท	bpraa-sàat
torre (f)	หอ	hŏr
mausoléu (m)	สุสาน	sù-săan

arquitetura (f)	สถาปัตยกรรม	sà-thăa-bpàt-dtà-yá-gam
medieval	ยุคกลาง	yúk glaang
antigo	โบราณ	boh-raan
nacional	แห่งชาติ	hàeng châat
conhecido	ที่มีชื่อเสียง	thêe mee chêu-sĭang
turista (m)	นักท่องเที่ยว	nák thôrng thîeow
guia (pessoa)	มัคคุเทศก์	mák-khú-thâyt

excursão (f)	ทัศนศึกษา	thát-sà-ná-sèuk-săa
mostrar (vt)	แสดง	sà-daeng
contar (vt)	เลา	lâo

encontrar (vt)	หาพบ	hăa phóp
perder-se (vr)	หลงทาง	lŏng thaang
mapa (~ do metrô)	แผนที่	phăen thêe
mapa (~ da cidade)	แผนที่	phăen thêe

lembrança (f), presente (m)	ของที่ระลึก	khŏrng thêe rá-léuk
loja (f) de presentes	รานขาย ของที่ระลึก	ráan khăai khŏrng thêe rá-léuk
fotografar (vt)	ถ่ายภาพ	thàai phâap
fotografar-se	ได้รับการ ถายภาพให	dâai ráp gaan thàai phâap hâi

83. Compras

comprar (vt)	ซื้อ	séu
compra (f)	ของซื้อ	khŏrng séu
fazer compras	ไปซื้อของ	bpai séu khŏrng
compras (f pl)	การชอปปิง	gaan chôp bping

| estar aberta (loja, etc.) | เปิด | bpèrt |
| estar fechada | ปิด | bpìt |

calçado (m)	รองเท้า	rorng tháo
roupa (f)	เสื้อผา	sêua phâa
cosméticos (m pl)	เครื่องสำอาง	khrêuang săm-aang
alimentos (m pl)	อาหาร	aa-hăan
presente (m)	ของขวัญ	khŏrng khwăn

| vendedor (m) | พนักงานขาย | phá-nák ngaan khăai |
| vendedora (f) | พนักงานขาย | phá-nák ngaan khăai |

caixa (f)	ที่จ่ายเงิน	thêe jàai ngern
espelho (m)	กระจก	grà-jòk
balcão (m)	เคานเตอร์	khao-dtêr
cabine (f) de provas	หองลองเสื้อผา	hôrng lorng sêua phâa

provar (vt)	ลอง	lorng
servir (vi)	เหมาะ	mò
gostar (apreciar)	ชอบ	chôrp

preço (m)	ราคา	raa-khaa
etiqueta (f) de preço	ป้ายราคา	bpâai raa-khaa
custar (vt)	ราคา	raa-khaa
Quanto?	ราคาเท่าไหร่?	raa-khaa thâo rài
desconto (m)	ลดราคา	lót raa-khaa

não caro	ไม่แพง	mâi phaeng
barato	ถูก	thòok
caro	แพง	phaeng
É caro	มันราคาแพง	man raa-khaa phaeng

aluguer (m)	การเช่า	gaan châo
alugar (vestidos, etc.)	เช่า	châo
crédito (m)	สินเชื่อ	sĭn chêua
a crédito	ซื้อเงินเชื่อ	séu ngern chêua

84. Dinheiro

dinheiro (m)	เงิน	ngern
câmbio (m)	การแลกเปลี่ยนสกุลเงิน	gaan lâek bplìan sà-gun ngern
taxa (f) de câmbio	อัตราแลกเปลี่ยนสกุลเงิน	àt-dtraa lâek bplìan sà-gun ngern
Caixa Multibanco (m)	เอทีเอ็ม	ay-thee-em
moeda (f)	เหรียญ	rĭan
dólar (m)	ดอลลาร์	dorn-lâa
euro (m)	ยูโร	yoo-roh
lira (f)	ลีราอิตาลี	lee-raa ì-dtaa-lee
marco (m)	มารค	mâak
franco (m)	ฟรังค	frang
libra (f) esterlina	ปอนด์สเตอร์ลิง	bporn sà-dtêr-ling
iene (m)	เยน	yayn
dívida (f)	หนี้	nêe
devedor (m)	ลูกหนี้	lôok nêe
emprestar (vt)	ให้ยืม	hâi yeum
pedir emprestado	ขอยืม	khŏr yeum
banco (m)	ธนาคาร	thá-naa-khaan
conta (f)	บัญชี	ban-chee
depositar (vt)	ฝาก	fàak
depositar na conta	ฝากเงินเข้าบัญชี	fàak ngern khâo ban-chee
levantar (vt)	ถอน	thŏrn
cartão (m) de crédito	บัตรเครดิต	bàt khray-dìt
dinheiro (m) vivo	เงินสด	ngern sòt
cheque (m)	เช็ค	chék
passar um cheque	เขียนเช็ค	khĭan chék
livro (m) de cheques	สมุดเช็ค	sà-mùt chék
carteira (f)	กระเป๋าเงิน	grà-bpăo ngern
porta-moedas (m)	กระเป๋าสตางค์	grà-bpăo sà-dtaang
cofre (m)	ตู้เซฟ	dtôo sâyf
herdeiro (m)	ทายาท	thaa-yâat
herança (f)	มรดก	mor-rá-dòrk
fortuna (riqueza)	เงินจำนวนมาก	ngern jam-nuan mâak
arrendamento (m)	สัญญาเช่า	săn-yaa châo
renda (f) de casa	ค่าเช่า	kâa châo
alugar (vt)	เช่า	châo
preço (m)	ราคา	raa-khaa
custo (m)	ราคา	raa-khaa

soma (f)	จำนวนเงินรวม	jam-nuan ngern ruam
gastar (vt)	จ่าย	jàai
gastos (m pl)	ค่าจ่าย	khâa jàai
economizar (vi)	ประหยัด	bprà-yàt
económico	ประหยัด	bprà-yàt

pagar (vt)	จ่าย	jàai
pagamento (m)	การจ่ายเงิน	gaan jàai ngern
troco (m)	เงินทอน	ngern thorn

imposto (m)	ภาษี	phaa-sěe
multa (f)	ค่าปรับ	khâa bpràp
multar (vt)	ปรับ	bpràp

85. Correios. Serviço postal

correios (m pl)	โรงไปรษณีย์	rohng bprai-sà-nee
correio (m)	จดหมาย	jòt măai
carteiro (m)	บุรุษไปรษณีย์	bù-rùt bprai-sà-nee
horário (m)	เวลาทำการ	way-laa tham gaan

carta (f)	จดหมาย	jòt măai
carta (f) registada	จดหมายลงทะเบียน	jòt măai long thá-bian
postal (m)	ไปรษณีย์บัตร	bprai-sà-nee-yá-bàt
telegrama (m)	โทรเลข	thoh-rá-lâyk
encomenda (f) postal	พัสดุ	phát-sà-dù
remessa (f) de dinheiro	การโอนเงิน	gaan ohn ngern

receber (vt)	รับ	ráp
enviar (vt)	ฝาก	fàak
envio (m)	การฝาก	gaan fàak

endereço (m)	ที่อยู่	thêe yòo
código (m) postal	รหัสไปรษณีย์	rá-hàt bprai-sà-nee
remetente (m)	ผู้ฝาก	phôo fàak
destinatário (m)	ผู้รับ	phôo ráp

| nome (m) | ชื่อ | chêu |
| apelido (m) | นามสกุล | naam sà-gun |

tarifa (f)	อัตราค่าส่งไปรษณีย์	àt-dtraa khâa sòng bprai-sà-nee
normal	มาตรฐาน	mâat-dtrà-thăan
económico	ประหยัด	bprà-yàt

peso (m)	น้ำหนัก	nám nàk
pesar (estabelecer o peso)	มีน้ำหนัก	mee nám nàk
envelope (m)	ซอง	sorng
selo (m)	แสตมป์ไปรษณีย์	sà-dtaem bprai-sà-nee
colar o selo	แสตมป์ตราประทับบนซอง	sà-dtaem dtraa bprà-tháp bon song

Moradia. Casa. Lar

86. Casa. Habitação

casa (f)	บ้าน	bâan
em casa	ที่บาน	thêe bâan
pátio (m)	สนาม	sà-năam
cerca (f)	รั้ว	rúa
tijolo (m)	อิฐ	ìt
de tijolos	อิฐ	ìt
pedra (f)	หิน	hĭn
de pedra	หิน	hĭn
betão (m)	คอนกรีต	khorn-grèet
de betão	คอนกรีต	khorn-grèet
novo	ใหม่	mài
velho	เก่า	gào
decrépito	เสื่อมสภาพ	sèuam sà-phâap
moderno	ทันสมัย	than sà-măi
de muitos andares	ที่มีหลายชั้น	thêe mee lăai chán
alto	สูง	sŏong
andar (m)	ชั้น	chán
de um andar	ชั้นเดียว	chán dieow
andar (m) de baixo	ชั้นลาง	chán lâang
andar (m) de cima	ชั้นบนสุด	chán bon sùt
telhado (m)	หลังคา	lăng khaa
chaminé (f)	ปล่องควัน	bplòrng khwan
telha (f)	กระเบื้องหลังคา	grà-bêuang lăng khaa
de telha	กุระเบื้อง	grà-bêuang
sótão (m)	ทองใตหลังคา	hôrng dtâi lăng-khaa
janela (f)	หน้าต่าง	nâa dtàang
vidro (m)	แก้ว	gâew
parapeito (m)	ชั้นติดผนัง ใตหนาตาง	chán dtìt phà-năng dtâi nâa dtàang
portadas (f pl)	ชัตเตอร์	chát-dtêr
parede (f)	ฝาผนัง	făa phà-năng
varanda (f)	ระเบียง	rá-biang
tubo (m) de queda	รางน้ำ	raang náam
em cima	ชั้นบน	chán bon
subir (~ as escadas)	ขึ้นไปข้างบน	khêun bpai khâang bon
descer (vi)	ลง	long
mudar-se (vr)	ย้ายไป	yáai bpai

87. Casa. Entrada. Elevador

entrada (f)	ทางเข้า	thaang khâo
escada (f)	บันได	ban-dai
degraus (m pl)	ขั้นบันได	khân ban-dai
corrimão (m)	ราวบันได	raao ban-dai
hall (m) de entrada	หองโถง	hôrng thŏhng
caixa (f) de correio	ตู้จดหมาย	dtôo jòt măai
caixote (m) do lixo	ถังขยะ	thăng khà-yà
conduta (f) do lixo	ชองทิ้งขยะ	chôrng thíng khà-yà
elevador (m)	ลิฟต์	líf
elevador (m) de carga	ลิฟต์ขนของ	líf khŏn khŏrng
cabine (f)	กูรงลิฟต์	grorng líf
pegar o elevador	ขึ้นลิฟต์	khêun líf
apartamento (m)	อูพาร์ตเมนต์	a-phâat-mayn
moradores (m pl)	ผูอาศัย	phôo aa-săi
vizinho (m)	เพื่อนบ้าน	phêuan bâan
vizinha (f)	เพื่อนบ้าน	phêuan bâan
vizinhos (pl)	เพื่อนบาน	phêuan bâan

88. Casa. Eletricidade

eletricidade (f)	ไฟฟ้า	fai fáa
lâmpada (f)	หลอดไฟฟ้า	lòrt fai fáa
interruptor (m)	ปุมปิดเปิดไฟ	bpùm bpìt bpèrt fai
fusível (m)	ฟิวส	fiw
fio, cabo (m)	สายไฟฟ้า	săai fai fáa
instalação (f) elétrica	การเดินสายไฟ	gaan dern săai fai
contador (m) de eletricidade	มิเตอร์วัดไฟฟ้า	mí-dtêr wát fai fáa
leitura (f)	คามิเตอร	khâa mí-dtêr

89. Casa. Portas. Fechaduras

porta (f)	ประตู	bprà-dtoo
portão (m)	ประตูรั้ว	bprà-dtoo rúa
maçaneta (f)	ลูกบิดประตู	lôok bìt bprà-dtoo
destrancar (vt)	ไข	khăi
abrir (vt)	เปิด	bpèrt
fechar (vt)	ปิด	bpìt
chave (f)	ลูกกุญแจ	lôok gun-jae
molho (m)	พวง	phuang
ranger (vi)	ออดแอด	órt-áet
rangido (m)	เสียงออดแอด	sĭang órt-áet
dobradiça (f)	บานพับ	baan pháp
tapete (m) de entrada	ที่เช็ดเทา	thêe chét tháo
fechadura (f)	แมกุญแจ	mâe gun-jae

buraco (m) da fechadura	รูกุญแจ	roo gun-jae
ferrolho (m)	ไม้ที่วางขวาง	máai thêe waang khwăng
fecho (ferrolho pequeno)	กลอนประตู	glorn bprà-dtoo
cadeado (m)	ดอกกุญแจ	dòrk gun-jae
tocar (vt)	กดออด	gòt òrt
toque (m)	เสียงดัง	sĭang dang
campainha (f)	กระดิ่งประตู	grà-dìng bprà-dtoo
botão (m)	ปุ่มออดหน้าประตู	bpùm òrt nâa bprà-dtoo
batida (f)	เสียงเคาะ	sĭang khór
bater (vi)	เคาะ	khór
código (m)	รหัส	rá-hàt
fechadura (f) de código	กุญแจรหัส	gun-jae rá-hàt
telefone (m) de porta	อินเตอรคอม	in-dtêr-khom
número (m)	เลข	lâyk
placa (f) de porta	ป้ายหน้าประตู	bpâai nâa bprà-dtoo
vigia (f), olho (m) mágico	ชองตาแมว	chôrng dtaa maew

90. Casa de campo

aldeia (f)	หมู่บ้าน	mòo bâan
horta (f)	สวนผัก	sŭan phàk
cerca (f)	รั้ว	rúa
paliçada (f)	รั้วปักดิน	rúa bpàk din
cancela (f) do jardim	ประตูรั้วเล็กๆ	bprà-dtoo rúa lék lék
celeiro (m)	ยุ้งฉาง	yúng chăang
adega (f)	หองใต้ดิน	hôrng dtâi din
galpão, barracão (m)	โรงนา	rohng naa
poço (m)	บอน้ำ	bòr náam
fogão (f)	เตา	dtao
atiçar o fogo	จุดไฟ	jùt fai
lenha (carvão ou ~)	ฟืน	feun
acha (lenha)	ทอน	thôrn
varanda (f)	เฉลียงหน้าบ้าน	chà-lĭang nâa bâan
alpendre (m)	ระเบียง	rá-biang
degraus (m pl) de entrada	บันไดทางเข้าบ้าน	ban-dai thaang khâo bâan
balouço (m)	ชิงชา	ching cháa

91. Moradia. Mansão

casa (f) de campo	บ้านสไตล์คันทรี่	bâan sà-dtai khan trêe
vila (f)	คฤหาสน	khá-réu-hàat
ala (~ do edifício)	สวน	sùan
jardim (m)	สวน	sŭan
parque (m)	สวน	sŭan
estufa (f)	เรือนกระจกเขตร้อน	reuan grà-jòk khàyt rórn
cuidar de ...	ดูแล	doo lae

piscina (f)	สระว่ายน้ำ	sà wâai náam
ginásio (m)	โรงยิม	rohng-yim
campo (m) de ténis	สนามเทนนิส	sà-nǎam then-nít
cinema (m)	หองฉายหนัง	hôrng chǎai nǎng
garagem (f)	โรงรถ	rohng rót

| propriedade (f) privada | ทรัพย์สินส่วนบุคคล | sáp sǐn sùan bùk-khon |
| terreno (m) privado | ที่ดินส่วนบุคคล | thêe din sùan bùk-khon |

| advertência (f) | คำเตือน | kham dteuan |
| sinal (m) de aviso | ป้ายเตือน | bpâai dteuan |

guarda (f)	ผู้รักษา	phôo rák-sǎa
	ความปลอดภัย	khwaam bplòrt phai
guarda (m)	ยาม	yaam
alarme (m)	สัญญาณกันขโมย	sǎn-yaan gan khà-moi

92. Castelo. Palácio

castelo (m)	ปราสาท	bpraa-sàat
palácio (m)	วัง	wang
fortaleza (f)	ป้อม	bpôrm

muralha (f)	กำแพง	gam-phaeng
torre (f)	หอ	hǒr
torre (f) de menagem	หอกลาง	hǒr klaang

grade (f) levadiça	ประตูชักรอก	bprà-dtoo chák rôrk
passagem (f) subterrânea	ทางใต้ดิน	taang dtâi din
fosso (m)	คูเมือง	khoo meuang
corrente, cadeia (f)	โซ่	sôh
seteira (f)	ช่องยิงธนู	chôrng ying thá-noo

magnífico	ภัทร	phát
majestoso	โอ่โถง	òh thǒhng
inexpugnável	ที่ไม่สวมารถ	thêe mâi sǎa-mâat
	เจาะเขาไปถึง	jòr khǎo bpai thěung
medieval	ยุคกลาง	yúk glaang

93. Apartamento

apartamento (m)	อพาร์ตเมนต์	a-phâat-mayn
quarto (m)	หอง	hôrng
quarto (m) de dormir	หองนอน	hôrng norn
sala (f) de jantar	หองรับประทาน	hôrng ráp bprà-thaan
	อาหาร	aa-hǎan
sala (f) de estar	หองนั่งเล่น	hôrng nâng lên
escritório (m)	หองทำงาน	hôrng tham ngaan

antessala (f)	หองเข้า	hôrng khâo
quarto (m) de banho	หองน้ำ	hôrng náam
toilette (lavabo)	หองสวม	hôrng sûam

teto (m)	เพดาน	phay-daan
chão, soalho (m)	พื้น	phéun
canto (m)	มุม	mum

94. Apartamento. Limpeza

arrumar, limpar (vt)	ทำความสะอาด	tham khwaam sà-àat
arrumar, guardar (vt)	เก็บ	gèp
pó (m)	ฝุ่น	fùn
empoeirado	มีฝุ่นเยอะ	mee fùn yúh
limpar o pó	ปัดกวาด	bpàt gwàat
aspirador (m)	เครื่องดูดฝุ่น	khrêuang dòot fùn
aspirar (vt)	ดูดฝุ่น	dòot fùn
varrer (vt)	กวาด	gwàat
sujeira (f)	ฝุ่นกวาด	fùn gwàat
arrumação (f), ordem (f)	ความสะอาด	khwaam sà-àat
desordem (f)	ความไม่เป็นระเบียบ	khwaam mâi bpen rá-bìap
esfregona (f)	ไม้ถูพื้น	mái thŏo phéun
pano (m), trapo (m)	ผ้าเช็ดพื้น	phâa chét phéun
vassoura (f)	ไม้กวาดสั้น	máai gwàat sân
pá (f) de lixo	ที่ตักผง	têe dtàk phŏng

95. Mobiliário. Interior

mobiliário (m)	เครื่องเรือน	khrêuang reuan
mesa (f)	โต๊ะ	dtó
cadeira (f)	เก้าอี้	gâo-êe
cama (f)	เตียง	dtiang
divã (m)	โซฟา	soh-faa
cadeirão (m)	เก้าอี้เท้าแขน	gâo-êe tháo khăen
estante (f)	ตู้หนังสือ	dtôo năng-sĕu
prateleira (f)	ชั้นวาง	chán waang
guarda-vestidos (m)	ตู้เสื้อผ้า	dtôo sêua phâa
cabide (m) de parede	ที่แขวนเสื้อ	thêe khwăen sêua
cabide (m) de pé	ไม้แขวนเสื้อ	mái khwăen sêua
cómoda (f)	ตู้ลิ้นชัก	dtôo lín chák
mesinha (f) de centro	โต๊ะกาแฟ	dtó gaa-fae
espelho (m)	กระจก	grà-jòk
tapete (m)	พรม	phrom
tapete (m) pequeno	พรมเช็ดเท้า	phrom chét tháo
lareira (f)	เตาผิง	dtao phĭng
vela (f)	เทียน	thian
castiçal (m)	เชิงเทียน	cherng thian
cortinas (f pl)	ผ้าแขวน	phâa khwăen

| papel (m) de parede | วอลเปเปอร์ | worn-bpay-bper |
| estores (f pl) | บานเกล็ดหน้าต่าง | baan glèt nâa dtàang |

candeeiro (m) de mesa	โคมไฟตั้งโต๊ะ	khohm fai dtâng dtó
candeeiro (m) de parede	ไฟติดผนัง	fai dtìt phà-năng
candeeiro (m) de pé	โคมไฟตั้งพื้น	khohm fai dtâng phéun
lustre (m)	โคมระย้า	khohm rá-yáa

perna (da cadeira, etc.)	ขา	khăa
braço (m)	ที่พักแขน	thêe phák khăen
costas (f pl)	พนักพิง	phá-nák phing
gaveta (f)	ลิ้นชัก	lín chák

96. Quarto de dormir

roupa (f) de cama	ชุดผ้าปูที่นอน	chút phâa bpoo thêe norn
almofada (f)	หมอน	mŏrn
fronha (f)	ปลอกหมอน	bplòk mŏrn
cobertor (m)	ผ้าห่วย	phâa phŭay
lençol (m)	ผ้าปู	phâa bpoo
colcha (f)	ผ้าคลุมเตียง	phâa khlum dtiang

97. Cozinha

cozinha (f)	ห้องครัว	hôrng khrua
gás (m)	แกส	gáet
fogão (m) a gás	เตาแก๊ส	dtao gàet
fogão (m) elétrico	เตาไฟฟ้า	dtao fai-fáa
forno (m)	เตาอบ	dtao òp
forno (m) de micro-ondas	เตาอบไมโครเวฟ	dtao òp mai-khroh-we p

frigorífico (m)	ตู้เย็น	dtôo yen
congelador (m)	ตู้แช่แข็ง	dtôo châe khăeng
máquina (f) de lavar louça	เครื่องลางจาน	khrêuang láang jaan

moedor (m) de carne	เครื่องบดเนื้อ	khrêuang bòt néua
espremedor (m)	เครื่องคั้น	khrêuang khán
	น้ำผลไม	náam phŏn-lá-mái
torradeira (f)	เครื่องปิ้ง	khrêuang bpîng
	ขนมปัง	khà-nŏm bpang
batedeira (f)	เครื่องปั่น	khrêuang bpàn

máquina (f) de café	เครื่องชงกาแฟ	khrêuang chong gaa-fae
cafeteira (f)	หมอกาแฟ	môr gaa-fae
moinho (m) de café	เครื่องบดกาแฟ	khrêuang bòt gaa-fae

chaleira (f)	กาน้ำ	gaa náam
bule (m)	กาน้ำชา	gaa náam chaa
tampa (f)	ฝา	făa
coador (f) de chá	ที่กรองชา	thêe grorng chaa
colher (f)	ช้อน	chórn
colher (f) de chá	ช้อนชา	chórn chaa

colher (f) de sopa	ช้อนซุป	chórn súp
garfo (m)	ส้อม	sôrm
faca (f)	มีด	mêet

louça (f)	ถ้วยชาม	thûay chaam
prato (m)	จาน	jaan
pires (m)	จานรอง	jaan rorng

cálice (m)	แก้วช็อต	gâew chórt
copo (m)	แก้ว	gâew
chávena (f)	ถ้วย	thûay

açucareiro (m)	โถน้ำตาล	thŏh náam dtaan
saleiro (m)	กระปุกเกลือ	grà-bpùk gleua
pimenteiro (m)	กระปุกพริกไท	grà-bpùk phrík thai
manteigueira (f)	ที่ใส่เนย	thêe sài noie

panela, caçarola (f)	หม้อต้ม	môr dtôm
frigideira (f)	กระทะ	grà-thá
concha (f)	กระบวย	grà-buay
passador (m)	กระชอน	grà chorn
bandeja (f)	ถาด	thàat

garrafa (f)	ขวด	khùat
boião (m) de vidro	ขวดโหล	khùat lŏh
lata (f)	กระป๋อง	grà-bpŏrng

abre-garrafas (m)	ที่เปิดขวด	thêe bpèrt khùat
abre-latas (m)	ที่เปิดกระป๋อง	thêe bpèrt grà-bpŏrng
saca-rolhas (m)	ที่เปิดจุก	thêe bpèrt jùk
filtro (m)	ที่กรอง	thêe grorng
filtrar (vt)	กรอง	grorng

| lixo (m) | ขยะ | khà-yà |
| balde (m) do lixo | ถังขยะ | thăng khà-yà |

98. Casa de banho

quarto (m) de banho	ห้องน้ำ	hôrng náam
água (f)	น้ำ	nám
torneira (f)	ก๊อกน้ำ	gòk náam
água (f) quente	น้ำร้อน	nám rórn
água (f) fria	น้ำเย็น	nám yen

pasta (f) de dentes	ยาสีฟัน	yaa sĕe fan
escovar os dentes	แปรงฟัน	bpraeng fan
escova (f) de dentes	แปรงสีฟัน	bpraeng sĕe fan

barbear-se (vr)	โกน	gohn
espuma (f) de barbear	โฟมโกนหนวด	fohm gohn nùat
máquina (f) de barbear	มีดโกน	mêet gohn

| lavar (vt) | ล้าง | láang |
| lavar-se (vr) | อาบ | àap |

| duche (m) | ฝักบัว | fàk bua |
| tomar um duche | อาบน้ำฝักบัว | àap náam fàk bua |

banheira (f)	อ่างอาบน้ำ	àang àap náam
sanita (f)	โถซักโครก	thŏh chák khrôhk
lavatório (m)	อางลางหนา	àang láang-nâa

| sabonete (m) | สบู่ | sà-bòo |
| saboneteira (f) | ที่ใส่สบู่ | thêe sài sà-bòo |

esponja (f)	ฟองน้ำ	forng náam
champô (m)	แชมพู	chaem-phoo
toalha (f)	ผ้าเช็ดตัว	phâa chét dtua
roupão (m) de banho	เสื้อคลุมอาบน้ำ	sêua khlum àap náam

lavagem (f)	การซักผ้า	gaan sák phâa
máquina (f) de lavar	เครื่องซักผ้า	khrêuang sák phâa
lavar a roupa	ซักผ้า	sák phâa
detergente (m)	ผงซักฟอก	phŏng sák-fôrk

99. Eletrodomésticos

televisor (m)	ทีวี	thee-wee
gravador (m)	เครื่องบันทึกเทป	khrêuang ban-théuk thâyp
videogravador (m)	เครื่องบันทึกวิดีโอ	khrêuang ban-théuk wí-dee-oh
rádio (m)	วิทยุ	wít-thá-yú
leitor (m)	เครื่องเล่น	khrêuang lên

projetor (m)	โปรเจ็คเตอร์	bproh-jèk-dtêr
cinema (m) em casa	เครื่องฉายภาพยนตร์ที่บาน	khhrêuang chăai phâap-phá yon thêe bâan
leitor (m) de DVD	เครื่องเล่น DVD	khrêuang lên dee-wee-dee
amplificador (m)	เครื่องขยายเสียง	khrêuang khà-yăi sĭang
console (f) de jogos	เครื่องเกมคอนโซล	khrêuang gaym khorn sohn

càmara (f) de vídeo	กล้องถ่ายวิดีโอ	glôrng thàai wí-dee-oh
máquina (f) fotográfica	กล้องถ่ายรูป	glôrng thàai rôop
càmara (f) digital	กลองดิจิตอล	glôrng dì-jì-dton
aspirador (m)	เครื่องดูดฝุ่น	khrêuang dòot fùn
ferro (m) de engomar	เตารีด	dtao rêet
tábua (f) de engomar	กระดานรองรีด	grà-daan rorng rêet

telefone (m)	โทรศัพท์	thoh-rá-sàp
telemóvel (m)	มือถือ	meu thĕu
máquina (f) de escrever	เครื่องพิมพ์ดีด	khrêuang phim dèet
máquina (f) de costura	จักรเย็บผา	jàk yép phâa

microfone (m)	ไมโครโฟน	mai-khroh-fohn
auscultadores (m pl)	หูฟัง	hŏo fang
controlo remoto (m)	รีโมตทีวี	ree môht thee wee
CD (m)	CD	see-dee
cassete (f)	เทป	thâyp
disco (m) de vinil	จานเสียง	jaan sĭang

100. Reparações. Renovação

renovação (f)	การซ่อมแซม	gaan sôrm saem
renovar (vt), fazer obras	ซ่อมแซม	sôrm saem
reparar (vt)	ซ่อมแซม	sôrm saem
consertar (vt)	สะสาง	sà-săang
refazer (vt)	ทำใหม่	tham mài
tinta (f)	สี	sěe
pintar (vt)	ทาสี	thaa sěe
pintor (m)	ช่างทาสีบ้าน	châang thaa sěe bâan
pincel (m)	แปรงทาสี	bpraeng thaa sěe
cal (f)	สารฟอกขาว	săan fôrk khăao
caiar (vt)	ฟอกขาว	fôrk khăao
papel (m) de parede	วอลเปเปอร์	worn-bpay-bper
colocar papel de parede	ติดวอลเปเปอร์	dtìt wor lá-bpay-bper
verniz (m)	น้ำมันชักเงา	náam man chák ngao
envernizar (vt)	เคลือบ	khlêuap

101. Canalizações

água (f)	น้ำ	nám
água (f) quente	น้ำร้อน	nám rórn
água (f) fria	น้ำเย็น	nám yen
torneira (f)	ก็อกน้ำ	gòk náam
gota (f)	หยด	yòt
gotejar (vi)	ตก	dtòk
vazar (vt)	รั่ว	rûa
vazamento (m)	การรั่ว	gaan rûa
poça (f)	หลมน้ำ	lòm nám
tubo (m)	ท่อ	thôr
válvula (f)	วาล์ว	waao
entupir-se (vr)	อุดตัน	ùt dtan
ferramentas (f pl)	เครื่องมือ	khrêuang meu
chave (f) inglesa	ประแจคอม้า	bprà-jae kor máa
desenroscar (vt)	คลายเกลียวออก	khlaai glieow òrk
enroscar (vt)	ขันให้แน่น	khăn hâi nâen
desentupir (vt)	แก้การอุดตัน	gâe gaan ùt dtan
canalizador (m)	ช่างประปา	châang bprà-bpaa
cave (f)	ชั้นใต้ดิน	chán dtâi din
sistema (m) de esgotos	ระบบท่อน้ำทิ้ง	rá-bòp thôr náam thíng

102. Fogo. Deflagração

incêndio (m)	ไฟไหม้	fai mâi
chama (f)	เปลวไฟ	bpleo fai

faísca (f)	ประกายไฟ	bprà-gaai fai
fumo (m)	ควัน	khwan
tocha (f)	คบเพลิง	khóp phlerng
fogueira (f)	กองไฟ	gorng fai

gasolina (f)	น้ำมันเชื้อเพลิง	nám man chéua phlerng
querosene (m)	น้ำมันกูวด	nám man gáat
inflamável	ติดไฟได้	dtìt fai dâai
explosivo	ที่ระเบิดได้	thêe rá-bèrt dâai
PROIBIDO FUMAR!	หามสูบบุหรี่	hâam sòop bù rèe

segurança (f)	ความปลอดภัย	khwaam bplòrt phai
perigo (m)	อันตราย	an-dtà-raai
perigoso	อันตราย	an-dtà-raai

incendiar-se (vr)	ติดไฟ	dtìt fai
explosão (f)	การระเบิด	gaan rá-bèrt
incendiar (vt)	เผา	phǎo
incendiário (m)	ผูลอบวางเพลิง	phôo lôp waang phlerng
incêndio (m) criminoso	การลอบวางเพลิง	gaan lôp waang phlerng

arder (vi)	ไฟลุกโชน	fai lúk-chohn
queimar (vi)	ไหม้	mâi
queimar tudo (vi)	เผาให้ราบ	phǎo hâi râap

chamar os bombeiros	เรียกนักดับเพลิง	rîak nák dàp phlerng
bombeiro (m)	นักดับเพลิง	nák dàp phlerng
carro (m) de bombeiros	รถดับเพลิง	rót dàp phlerng
corpo (m) de bombeiros	สถานีดับเพลิง	sà-thǎa-nee dàp phlerng
escada (f) extensível	บันไดรถดับเพลิง	ban-dai rót dàp phlerng

mangueira (f)	ท่อดับเพลิง	thôr dàp phlerng
extintor (m)	ที่ดับเพลิง	thêe dàp phlerng
capacete (m)	หมวกนิรภัย	mùak ní-rá-phai
sirene (f)	สัญญาณเตือนภัย	sǎn-yaan dteuan phai

gritar (vi)	ร้อง	rórng
chamar por socorro	ขอช่วย	khǒr chûay
salvador (m)	นักกูภัย	nák gôo phai
salvar, resgatar (vt)	ช่วยชีวิต	chûay chee-wít

chegar (vi)	มา	maa
apagar (vt)	ดับเพลิง	dàp phlerng
água (f)	น้ำ	nám
areia (f)	ทราย	saai

ruínas (f pl)	ซาก	sâak
ruir (vi)	ถลม	thà-lòm
desmoronar (vi),	ถลมทลาย	thà-lòm thá-laai
ir abaixo	ถลม	thà-lòm

fragmento (m)	ส่วนสะเก็ด	sùan sà-gèt
cinza (f)	ขี้เถา	khêe thǎo

sufocar (vi)	ขาดอากาศตาย	khàat aa-gàat dtaai
ser morto, morrer (vi)	เสียชีวิต	sǐa chee-wít

ATIVIDADES HUMANAS

Emprego. Negócios. Parte 1

103. Escritório. O trabalho no escritório

escritório (~ de advogados)	สำนักงาน	săm-nák ngaan
escritório (do diretor, etc.)	ห้องทำงาน	hôrng tham ngaan
receção (f)	แผนกต้อนรับ	phà-nàek dtôrn ráp
secretário (m)	เลขา	lay-khăa
secretária (f)	เลขา	lay-khăa
diretor (m)	ผู้อำนวยการ	phôo am-nuay gaan
gerente (m)	ผู้จัดการ	phôo jàt gaan
contabilista (m)	คนทำบัญชี	khon tham ban-chee
empregado (m)	พนักงาน	phá-nák ngaan
mobiliário (m)	เครื่องเรือน	khrêuang reuan
mesa (f)	โต๊ะ	dtó
cadeira (f)	เก้าอี้สำนักงาน	gâo-êe săm-nák ngaan
bloco (m) de gavetas	ตู้มีลิ้นชัก	dtôo mee lín chák
cabide (m) de pé	ไม้แขวนเสื้อ	mái khwăen sêua
computador (m)	คอมพิวเตอร์	khorm-phiw-dtêr
impressora (f)	เครื่องพิมพ์	khrêuang phim
fax (m)	เครื่องโทรสาร	khrêuang thoh-rá-săan
fotocopiadora (f)	เครื่องอัดสำเนา	khrêuang àt săm-nao
papel (m)	กระดาษ	grà-dàat
artigos (m pl) de escritório	เครื่องใช้สำนักงาน	khrêuang chái săm-nák ngaan
tapete (m) de rato	แผ่นรองเมาส์	phàen rorng mao
folha (f) de papel	ใบ	bai
pasta (f)	แฟ้ม	fáem
catálogo (m)	บัญชีรายชื่อ	ban-chee raai chêu
diretório (f) telefónico	สมุดโทรศัพท์	sà-mùt thoh-rá-sàp
documentação (f)	เอกสาร	àyk săan
brochura (f)	โบรชัวร์	broh-chua
flyer (m)	ใบปลิว	bai bpliw
amostra (f)	ตัวอย่าง	dtua yàang
formação (f)	การประชุมฝึกอบรม	gaan bprà-chum fèuk òp-rom
reunião (f)	การประชุม	gaan bprà-chum
hora (f) de almoço	การพักเที่ยง	gaan phák thîang
fazer uma cópia	ทำสำเนา	tham săm-nao
tirar cópias	ทำสำเนาหลายฉบับ	tham săm-nao lăai chà-bàp
receber um fax	รับโทรสาร	ráp thoh-rá-săan

enviar um fax	ส่งโทรสาร	sòng thoh-rá-săan
fazer uma chamada	โทรศัพท์	thoh-rá-sàp
responder (vt)	รับสาย	ráp săai
passar (vt)	โอนสาย	ohn săai

marcar (vt)	นัด	nát
demonstrar (vt)	สาธิต	săa-thít
estar ausente	ขาด	khàat
ausência (f)	การขาด	gaan khàat

104. Processos negociais. Parte 1

| negócio (m) | ธุรกิจ | thú-rá gìt |
| ocupação (f) | อาชีพ | aa-chêep |

firma, empresa (f)	บริษัท	bor-rí-sàt
companhia (f)	บริษัท	bor-rí-sàt
corporação (f)	บริษัท	bor-rí-sàt
empresa (f)	บริษัท	bor-rí-sàt
agência (f)	สำนักงาน	săm-nák ngaan

acordo (documento)	ข้อตกลง	khôr dtòk long
contrato (m)	สัญญา	săn-yaa
acordo (transação)	ขอตกลง	khôr dtòk long
encomenda (f)	การสั่ง	gaan sàng
cláusulas (f pl), termos (m pl)	เงื่อนไข	ngêuan khăi

por grosso (adv)	ขายส่ง	khăai sòng
por grosso (adj)	ขายส่ง	khăai sòng
venda (f) por grosso	การขายส่ง	gaan khăai sòng
a retalho	ขายปลีก	khăai bplèek
venda (f) a retalho	การขายปลีก	gaan khăai bplèek

concorrente (m)	คู่แข่ง	khôo khàeng
concorrência (f)	การแข่งขัน	gaan khàeng khăn
competir (vi)	แข่งขัน	khàeng khăn

| sócio (m) | พันธมิตร | phan-thá-mít |
| parceria (f) | หางหุนสวน | hăang hûn sùan |

crise (f)	วิกฤติ	wí-grìt
bancarrota (f)	การลมละลาย	gaan lóm lá-laai
entrar em falência	ลมละลาย	lóm lá-laai
dificuldade (f)	ความยากลำบาก	khwaam yâak lam-bàak
problema (m)	ปัญหา	bpan-hăa
catástrofe (f)	ความหายนะ	khwaam hăa-yá-ná

economia (f)	เศรษฐกิจ	sàyt-thà-gìt
económico	ทางเศรษฐกิจ	thaang sàyt-thà-gìt
recessão (f) económica	เศรษฐกิจถดถอย	sàyt-thà-gìt thòt thŏi

objetivo (m)	เป้าหมาย	bpâo măai
tarefa (f)	งาน	ngaan
comercializar (vi)	แลกเปลี่ยน	lâek bplìan

rede (de distribuição)	เครือข่าย	khreua khàai
estoque (m)	คลังสินค้า	khlang sĭn kháa
sortido (m)	ประเภทสินค้าต่างๆ	bprà-phâyt sĭn kháa dtàang dtàang
líder (m)	ผู้นำ	phôo nam
grande (~ empresa)	ขนาดใหญ่	khà-nàat yài
monopólio (m)	การผูกขาด	gaan phòok khàat
teoria (f)	ทฤษฎี	thrít-sà-dee
prática (f)	การดำเนินการ	gaan dam-nern gaan
experiência (falar por ~)	ประสบการณ์	bprà-sòp gaan
tendência (f)	แนวโน้ม	naew nóhm
desenvolvimento (m)	การพัฒนา	gaan phát-thá-naa

105. Processos negociais. Parte 2

rentabilidade (f)	กำไร	gam-rai
rentável	กำไร	gam-rai
delegação (f)	คณะผู้แทน	khá-ná phôo thaen
salário, ordenado (m)	เงินเดือน	ngern deuan
corrigir (um erro)	แก้ไข	gâe khăi
viagem (f) de negócios	การเดินทางไปทำธุรกิจ	gaan dern taang bpai tham thú-rá gìt
comissão (f)	คณะ	khá-ná
controlar (vt)	ควบคุม	khûap khum
conferência (f)	งานประชุม	ngaan bprà-chum
licença (f)	ใบอนุญาต	bai a-nú-yâat
fiável	พึ่งพาได้	phêung phaa dâai
empreendimento (m)	การริเริ่ม	gaan rí-rêrm
norma (f)	มาตรฐาน	mâat-dtrà-thăan
circunstância (f)	ภาวะ	phaa-wá
dever (m)	หน้าที่	nâa thêe
empresa (f)	องค์การ	ong gaan
organização (f)	การจัด	gaan jàt
organizado	ที่ถูกจัด	thêe thòok jàt
anulação (f)	การยกเลิก	gaan yók lêrk
anular, cancelar (vt)	ยกเลิก	yók lêrk
relatório (m)	รายงาน	raai ngaan
patente (f)	สิทธิบัตร	sìt-thí bàt
patentear (vt)	จดสิทธิบัตร	jòt sìt-thí bàt
planear (vt)	วางแผน	waang phăen
prémio (m)	โบนัส	boh-nát
profissional	ทางวิชาชีพ	thaang wí-chaa chêep
procedimento (m)	กระบวนการ	grà-buan gaan
examinar (a questão)	ปรึกษาหารือ	bprèuk-săa hăa-reu
cálculo (m)	การนับ	gaan náp

| reputação (f) | ความมีหน้ามีตา | khwaam mee nâa mee dtaa |
| risco (m) | ความเสี่ยง | khwaam sìang |

dirigir (~ uma empresa)	บริหาร	bor-rí-hăan
informação (f)	ขอมูล	khôr moon
propriedade (f)	ทรัพย์สิน	sáp sĭn
união (f)	สหภาพ	sà-hà phâap

seguro (m) de vida	การประกันชีวิต	gaan bprà-gan chee-wít
fazer um seguro	ประกันภัย	bprà-gan phai
seguro (m)	การประกันภัย	gaan bprà-gan phai

leilão (m)	การขายเลหลัง	gaan khăai lay-lăng
notificar (vt)	แจง	jâeng
gestão (f)	การบริหาร	gaan bor-rí-hăan
serviço (indústria de ~s)	บริการ	bor-rí-gaan

fórum (m)	การประชุมฟอรั่ม	gaan bprà-chum for-râm
funcionar (vi)	ดำเนินการ	dam-nern gaan
estágio (m)	ขั้น	khân
jurídico	ทางกฎหมาย	thaang gòt măai
jurista (m)	ทนายความ	thá-naai khwaam

106. Produção. Trabalhos

usina (f)	โรงงาน	rohng ngaan
fábrica (f)	โรงงาน	rohng ngaan
oficina (f)	ห้องทำงาน	hôrng tham ngaan
local (m) de produção	ที่ผลิต	thêe phà-lìt

indústria (f)	อุตสาหกรรม	út-saa há-gam
industrial	ทางอุตสาหกรรม	thaang ùt-săa-hà-gam
indústria (f) pesada	อุตสาหกรรมหนัก	ùt-săa-hà-gam nàk
indústria (f) ligeira	อุตสาหกรรมเบา	ùt-săa-hà-gam bao

produção (f)	ผลิตภัณฑ์	phà-lìt-dtà-phan
produzir (vt)	ผลิต	phà-lìt
matérias (f pl) primas	วัตถุดิบ	wát-thù dìp

chefe (m) de brigada	คนคุมงาน	khon khum ngaan
brigada (f)	ทีมคนงาน	theem khon ngaan
operário (m)	คนงาน	khon ngaan

dia (m) de trabalho	วันทำงาน	wan tham ngaan
pausa (f)	หยุดพัก	yùt phák
reunião (f)	การประชุม	gaan bprà-chum
discutir (vt)	หารือ	hăa-reu
plano (m)	แผน	phăen
cumprir o plano	ทำตามแผน	tham dtaam păen
taxa (f) de produção	อัตราผลลัพธ์	àt-dtraa phŏn láp
qualidade (f)	คุณภาพ	khun-ná-phâap
controlo (m)	การควบคุม	gaan khûap khum
controlo (m) da qualidade	การควบคุมคุณภาพ	gaan khûap khum khun-ná-phâap

segurança (f) no trabalho	ความปลอดภัยในที่ทำงาน	khwaam bplòrt phai nai thêe tham ngaan
disciplina (f)	วินัย	wí-nai
infração (f)	การละเมิด	gaan lá-mêrt
violar (as regras)	ละเมิด	lá-mêrt

greve (f)	การประท้วงหยุดงาน	gaan bprà-thúang yùt ngaan
grevista (m)	ผู้ประท้วงหยุดงาน	phôo bprà-thúang yùt ngaan
estar em greve	ประท้วงหยุดงาน	bprà-thúang yùt ngaan
sindicato (m)	สหภาพแรงงาน	sà-hà-phâap raeng ngaan

inventar (vt)	ประดิษฐ์	bprà-dìt
invenção (f)	สิ่งประดิษฐ์	sìng bprà-dìt
pesquisa (f)	การวิจัย	gaan wí-jai
melhorar (vt)	ทำให้ดีขึ้น	tham hâi dee khêun
tecnologia (f)	เทคโนโลยี	thék-noh-loh-yee
desenho (m) técnico	ภาพร่างทางเทคนิค	phâap-râang thaang thék-nìk

carga (f)	ของบรรทุก	khŏrng ban-thúk
carregador (m)	คนงานยกของ	khon ngaan yók khŏrng
carregar (vt)	บรรทุก	ban-thúk
carregamento (m)	การบรรทุก	gaan ban-thúk
descarregar (vt)	ขนออก	khŏn òrk
descarga (f)	การขนออก	gaan khŏn òrk

transporte (m)	การขนส่ง	gaan khŏn sòng
companhia (f) de transporte	บริษัทขนส่ง	bor-rí-sàt khŏn sòng
transportar (vt)	ขนส่ง	khŏn sòng

vagão (m) de carga	ตู้รถไฟรถ	dtôo rót fai
cisterna (f)	ถัง	thăng
camião (m)	รถบรรทุก	rót ban-thúk

| máquina-ferramenta (f) | เครื่องมือกล | khrêuang meu gon |
| mecanismo (m) | กลไก | gon-gai |

resíduos (m pl) industriais	ของเสียจากโรงงาน	khŏrng sĭa jàak rohng ngaan
embalagem (f)	การทำหีบห่อ	gaan tham hèep hòr
embalar (vt)	แพ็คหีบห่อ	pháek hèep hòr

107. Contrato. Acordo

contrato (m)	สัญญา	săn-yaa
acordo (m)	ข้อตกลง	khôr dtòk long
adenda (f), anexo (m)	ภาคผนวก	phâak phà-nùak

assinar o contrato	ลงนามในสัญญา	long naam nai săn-yaa
assinatura (f)	ลายมือชื่อ	laai meu chêu
assinar (vt)	ลงนาม	long naam
carimbo (m)	ตราประทับ	dtraa bprà-tháp

objeto (m) do contrato	หัวข้อของสัญญา	hŭa khôr khŏrng săn-yaa
cláusula (f)	ข้อ	khôr
partes (f pl)	ฝ่าย	fàai

morada (f) jurídica	ที่อยู่ตามกฎหมาย	thêe yòo dtaam gòt măai
violar o contrato	การละเมิดสัญญา	gaan lá-mêrt săn-yaa
obrigação (f)	พันธสัญญา	phan-thá-săn-yaa
responsabilidade (f)	ความรับผิดชอบ	khwaam ráp phìt chôp
força (f) maior	เหตุสุดวิสัย	hàyt sùt wí-săi
litígio (m), disputa (f)	ความขัดแย้ง	khwaam khàt yáeng
multas (f pl)	บทลงโทษ	bòt long thôht

108. Importação & Exportação

importação (f)	การนำเข้า	gaan nam khâo
importador (m)	ผู้นำเข้า	phôo nam khâo
importar (vt)	นำเข้า	nam khâo
de importação	นำเข้า	nam khâo
exportação (f)	การส่งออก	gaan sòng òrk
exportador (m)	ผู้ส่งออก	phôo sòng òrk
exportar (vt)	ส่งออก	sòng òrk
de exportação	ส่งออก	sòng òrk
mercadoria (f)	สินค้า	sĭn kháa
lote (de mercadorias)	สินค้าที่ส่งไป	sĭn kháa thêe sòng bpai
peso (m)	น้ำหนัก	nám nàk
volume (m)	ปริมาณ	bpà-rí-maan
metro (m) cúbico	ลูกบาศก์เมตร	lôok bàat máyt
produtor (m)	ผู้ผลิต	phôo phà-lìt
companhia (f) de transporte	บริษัทขนส่ง	bor-rí-sàt khŏn sòng
contentor (m)	ตู้คอนเทนเนอร์	dtôo khorn thay ná-ner
fronteira (f)	ชายแดน	chaai daen
alfândega (f)	ด่านศุลกากร	dàan sŭn-lá-gaa-gon
taxa (f) alfandegária	ภาษีศุลกากร	phaa-sĕe sŭn-lá-gaa-gon
funcionário (m) da alfândega	เจ้าหน้าที่ศุลกากร	jâo nâa-thêe sŭn-lá-gaa-gon
contrabando (atividade)	การลักลอบ	gaan lák-lôrp
contrabando (produtos)	สินค้าที่ผิดกฎหมาย	sĭn kháa thêe phìt gòt măai

109. Finanças

ação (f)	หุ้น	hûn
obrigação (f)	ตราสารหนี้	dtraa săan nêe
nota (f) promissória	ตั๋วสัญญาใช้เงิน	dtŭa săn-yaa chái ngern
bolsa (f)	ตลาดหลักทรัพย์	dtà-làat làk sáp
cotação (m) das ações	ราคาหุ้น	raa-khaa hûn
tornar-se mais barato	ถูกลง	thòok long
tornar-se mais caro	แพงขึ้น	phaeng khêun
parte (f)	ปันผล	bpan phŏn
participação (f) maioritária	ส่วนได้เสียที่	sùan dâai sĭa têe
	มีอำนาจควบคุม	mee am-nâat khûap khum

investimento (m)	การลงทุน	gaan long thun
investir (vt)	ลงทุน	long thun
percentagem (f)	เปอร์เซ็นต์	bper-sen
juros (m pl)	ดอกเบี้ย	dòrk bîa

lucro (m)	กำไร	gam-rai
lucrativo	ได้กำไร	dâai gam-rai
imposto (m)	ภาษี	phaa-sěe

divisa (f)	สกุลเงิน	sà-gun ngern
nacional	แห่งชาติ	hàeng châat
câmbio (m)	การแลกเปลี่ยน	gaan lâek bplìan

| contabilista (m) | นักบัญชี | nák ban-chee |
| contabilidade (f) | การทำบัญชี | gaan tham ban-chee |

bancarrota (f)	การล้มละลาย	gaan lóm lá-laai
falência (f)	การพังพินาศ	gaan phang phí-nâat
ruína (f)	ความพินาศ	khwaam phí-nâat
arruinar-se (vr)	ล้มละลาย	lóm lá-laai
inflação (f)	เงินเฟ้อ	ngern fér
desvalorização (f)	การลดค่าเงิน	gaan lót khâa ngern

capital (m)	เงินทุน	ngern thun
rendimento (m)	รายได้	raai dâai
volume (m) de negócios	การหมุนเวียน	gaan mǔn wian
recursos (m pl)	ทรัพยากร	sáp-pá-yaa-gon
recursos (m pl) financeiros	แหล่งเงินทุน	làeng ngern thun

| despesas (f pl) gerais | ค่าใช้จ่าย | khâa chái jàai |
| reduzir (vt) | ลด | lót |

110. Marketing

marketing (m)	การตลาด	gaan dtà-làat
mercado (m)	ตลาด	dtà-làat
segmento (m) do mercado	ส่วนตลาด	sùan dtà-làat
produto (m)	ผลิตภัณฑ์	phà-lìt-dtà-phan
mercadoria (f)	สินค้า	sǐn kháa

marca (f)	ยี่ห้อ	yêe hôr
marca (f) comercial	เครื่องหมายการค้า	khrêuang mǎai gaan kháa
logotipo (m)	โลโก้	loh-gôh
logo (m)	โลโก้	loh-gôh

demanda (f)	อุปสงค์	u-bpà-sǒng
oferta (f)	อุปทาน	u-bpà-thaan
necessidade (f)	ความต้องการ	khwaam dtôrng gaan
consumidor (m)	ผู้บริโภค	phôo bor-rí-phôhk

análise (f)	การวิเคราะห์	gaan wí-khrór
analisar (vt)	วิเคราะห์	wí-khrór
posicionamento (m)	การวางตำแหน่งผลิตภัณฑ์	gaan waang dtam-nàeng phà-lìt-dtà-phan

posicionar (vt)	วางตำแหน่ง ผลิตภัณฑ์	waang dtam-nàeng phà-lìt-dtà-phan
preço (m)	ราคา	raa-khaa
política (f) de preços	นโยบาย การตั้งราคา	ná-yoh-baai gaan dtâng raa-khaa
formação (f) de preços	การตั้งราคา	gaan dtâng raa-khaa

111. Publicidade

publicidade (f)	การโฆษณา	gaan khôht-sà-naa
publicitar (vt)	โฆษณา	khôht-sà-naa
orçamento (m)	งบประมาณ	ngóp bprà-maan

anúncio (m) publicitário	การโฆษณา	gaan khôht-sà-naa
publicidade (f) televisiva	การโฆษณา ทางทีวี	gaan khôht-sà-naa thaang thee wee
publicidade (f) na rádio	การโฆษณา ทางวิทยุ	gaan khôht-sà-naa thaang wít-thá-yú
publicidade (f) exterior	การโฆษณา แบบกลางแจ้ง	gaan khôht-sà-naa bàep glaang jâeng

meios (m pl) de comunicação social	สื่อสารมวลชน	sèu săan muan chon
periódico (m)	หนังสือรายคาบ	năng-sĕu raai khâap
imagem (f)	ภาพลักษณ์	phâap-lák

| slogan (m) | คำขวัญ | kham khwăn |
| mote (m), divisa (f) | คติพจน์ | khá-dtì phót |

campanha (f)	การรณรงค์	gaan ron-ná-rorng
companha (f) publicitária	การรณรงค์ โฆษณา	gaan ron-ná-rorng khôht-sà-naa
grupo (m) alvo	กลุ่มเป้าหมาย	glùm bpâo-măai

cartão (m) de visita	นามบัตร	naam bàt
flyer (m)	ใบปลิว	bai bpliw
brochura (f)	โบรชัวร์	broh-chua
folheto (m)	แผ่นพับ	phàen pháp
boletim (~ informativo)	จดหมายข่าว	jòt măai khàao

letreiro (m)	ป้ายร้าน	bpâai ráan
cartaz, póster (m)	โปสเตอร์	bpòht-dtêr
painel (m) publicitário	กระดานปิดประกาศ โฆษณา	grà-daan bpìt bprà-gàat khôht-sà-naa

112. Banca

banco (m)	ธนาคาร	thá-naa-khaan
sucursal, balcão (f)	สาขา	săa-khăa
consultor (m)	พนักงาน ธนาคาร	phá-nák ngaan thá-naa-khaan
gerente (m)	ผู้จัดการ	phôo jàt gaan

conta (f)	บัญชีธนาคาร	ban-chee thá-naa-kaan
número (m) da conta	หมายเลขบัญชี	măai lâyk ban-chee
conta (f) corrente	กระแสรายวัน	grà-săe raai wan
conta (f) poupança	บัญชีออมทรัพย์	ban-chee orm sáp
abrir uma conta	เปิดบัญชี	bpèrt ban-chee
fechar uma conta	ปิดบัญชี	bpìt ban-chee
depositar na conta	ฝากเงินเข้าบัญชี	fàak ngern khâo ban-chee
levantar (vt)	ถอน	thŏrn
depósito (m)	การฝาก	gaan fàak
fazer um depósito	ฝาก	fàak
transferência (f) bancária	การโอนเงิน	gaan ohn ngern
transferir (vt)	โอนเงิน	ohn ngern
soma (f)	จำนวนเงินรวม	jam-nuan ngern ruam
Quanto?	เท่าไหร่?	thâo rài
assinatura (f)	ลายมือชื่อ	laai meu chêu
assinar (vt)	ลงนาม	long naam
cartão (m) de crédito	บัตรเครดิต	bàt khray-dìt
código (m)	รหัส	rá-hàt
número (m) do cartão de crédito	หมายเลขบัตรเครดิต	măai lâyk bàt khray-dìt
Caixa Multibanco (m)	เอทีเอ็ม	ay-thee-em
cheque (m)	เช็ค	chék
passar um cheque	เขียนเช็ค	khĭan chék
livro (m) de cheques	สมุดเช็ค	sà-mùt chék
empréstimo (m)	เงินกู้	ngern gôo
pedir um empréstimo	ขอสินเชื่อ	khŏr sĭn chêua
obter um empréstimo	กู้เงิน	gôo ngern
conceder um empréstimo	ให้กู้เงิน	hâi gôo ngern
garantia (f)	การรับประกัน	gaan ráp bprà-gan

113. Telefone. Conversação telefónica

telefone (m)	โทรศัพท์	thoh-rá-sàp
telemóvel (m)	มือถือ	meu thĕu
secretária (f) electrónica	เครื่องพูดตอบ	khrêuang phôot dtòp
fazer uma chamada	โทรศัพท์	thoh-rá-sàp
chamada (f)	การโทรศัพท์	gaan thoh-rá-sàp
marcar um número	หมุนหมายเลขโทรศัพท์	mŭn măai lâyk thoh-rá-sàp
Alô!	สวัสดี!	sà-wàt-dee
perguntar (vt)	ถาม	thăam
responder (vt)	รับสาย	ráp săai
ouvir (vt)	ได้ยิน	dâai yin
bem	ดี	dee

mal	ไม่ดี	mâi dee
ruído (m)	เสียงรบกวน	sĭang róp guan
auscultador (m)	ตัวรับสัญญาณ	dtua ráp săn-yaan
pegar o telefone	รับสาย	ráp săai
desligar (vi)	วางสาย	waang săai
ocupado	ไม่ว่าง	mâi wâang
tocar (vi)	ดัง	dang
lista (f) telefónica	สมุดโทรศัพท์	sà-mùt thoh-rá-sàp
local	ในประเทศ	nai bprà-thâyt
chamada (f) local	โทรในประเทศ	thoh nai bprà-thâyt
para outra cidade	ระยะไกล	rá-yá glai
chamada (f) para outra cidade	โทรระยะไกล	thoh-rá-yá glai
internacional	ตางประเทศ	dtàang bprà-thâyt
chamada (f) internacional	โทรตางประเทศ	thoh dtàang bprà-thâyt

114. Telefone móvel

telemóvel (m)	มือถือ	meu thĕu
ecrã (m)	หน้าจอ	nâa jor
botão (m)	ปุ่ม	bpùm
cartão SIM (m)	ซิมการ์ด	sím gàat
bateria (f)	แบตเตอรี่	bàet-dter-rêe
descarregar-se	หมด	mòt
carregador (m)	ที่ชาร์จ	thêe châat
menu (m)	เมนู	may-noo
definições (f pl)	การตั้งค่า	gaan dtâng khâa
melodia (f)	เสียงเพลง	sĭang phlayng
escolher (vt)	เลือก	lêuak
calculadora (f)	เครื่องคิดเลข	khrêuang khít lâyk
correio (m) de voz	ขอความเสียง	khŏr khwaam sĭang
despertador (m)	นาฬิกาปลุก	naa-lí-gaa bplùk
contatos (m pl)	รายชื่อผู้ติดต่อ	raai chêu phôo dtìt dtòr
mensagem (f) de texto	SMS	es-e-mes
assinante (m)	ผู้สมัครรับบริการ	phôo sà-màk ráp bor-rí-gaan

115. Estacionário

caneta (f)	ปากกาลูกลื่น	bpàak gaa lôok lêun
caneta (f) tinteiro	ปากกาหมึกซึม	bpàak gaa mèuk seum
lápis (m)	ดินสอ	din-sŏr
marcador (m)	ปากกาเน้น	bpàak gaa náyn
caneta (f) de feltro	ปากกาเมจิค	bpàak gaa may jìk
bloco (m) de notas	สมุดจด	sà-mùt jòt
agenda (f)	สมุดบันทึกรายวัน	sà-mùt ban-théuk raai wan

régua (f)	ไม้บรรทัด	máai ban-thát
calculadora (f)	เครื่องคิดเลข	khrêuang khít lâyk
borracha (f)	ยางลบ	yaang lóp
pionés (m)	เป๊ก	bpáyk
clipe (m)	ลวดหนีบกระดาษ	lûat nèep grà-dàat

cola (f)	กาว	gaao
agrafador (m)	ที่เย็บกระดาษ	thêe yép grà-dàat
furador (m)	ที่เจาะรูกระดาษ	thêe jòr roo grà-dàat
afia-lápis (m)	ที่เหลาดินสอ	thêe lǎo din-sǒr

116. Vários tipos de documentos

relatório (m)	รายการ	raai gaan
acordo (m)	ขอตกลง	khôr dtòk long
ficha (f) de inscrição	ใบสมัคร	bai sà-màk
autêntico	แท้	tháe
crachá (m)	ป้ายชื่อ	bpâai chêu
cartão (m) de visita	นามบัตร	naam bàt

certificado (m)	ใบรับรอง	bai ráp rorng
cheque (m)	เช็ค	chék
conta (f)	คิดเงิน	khít ngern
constituição (f)	รัฐธรรมนูญ	rát-thà-tham-má-noon

contrato (m)	สัญญา	sǎn-yaa
cópia (f)	สำเนา	sǎm-nao
exemplar (m)	ฉบับ	chà-bàp

declaração (f) alfandegária	แบบฟอร์มการเสีย ภาษีศุลกากร	bàep form gaan sǐa phaa-sěe sǔn-lá-gaa-gon
documento (m)	เอกสาร	àyk sǎan
carta (f) de condução	ใบอนุญาตขับขี่	bai a-nú-yâat khàp khèe
adenda (ao contrato)	ภาคผนวก	phâak phà-nùak
questionário (m)	แบบฟอร์ม	bàep form

bilhete (m) de identidade	บัตรประจำตัว	bàt bprà-jam dtua
inquérito (m)	คำร้องขอ	kham rórng khôr
convite (m)	บัตรเชิญ	bàt chern
fatura (f)	ใบกำกับสินค้า	bai gam-gàp sǐn kháa

lei (f)	กฎหมาย	gòt mǎai
carta (correio)	จดหมาย	jòt mǎai
papel (m) timbrado	แบบฟอร์ม	bàep form
lista (f)	รายชื่อ	raai chêu
manuscrito (m)	ต้นฉบับ	dtôn chà-bàp
boletim (~ informativo)	จดหมายข่าว	jòt mǎai khàao
bilhete (mensagem breve)	ขอความสั้นๆ	khôr khwaam sân sân

passe (m)	บัตรผ่าน	bàt phàan
passaporte (m)	หนังสือเดินทาง	nǎng-sěu dern-thaang
permissão (f)	ใบอนุญาต	bai a-nú-yâat
CV, currículo (m)	ประวัติย่อ	bprà-wàt yôr
vale (nota promissória)	รายการหนี้	raai gaan nêe

recibo (m)	ใบเสร็จ	bai sèt
talão (f)	ใบเสร็จ	bai sèt
relatório (m)	รายงาน	raai ngaan

mostrar (vt)	แสดง	sà-daeng
assinar (vt)	ลงนาม	long naam
assinatura (f)	ลายมือชื่อ	laai meu chêu
carimbo (m)	ตราประทับ	dtraa bprà-tháp
texto (m)	ข้อความ	khôr khwaam
bilhete (m)	ตั๋ว	dtŭa

| riscar (vt) | ขีดฆ่า | khèet khâa |
| preencher (vt) | กรอก | gròrk |

| guia (f) de remessa | รายการสินค้าขนส่ง | raai gaan sĭn kháa khŏn sòng |
| testamento (m) | พินัยกรรม | phí-nai-gam |

117. Tipos de negócios

serviços (m pl) de contabilidade	บริการทำบัญชี	bor-rí-gaan tham ban-chee
publicidade (f)	การโฆษณา	gaan khôht-sà-naa
agência (f) de publicidade	บริษัทโฆษณา	bor-rí-sàt khôht-sà-naa
ar condicionado (m)	เครื่องปรับอากาศ	khrêuang bpràp-aa-gàat
companhia (f) aérea	สายการบิน	săai gaan bin

bebidas (f pl) alcoólicas	เครื่องดื่มแอลกอฮอล์	khrêuang dèum aen-gor-hor
comércio (m) de antiguidades	ของเก่า	khŏrng gào
galeria (f) de arte	หอศิลป์	hŏr sĭn
serviços (m pl) de auditoria	บริการตรวจสอบบัญชี	bor-rí-gaan dtrùat sòrp ban-chee

negócios (m pl) bancários	การธนาคาร	gaan thá-naa-khaan
bar (m)	บาร์	baa
salão (m) de beleza	ช่างเสริมสวย	châang sĕrm sŭay
livraria (f)	ร้านขายหนังสือ	ráan khăai năng-sĕu
cervejaria (f)	โรงงานต้มเหล้า	rohng ngaan dtôm lâu
centro (m) de escritórios	ศูนย์ธุรกิจ	sŏon thú-rá gìt
escola (f) de negócios	โรงเรียนธุรกิจ	rohng rian thú-rá gìt

casino (m)	คาสิโน	khaa-sì-noh
construção (f)	การก่อสร้าง	gaan gòr sâang
serviços (m pl) de consultoria	การปรึกษา	gaan bprèuk-săa

estomatologia (f)	คลินิกทันตกรรม	khlí-nìk than-ta-gam
design (m)	การออกแบบ	gaan òrk bàep
farmácia (f)	ร้านขายยา	ráan khăai yaa
lavandaria (f)	ร้านซักแห้ง	ráan sák hâeng
agência (f) de emprego	สำนักงานจัดหางาน	săm-nák ngaan jàt hăa ngaan

serviços (m pl) financeiros	บริการด้านการเงิน	bor-rí-gaan dâan gaan ngern
alimentos (m pl)	ผลิตภัณฑ์อาหาร	phà-lìt-dtà-phan aa hăan
agência (f) funerária	บริษัทรับจัดงานศพ	bor-rí-sàt ráp jàt ngaan sòp

mobiliário (m)	เครื่องเรือน	khrêuang reuan
roupa (f)	เสื้อผ้า	sêua phâa
hotel (m)	โรงแรม	rohng raem
gelado (m)	ไอศกรีม	ai-sà-greem
indústria (f)	อุตสาหกรรม	út-saa há-gam
seguro (m)	การประกัน	gaan bprà-gan
internet (f)	อินเทอร์เน็ต	in-thêr-nét
investimento (m)	การลงทุน	gaan long thun
joalheiro (m)	ช่างทำเครื่อง เพชรพลอย	châang tham khrêuang phét phloi
joias (f pl)	เครื่องเพชรพลอย	khrêuang phét phloi
lavandaria (f)	โรงซักรีดผ้า	rohng sák rêet phâa
serviços (m pl) jurídicos	คนที่ปรึกษา ทางกฎหมาย	khon thêe bprèuk-sǎa thaang gòt mǎai
indústria (f) ligeira	อุตสาหกรรมเบา	ùt-sǎa-hà-gam bao
revista (f)	นิตยสาร	nít-dtà-yá-sǎan
vendas (f pl) por catálogo	การขายสินค้า ทางไปรษณีย์	gaan khǎai sǐn kháa thaang bprai-sà-nee
medicina (f)	การแพทย์	gaan phâet
cinema (m)	โรงภาพยนตร์	rohng phâap-phá-yon
museu (m)	พิพิธภัณฑ์	phí-phítha phan
agência (f) de notícias	สำนักข่าว	sǎm-nák khàao
jornal (m)	หนังสือพิมพ์	nǎng-sěu phim
clube (m) noturno	ไนท์คลับ	nai-khláp
petróleo (m)	น้ำมัน	nám man
serviço (m) de encomendas	บริการจัดส่ง	bor-rí-gaan jàt sòng
indústria (f) farmacêutica	เภสัชกรรม	phay-sàt-cha -gam
poligrafia (f)	สิ่งพิมพ์	sìng phim
editora (f)	สำนักพิมพ์	sǎm-nák phim
rádio (m)	วิทยุ	wít-thá-yú
imobiliário (m)	อสังหาริมทรัพย์	a-sǎng-hǎa-rim-má-sáp
restaurante (m)	ร้านอาหาร	ráan aa-hǎan
empresa (f) de segurança	บริษัทรักษา ความปลอดภัย	bor-rí-sàt rák-sǎa khwaam bplòrt phai
desporto (m)	กีฬา	gee-laa
bolsa (f)	ตลาดดูหลักทรัพย์	dtà-làat làk sáp
loja (f)	ร้านค้า	ráan kháa
supermercado (m)	ซูเปอร์มาร์เก็ต	soo-bper-maa-gèt
piscina (f)	สระว่ายน้ำ	sà wâai náam
alfaiataria (f)	ร้านตัดเสื้อ	ráan dtàt sêua
televisão (f)	โทรทัศน์	thoh-rá-thát
teatro (m)	โรงละคร	rohng lá-khon
comércio (atividade)	การค้าขาย	gaan kháa kǎai
serviços (m pl) de transporte	การขนส่ง	gaan khǒn sòng
viagens (m pl)	การท่องเที่ยว	gaan thôrng thîeow
veterinário (m)	สัตวแพทย์	sàt phâet
armazém (m)	โกดังเก็บสินค้า	goh-dang gèp sǐn kháa
recolha (f) do lixo	การเก็บขยะ	gaan gèp khà-yà

Emprego. Negócios. Parte 2

feira (f)	งานแสดง	ngaan sà-daeng
feira (f) comercial	งานแสดงสินค้า	ngaan sà-daeng sĭn kháa
participação (f)	การเข้าร่วม	gaan khâo rûam
participar (vi)	เข้าร่วมใน	khâo rûam nai
participante (m)	ผู้เข้ารวม	phôo khâo rûam
diretor (m)	ผู้อำนวยการ	phôo am-nuay gaan
direção (f)	สำนักงานผู้จัด	săm-nák ngaan phôo jàt
organizador (m)	ผู้จัด	phôo jàt
organizar (vt)	จัด	jàt
ficha (f) de inscrição	แบบฟอร์มลงทะเบียน	bàep form long thá-bian
preencher (vt)	กรอก	gròrk
detalhes (m pl)	รายละเอียด	raai lá-ìat
informação (f)	ขอมูล	khôr moon
preço (m)	ราคา	raa-khaa
incluindo	รวมถึง	ruam thĕung
incluir (vt)	รวม	ruam
pagar (vt)	จ่าย	jàai
taxa (f) de inscrição	คาลงทะเบียน	khâa long thá-bian
entrada (f)	ทางเข้า	thaang khâo
pavilhão (m)	ศาลา	săa-laa
inscrever (vt)	ลงทะเบียน	long thá-bian
crachá (m)	ป้ายชื่อ	bpâai chêu
stand (m)	บูธแสดงสินค้า	bòot sà-daeng sĭn kháa
reservar (vt)	จอง	jorng
vitrina (f)	ตู้โชว์สินค้า	dtôo choh sĭn kháa
foco, spot (m)	ไฟรวมแสงบนเวที	fai ruam săeng bon way-thee
design (m)	การออกแบบ	gaan òrk bàep
pôr, colocar (vt)	วาง	waang
pôr, colocar	ถูกตั้ง	thòok dtâng
distribuidor (m)	ผู้จัดจำหน่าย	phôo jàt jam-nàai
fornecedor (m)	ผู้จัดหา	phôo jàt hăa
fornecer (vt)	จัดหา	jàt hăa
país (m)	ประเทศ	bprà-thâyt
estrangeiro	ตางชาติ	dtàang châat
produto (m)	ผลิตภัณฑ์	phà-lìt-dtà-phan
associação (f)	สมาคม	sà-maa khom
sala (f) de conferências	หองประชุม	hôrng bprà-chum

| congresso (m) | การประชุม | gaan bprà-chum |
| concurso (m) | การแข่งขัน | gaan khàeng khǎn |

visitante (m)	ผู้เข้าร่วม	phôo khâo rûam
visitar (vt)	เข้าร่วม	khâo rûam
cliente (m)	ลูกค้า	lôok kháa

119. Media

jornal (m)	หนังสือพิมพ์	nǎng-sěu phim
revista (f)	นิตยสาร	nít-dtà-yá-sǎan
imprensa (f)	สื่อสิ่งพิมพ์	sèu sìng phim
rádio (m)	วิทยุ	wít-thá-yú
estação (f) de rádio	สถานีวิทยุ	sà-thǎa-nee wít-thá-yú
televisão (f)	โทรทัศน์	thoh-rá-thát

apresentador (m)	ผู้ประกาศข่าว	phôo bprà-gàat khàao
locutor (m)	ผู้ประกาศข่าว	phôo bprà-gàat khàao
comentador (m)	ผู้อธิบาย	phôo à-thí-baai

jornalista (m)	นักข่าว	nák khàao
correspondente (m)	ผู้รายงานข่าว	phôo raai ngaan khàao
repórter (m) fotográfico	ช่างภาพ หนังสือพิมพ์	châang phâap nǎng-sěu phim
repórter (m)	ผู้รายงาน	phôo raai ngaan

| redator (m) | บรรณาธิการ | ban-naa-thí-gaan |
| redator-chefe (m) | หัวหน้าบรรณาธิการ | hǔa nâa ban-naa-thí-gaan |

assinar a ...	รับ	ráp
assinatura (f)	การรับ	gaan ráp
assinante (m)	ผู้รับ	phôo ráp
ler (vt)	อ่าน	àan
leitor (m)	ผู้อ่าน	phôo àan

tiragem (f)	การเผยแพร่	gaan phǒie-phrâe
mensal	รายเดือน	raai deuan
semanal	รายสัปดาห์	raai sàp-daa
número (jornal, revista)	ฉบับ	chà-bàp
recente	ใหม่	mài

título (m)	ข่าวพาดหัว	khàao phâat hǔa
pequeno artigo (m)	บทความสั้นๆ	bòt khwaam sân sân
coluna (~ semanal)	คอลัมน์	khor lam
artigo (m)	บทความ	bòt khwaam
página (f)	หน้า	nâa

reportagem (f)	การรายงานข่าว	gaan raai ngaan khàao
evento (m)	เหตุการณ์	hàyt gaan
sensação (f)	ข่าวดัง	khàao dang
escândalo (m)	เรื่องอื้อฉาว	rêuang êu chǎao
escandaloso	อื้อฉาว	êu chǎao
grande	ใหญ่	yài
programa (m) de TV	รายการ	raai gaan

entrevista (f)	การสัมภาษณ์	gaan sǎm-phâat
transmissão (f) em direto	ถ่ายทอดสด	thàai thôrt sòt
canal (m)	ช่อง	chôrng

120. Agricultura

agricultura (f)	เกษตรกรรม	gà-sàyt-dtra -gam
camponês (m)	ชาวนาผู้ชาย	chaao naa phôo chaai
camponesa (f)	ชาวนาผู้หญิง	chaao naa phôo yǐng
agricultor (m)	ชาวนา	chaao naa

trator (m)	รถแทร็คเตอร์	rót tráek-dtêr
ceifeira-debulhadora (f)	เครื่องเก็บเกี่ยว	khrêuang gèp gìeow

arado (m)	คันไถ	khan thǎi
arar (vt)	ไถ	thǎi
campo (m) lavrado	ที่ดินที่ไถพรวน	thêe din thêe thǎi phruan
rego (m)	ร่องดิน	rôrng din

semear (vt)	หว่าน	wàan
semeadora (f)	เครื่องหว่านเมล็ด	khrêuang wàan má-lét
semeação (f)	การหว่าน	gaan wàan

gadanha (f)	เคียว	khieow
gadanhar (vt)	ถาง	thǎang

pá (f)	พลั่ว	phlûa
cavar (vt)	ขุด	khùt

enxada (f)	จอบ	jòrp
carpir (vt)	ถาก	thàak
erva (f) daninha	วัชพืช	wát-chá-phêut

regador (m)	กระป๋องรดน้ำ	grà-bpǒrng rót náam
regar (vt)	รดน้ำ	rót náam
rega (f)	การรดน้ำ	gaan rót nám

forquilha (f)	ส้อมเสียบ	sôrm sìap
ancinho (m)	คราด	khrâat

fertilizante (m)	ปุ๋ย	bpǔi
fertilizar (vt)	ใส่ปุ๋ย	sài bpǔi
estrume (m)	ปุ๋ยคอก	bpǔi khôrk

campo (m)	ทุ่งนา	thûng naa
prado (m)	ทุ่งหญ้า	thûng yâa
horta (f)	สวนผัก	sǔan phàk
pomar (m)	สวนผลไม้	sǔan phǒn-lá-máai

pastar (vt)	เล็มหญ้า	lem yâa
pastor (m)	คนเลี้ยงสัตว์	khon líang sàt
pastagem (f)	ทุ่งเลี้ยงสัตว์	thûng líang sàt
pecuária (f)	การขยายพันธุ์สัตว์	gaan khà-yǎai phan sàt
criação (f) de ovelhas	การขยายพันธุ์แกะ	gaan khà-yǎai phan gàe

plantação (f)	ที่เพาะปลูก	thêe phór bplòok
canteiro (m)	แถว	thăe
invernadouro (m)	เรือนกระจกร้อน	reuan grà-jòk rón

| seca (f) | ภัยแล้ง | phai láeng |
| seco (verão ~) | แล้ง | láeng |

cereal (m)	ธัญพืช	than-yá-phêut
cereais (m pl)	ผลผลิตธัญพืช	phŏn phà-lìt than-yá-phêut
colher (vt)	เก็บเกี่ยว	gèp gìeow

moleiro (m)	เจ้าของโรงโม่	jâo khŏrng rohng môh
moinho (m)	โรงสี	rohng sĕe
moer (vt)	โม่	môh
farinha (f)	แป้ง	bpâeng
palha (f)	ฟาง	faang

121. Construção. Processo de construção

canteiro (m) de obras	สถานที่ก่อสร้าง	sà-thăan thêe gòr sâang
construir (vt)	สร้าง	sâang
construtor (m)	คนงานก่อสร้าง	khon ngaan gòr sâang

projeto (m)	โครงการ	khrohng gaan
arquiteto (m)	สถาปนิก	sà-thăa-bpà-ník
operário (m)	คนงาน	khon ngaan

fundação (f)	รากฐาน	râak thăan
telhado (m)	หลังคา	lăng khaa
estaca (f)	เสาเข็ม	săo khĕm
parede (f)	กำแพง	gam-phaeng

| varões (m pl) para betão | เหล็กเส้นเสริมแรง | lèk sên sĕrm raeng |
| andaime (m) | นั่งราน | nâng ráan |

betão (m)	คอนกรีต	khorn-grèet
granito (m)	หินแกรนิต	hĭn grae-nít
pedra (f)	หิน	hĭn
tijolo (m)	อิฐ	ìt

areia (f)	ทราย	saai
cimento (m)	ปูนซีเมนต์	bpoon see-mayn
emboço (m)	พลาสเตอร์	phláat-dtêr
emboçar (vt)	ฉาบ	chàap

tinta (f)	สี	sĕe
pintar (vt)	ทาสี	thaa sĕe
barril (m)	ถัง	thăng

grua (f), guindaste (m)	ปั้นจั่น	bpân jàn
erguer (vt)	ยก	yók
baixar (vt)	ลด	lót
buldózer (m)	รถดันดิน	rót dan din
escavadora (f)	รถขุด	rót khùt

109

caçamba (f)	ช้อนขุด	chórn khùt
escavar (vt)	ขุด	khùt
capacete (m) de proteção	หมวกนิรภัย	mùak ní-rá-phai

122. Ciência. Investigação. Cientistas

ciência (f)	วิทยาศาสตร์	wít-thá-yaa sàat
científico	ทางวิทยาศาสตร์	thaang wít-thá-yaa sàat
cientista (m)	นักวิทยาศาสตร	nák wít-thá-yaa sàat
teoria (f)	ทฤษฎี	thrít-sà-dee

axioma (m)	สัจพจน์	sàt-jà-phót
análise (f)	การวิเคราะห์	gaan wí-khrór
analisar (vt)	วิเคราะห์	wí-khrór
argumento (m)	ขอโตแย้ง	khôr dtôh yáeng
substância (f)	สาร	sǎan

hipótese (f)	สมมติฐาน	sǒm-mút thǎan
dilema (m)	โจทย	jòht
tese (f)	ปริญญานิพนธ์	bpà-rin-yaa ní-phon
dogma (m)	หลัก	làk

doutrina (f)	หลักคำสอน	làk kham sǒrn
pesquisa (f)	การวิจัย	gaan wí-jai
pesquisar (vt)	วิจัย	wí-jai
teste (m)	การควบคุม	gaan khûap khum
laboratório (m)	หองทดลอง	hôrng thót lorng

método (m)	วิธี	wí-thee
molécula (f)	โมเลกุล	moh-lay-gun
monitoramento (m)	การเฝ้าสังเกต	gaan fâo sǎng-gàyt
descoberta (f)	การคนพบ	gaan khón phóp

postulado (m)	สัจพจน์	sàt-jà-phót
princípio (m)	หลักการ	làk gaan
prognóstico (previsão)	การคาดการณ์	gaan khâat gaan
prognosticar (vt)	คาดการณ	khâat gaan

síntese (f)	การสังเคราะห์	gaan sǎng-khrór
tendência (f)	แนวโน้ม	naew nóhm
teorema (m)	ทฤษฎีบท	thrít-sà-dee bòt

| ensinamentos (m pl) | คำสอน | kham sǒrn |
| facto (m) | ขอเท็จจริง | khôr thét jing |

| expedição (f) | การสำรวจ | gaan sǎm-rùat |
| experiência (f) | การทดลอง | gaan thót lorng |

académico (m)	นักวิชาการ	nák wí-chaa gaan
bacharel (m)	บัณฑิต	ban-dìt
doutor (m)	ดุษฎีบัณฑิต	dùt-sà-dee ban-dìt
docente (m)	รองศาสตราจารย์	rorng sàat-sà-dtraa-jaan
mestre (m)	มหาบัณฑิต	má-hǎa ban-dìt
professor (m) catedrático	ศาสตราจารย์	sàat-sà-dtraa-jaan

Profissões e ocupações

123. Procura de emprego. Demissão

trabalho (m)	งาน	ngaan
equipa (f)	พนักงาน	phá-nák ngaan
pessoal (m)	พนักงาน	phá-nák ngaan
carreira (f)	อาชีพ	aa-chêep
perspetivas (f pl)	โอกาส	oh-gàat
mestria (f)	ทักษะ	thák-sà
seleção (f)	การคัดเลือก	gaan khát lêuak
agência (f) de emprego	สำนักงาน จัดหางาน	săm-nák ngaan jàt hăa ngaan
CV, currículo (m)	ประวัติย่อ	bprà-wàt yôr
entrevista (f) para um emprego	สัมภาษณ์งาน	săm-phâat ngaan
vaga (f)	ตำแหน่งว่าง	dtam-nàeng wâang
salário (m)	เงินเดือน	ngern deuan
salário (m) fixo	เงินเดือน	ngern deuan
pagamento (m)	คาแรง	khâa raeng
posto (m)	ตำแหน่ง	dtam-nàeng
dever (do empregado)	หน้าที่	nâa thêe
gama (f) de deveres	หน้าที่	nâa thêe
ocupado	ไม่ว่าง	mâi wâang
despedir, demitir (vt)	ไล่ออก	lâi òrk
demissão (f)	การไล่ออก	gaan lâi òrk
desemprego (m)	การว่างงาน	gaan wâang ngaan
desempregado (m)	คนว่างงาน	khon wâang ngaan
reforma (f)	การเกษียณอายุ	gaan gà-sĭan aa-yú
reformar-se	เกษียณ	gà-sĭan

124. Gente de negócios

diretor (m)	ผู้อำนวยการ	phôo am-nuay gaan
gerente (m)	ผู้จัดการ	phôo jàt gaan
patrão, chefe (m)	หัวหน้า	hŭa-nâa
superior (m)	ผู้บังคับบัญชา	phôo bang-kháp ban-chaa
superiores (m pl)	คณะผู้บังคับ บัญชา	khá-ná phôo bang-kháp ban-chaa
presidente (m)	ประธานาธิบดี	bprà-thaa-naa-thí-bor-dee
presidente (m) de direção	ประธาน	bprà-thaan

substituto (m)	รอง	rorng
assistente (m)	ผู้ช่วย	phôo chûay
secretário (m)	เลขา	lay-khǎa
secretário (m) pessoal	ผู้ช่วยส่วนบุคคล	phôo chûay sùan bùk-khon

homem (m) de negócios	นักธุรกิจ	nák thú-rá-gìt
empresário (m)	ผู้ประกอบการ	phôo bprà-gòp gaan
fundador (m)	ผู้ก่อตั้ง	phôo gòr dtâng
fundar (vt)	ก่อตั้ง	gòr dtâng

fundador, sócio (m)	ผู้ก่อตั้ง	phôo gòr dtâng
parceiro, sócio (m)	หุ้นส่วน	hûn sùan
acionista (m)	ผู้ถือหุ้น	phôo thěu hûn

milionário (m)	เศรษฐีเงินล้าน	sàyt-thěe ngern láan
bilionário (m)	มหาเศรษฐี	má-hǎa sàyt-thěe

proprietário (m)	เจ้าของ	jâo khǒrng
proprietário (m) de terras	เจ้าของที่ดิน	jâo khǒrng thêe din

cliente (m)	ลูกค้า	lôok kháa
cliente (m) habitual	ลูกค้าประจำ	lôok kháa bprà-jam

comprador (m)	ลูกค้า	lôok kháa
visitante (m)	ผู้เข้าร่วม	phôo khâo rûam

profissional (m)	ผู้เป็นมืออาชีพ	phôo bpen meu aa-chêep
perito (m)	ผู้เชี่ยวชาญ	phôo chîeow-chaan
especialista (m)	ผู้ชำนาญเฉพาะทาง	phôo cham-naan chà-phó thaang

banqueiro (m)	พนักงานธนาคาร	phá-nák ngaan thá-naa-khaan
corretor (m)	นายหน้า	naai nâa

caixa (m, f)	แคชเชียร์	khâet chia
contabilista (m)	นักบัญชี	nák ban-chee
guarda (m)	ยาม	yaam

investidor (m)	ผู้ลงทุน	phôo long thun
devedor (m)	ลูกหนี้	lôok nêe

credor (m)	เจ้าหนี้	jâo nêe
mutuário (m)	ผู้ยืม	phôo yeum

importador (m)	ผู้นำเข้า	phôo nam khâo
exportador (m)	ผู้ส่งออก	phôo sòng òrk

produtor (m)	ผู้ผลิต	phôo phà-lìt
distribuidor (m)	ผู้จัดจำหน่าย	phôo jàt jam-nàai
intermediário (m)	คนกลาง	khon glaang

consultor (m)	ที่ปรึกษา	thêe bprèuk-sǎa
representante (m)	พนักงานขาย	phá-nák ngaan khǎai
agente (m)	ตัวแทน	dtua thaen
agente (m) de seguros	ตัวแทนประกัน	dtua thaen bprà-gan

125. Profissões de serviços

cozinheiro (m)	ดูครัว	khon khrua
cozinheiro chefe (m)	กุ๊ก	gúk
padeiro (m)	ช่างอบขนมปัง	châang òp khà-nŏm bpang
barman (m)	บาร์เทนเดอร์	baa-thayn-dêr
empregado (m) de mesa	พนักงานเสิร์ฟชาย	phá-nák ngaan sèrf chaai
empregada (f) de mesa	พนักงานเสิร์ฟหญิง	phá-nák ngaan sèrf yĭng
advogado (m)	ทนายความ	thá-naai khwaam
jurista (m)	นักกฎหมาย	nák gòt măai
notário (m)	พนักงานจดทะเบียน	phá-nák ngaan jòt thá-bian
eletricista (m)	ช่างไฟฟ้า	châang fai-fáa
canalizador (m)	ช่างประปา	châang bprà-bpaa
carpinteiro (m)	ช่างไม้	châang máai
massagista (m)	หมอนวดชาย	mŏr nûat chaai
massagista (f)	หมอนวดหญิง	mŏr nûat yĭng
médico (m)	แพทย์	phâet
taxista (m)	คนขับแท็กซี่	khon khàp tháek-sêe
condutor (automobilista)	คนขับ	khon khàp
entregador (m)	คนส่งของ	khon sòng khŏrng
camareira (f)	แม่บ้าน	mâe bâan
guarda (m)	ยาม	yaam
hospedeira (f) de bordo	พนักงูนต้อนรับ บนเครื่องบิน	phá-nák ngaan dtôrn ráp bon khrêuang bin
professor (m)	อาจารย์	aa-jaan
bibliotecário (m)	บรรณารักษ์	ban-naa-rák
tradutor (m)	นักแปล	nák bplae
intérprete (m)	ล่าม	lâam
guia (pessoa)	มัคคุเทศก์	mák-khú-thâyt
cabeleireiro (m)	ช่างทำผม	châang tham phŏm
carteiro (m)	บุรุษไปรษณีย์	bù-rùt bprai-sà-nee
vendedor (m)	คนขายของ	khon khăai khŏrng
jardineiro (m)	ชาวสวน	chaao sŭan
criado (m)	คนใช้	khon chái
criada (f)	สาวใช้	săao chái
empregada (f) de limpeza	คนทำความสะอาด	khon tham khwaam sà-àat

126. Profissões militares e postos

soldado (m) raso	พลทหาร	phon-thá-hăan
sargento (m)	สิบเอก	sìp àyk
tenente (m)	ร้อยโท	rói thoh
capitão (m)	ร้อยเอก	rói àyk
major (m)	พลตรี	phon-dtree

coronel (m)	พันเอก	phan àyk
general (m)	นายพล	naai phon
marechal (m)	จอมพล	jorm phon
almirante (m)	พลเรือเอก	phon reua àyk

militar (m)	ทางทหาร	thaang thá-hǎan
soldado (m)	ทหาร	thá-hǎan
oficial (m)	นายทหาร	naai thá-hǎan
comandante (m)	ผู้บัญชาการ	phôo ban-chaa gaan

guarda (m) fronteiriço	ยามเฝ้าชายแดน	yaam fâo chaai daen
operador (m) de rádio	พลวิทยุ	phon wít-thá-yú
explorador (m)	ทหารพราน	thá-hǎan phraan
sapador (m)	ทหารช่าง	thá-hǎan châang
atirador (m)	พลแม่นปืน	phon mâen bpeun
navegador (m)	ตนหน	dtôn hǒn

127. Oficiais. Padres

| rei (m) | กษัตริย์ | gà-sàt |
| rainha (f) | ราชินี | raa-chí-nee |

| príncipe (m) | เจ้าชาย | jâo chaai |
| princesa (f) | เจ้าหญิง | jâo yǐng |

| czar (m) | ซาร์ | saa |
| czarina (f) | ซารีนา | saa-ree-naa |

presidente (m)	ประธานาธิบดี	bprà-thaa-naa-thí-bor-dee
ministro (m)	รัฐมนตรี	rát-thà-mon-dtree
primeiro-ministro (m)	นายกรัฐมนตรี	naa-yók rát-thà-mon-dtree
senador (m)	สมาชิกวุฒิสภา	sà-maa-chík wút-thí sà-phaa

diplomata (m)	นักการทูต	nák gaan thôot
cônsul (m)	กงสุล	gong-sǔn
embaixador (m)	เอกอัครราชทูต	àyk-gà-àk-krá-râat-chá-tôot
conselheiro (m)	เจ้าหน้าที่การทูต	jâo nâa-thêe gaan thôot

funcionário (m)	ข้าราชการ	khâa râat-chá-gaan
prefeito (m)	เจ้าหน้าที่	jâo nâa-thêe
Presidente (m) da Câmara	นายกเทศมนตรี	naa-yók thâyt-sà-mon-dtree

| juiz (m) | ผู้พิพากษา | phôo phí-phâak-sǎa |
| procurador (m) | อัยการ | ai-yá-gaan |

| missionário (m) | ผู้สอนศาสนา | phôo sǒrn sàat-sà-nǎa |
| monge (m) | พระ | phrá |

| abade (m) | เจ้าอาวาส | jâo aa-wâat |
| rabino (m) | พระในศาสนายิว | phrá nai sàat-sà-nǎa yiw |

vizir (m)	วีซีร์	wee see
xá (m)	กษัตริย์อิหร่าน	gà-sàt i-ràan
xeque (m)	หัวหน้าเผ่าอาหรับ	hǔa nâa phào aa-ràp

128. Profissões agrícolas

apicultor (m)	คนเลี้ยงผึ้ง	khon líang phêung
pastor (m)	คนเลี้ยงปศุสัตว์	khon líang bpà-sù-sàt
agrónomo (m)	นักปฐพีวิทยา	nák bpà-tà-phee wít-thá-yaa
criador (m) de gado	ผู้ขยายพันธุ์สัตว์	phôo khà-yǎai phan sàt
veterinário (m)	สัตวแพทย์	sàt phâet

agricultor (m)	ชาวนา	chaao naa
vinicultor (m)	ผู้ผลิตไวน์	phôo phà-lìt wai
zoólogo (m)	นักสัตววิทยา	nák sàt wít-thá-yaa
cowboy (m)	โคบาล	khoh-baan

129. Profissões artísticas

ator (m)	นักแสดงชาย	nák sà-daeng chaai
atriz (f)	นักแสดงหญิง	nák sà-daeng yǐng

cantor (m)	นักร้องชาย	nák rórng chaai
cantora (f)	นักร้องหญิง	nák rórng yǐng

bailarino (m)	นักเต้นชาย	nák dtên chaai
bailarina (f)	นักเต้นหญิง	nák dtên yǐng

artista (m)	นักแสดงชาย	nák sà-daeng chaai
artista (f)	นักแสดงหญิง	nák sà-daeng yǐng
músico (m)	นักดนตรี	nák don-dtree
pianista (m)	นักเปียโน	nák bpia noh
guitarrista (m)	ผู้เล่นกีตาร์	phôo lên gee-dtâa

maestro (m)	ผู้ควบคุมวงดนตรี	phôo khûap khum wong don-dtree
compositor (m)	นักแต่งเพลง	nák dtàeng phlayng
empresário (m)	ผู้ควบคุมการแสดง	phôo khûap khum gaan sà-daeng

realizador (m)	ผู้กำกับภาพยนตร์	phôo gam-gàp phâap-phá-yon
produtor (m)	ผู้อำนวยการสร้าง	phôo am-nuay gaan sâang
argumentista (m)	คนเขียนบทภาพยนตร์	khon khǐan bòt phâap-phá-yon
crítico (m)	นักวิจารณ์	nák wí-jaan

escritor (m)	นักเขียน	nák khǐan
poeta (m)	นักกวี	nák gà-wee
escultor (m)	ช่างสลัก	châang sà-làk
pintor (m)	ช่างวาดรูป	châang wâat rôop

malabarista (m)	นักมายากลโยนของ	nák maa-yaa gon yohn khǒrng
palhaço (m)	ตัวตลก	dtua dtà-lòk
acrobata (m)	นักกายกรรม	nák gaai-yá-gam
mágico (m)	นักเลนกล	nák lên gon

130. Várias profissões

médico (m)	แพทย์	phâet
enfermeira (f)	พยาบาล	phá-yaa-baan
psiquiatra (m)	จิตแพทย์	jìt-dtà-phâet
estomatologista (m)	ทันตแพทย์	than-dtà phâet
cirurgião (m)	ศัลยแพทย์	săn-yá-phâet
astronauta (m)	นักบินอวกาศ	nák bin a-wá-gàat
astrónomo (m)	นักดาราศาสตร์	nák daa-raa sàat
piloto (m)	นักบิน	nák bin
motorista (m)	คนขับ	khon khàp
maquinista (m)	คนขับรถไฟ	khon khàp rót fai
mecânico (m)	ช่างเครื่อง	châang khrêuang
mineiro (m)	คนงานเหมือง	khon ngaan mĕuang
operário (m)	คนงาน	khon ngaan
serralheiro (m)	ช่างโลหะ	châang loh-hà
marceneiro (m)	ช่างไม้	châang máai
torneiro (m)	ช่างกลึง	châang gleung
construtor (m)	คนงานก่อสร้าง	khon ngaan gòr sâang
soldador (m)	ช่างเชื่อม	châang chêuam
professor (m) catedrático	ศาสตราจารย์	sàat-sà-dtraa-jaan
arquiteto (m)	สถาปนิก	sà-thăa-bpà-ník
historiador (m)	นักประวัติศาสตร์	nák bprà-wàt sàat
cientista (m)	นักวิทยาศาสตร	nák wít-thá-yaa sàat
físico (m)	นักฟิสิกส์	nák fí-sìk
químico (m)	นักเคมี	nák khay-mee
arqueólogo (m)	นักโบราณคดี	nák boh-raan-ná-khá-dee
geólogo (m)	นักธรณีวิทยา	nák thor-rá-nee wít-thá-yaa
pesquisador (cientista)	ผู้วิจัย	phòo wí-jai
babysitter (f)	พี่เลี้ยงเด็ก	phêe líang dèk
professor (m)	อาจารย์	aa-jaan
redator (m)	บรรณาธิการ	ban-naa-thí-gaan
redator-chefe (m)	หัวหน้าบรรณาธิการ	hŭa nâa ban-naa-thí-gaan
correspondente (m)	ผู้สื่อข่าว	phòo sèu khàao
datilógrafa (f)	พนักงานพิมพ์ดีด	phá-nák ngaan phim dèet
designer (m)	นักออกแบบ	nák òrk bàep
especialista (m) em informática	ผู้เชี่ยวชาญด้านคอมพิวเตอร์	pôo chîeow-chaan dâan khorm-piw-dtêr
programador (m)	นักเขียนโปรแกรม	nák khĭan bproh-graem
engenheiro (m)	วิศวกร	wít-sà-wá-gon
marujo (m)	กะลาสี	gà-laa-sĕe
marinheiro (m)	คนเรือ	khon reua
salvador (m)	นักกู้ภัย	nák gôo phai
bombeiro (m)	เจ้าหน้าที่ดับเพลิง	jâo nâa-thêe dàp phlerng
polícia (m)	เจ้าหน้าที่ตำรวจ	jâo nâa-thêe dtam-rùat

guarda-noturno (m)	คนยาม	khon yaam
detetive (m)	นักสืบ	nák sèup
funcionário (m) da alfândega	เจ้าหน้าที่ศุลกากร	jâo nâa-thêe sǔn-lá-gaa-gon
guarda-costas (m)	ยุคุมกัน	phôo khúm gan
guarda (m) prisional	ยุคุม	phôo khum
inspetor (m)	ยุตรวจการ	phôo dtrùat gaan
desportista (m)	นักกีฬา	nák gee-laa
treinador (m)	โค้ช	khóht
talhante (m)	คนขายเนื้อ	khon khǎai néua
sapateiro (m)	คนซ่อมรองเท้า	khon sôrm rorng tháo
comerciante (m)	คนค้า	khon kháa
carregador (m)	คนงานยกของ	khon ngaan yók khǒrng
estilista (m)	นักออกแบบแฟชั่น	nák òrk bàep fae-chân
modelo (f)	นางแบบ	naang bàep

131. Ocupações. Estatuto social

aluno, escolar (m)	นักเรียน	nák rian
estudante (~ universitária)	นักศึกษา	nák sèuk-sǎa
filósofo (m)	นักปราชญ์	nák bpràat
economista (m)	นักเศรษฐศาสตร์	nák sàyt-thà-sàat
inventor (m)	นักประดิษฐ์	nák bprà-dìt
desempregado (m)	คนว่างงาน	khon wâang ngaan
reformado (m)	ยุเกษียณอายุ	phôo gà-sǐan aa-yú
espião (m)	สายลับ	sǎai láp
preso (m)	นักโทษ	nák thôht
grevista (m)	คนนัดหยุดงาน	kon nát yùt ngaan
burocrata (m)	อำมาตย์	am-màat
viajante (m)	นักเดินทาง	nák dern-thaang
homossexual (m)	ผู้รักเพศเดียวกัน	phôo rák phàyt dieow gan
hacker (m)	แฮ็กเกอร์	háek-gêr
hippie	ฮิปปี้	híp-bpêe
bandido (m)	โจร	john
assassino (m) a soldo	นักฆ่า	nák khâa
toxicodependente (m)	ยุติดยาเสพติด	phôo dtìt yaa-sàyp-dtìt
traficante (m)	ยุค้ายาเสพติด	phôo kháa yaa-sàyp-dtìt
prostituta (f)	โสเภณี	sǒh-phay-nee
chulo (m)	แมงดา	maeng-daa
bruxo (m)	พ่อมด	phôr mót
bruxa (f)	แม่มด	mâe mót
pirata (m)	โจรสลัด	john sà-làt
escravo (m)	ทาส	thâat
samurai (m)	ซามูไร	saa-moo-rai
selvagem (m)	คนป่าเถื่อน	khon bpàa thèuan

Desportos

132. Tipos de desportos. Desportistas

desportista (m)	นักกีฬา	nák gee-laa
tipo (m) de desporto	ประเภทกีฬา	bprà-phâyt gee-laa
basquetebol (m)	บาสเก็ตบอล	bàat-gèt-bon
jogador (m) de basquetebol	ผู้เลนบาสเก็ตบอล	phôo lâyn bàat-gèt-bon
beisebol (m)	เบสบอล	bàyt-bon
jogador (m) de beisebol	ผู้เลนเบสบอล	phôo lâyn bàyt bon
futebol (m)	ฟุตบอล	fút bon
futebolista (m)	นักฟุตบอล	nák fút-bon
guarda-redes (m)	ผู้รักษาประตู	phôo rák-sǎa bprà-dtoo
hóquei (m)	ฮอกกี้	hôk-gêe
jogador (m) de hóquei	ผู้เลนฮอกกี้	phôo lâyn hôk-gêe
voleibol (m)	วอลเลย์บอล	won-lây-bon
jogador (m) de voleibol	ผู้เลนวอลเลยบอล	phôo lâyn won-lây-bon
boxe (m)	การชกมวย	gaan chók muay
boxeador, pugilista (m)	นักมวย	nák muay
luta (f)	การมวยปล้ำ	gaan muay bplâm
lutador (m)	นักมวยปล้ำ	nák muay bplâm
karaté (m)	คาราเต้	khaa-raa-dtây
karateca (m)	นักคาราเต้	nák khaa-raa-dtây
judo (m)	ยูโด	yoo-doh
judoca (m)	นักยูโด	nák yoo-doh
ténis (m)	เทนนิส	then-nít
tenista (m)	นักเทนนิส	nák then-nít
natação (f)	กีฬาว่ายน้ำ	gee-laa wâai náam
nadador (m)	นักวายน้ำ	nák wâai náam
esgrima (f)	กีฬาฟันดาบ	gee-laa fan dàap
esgrimista (m)	นักฟันดาบ	nák fan dàap
xadrez (m)	หมากรุก	màak rúk
xadrezista (m)	ผู้เลนหมากรุก	phôo lên màak rúk
alpinismo (m)	การปีนเขา	gaan bpeen khǎo
alpinista (m)	นักปีนเขา	nák bpeen khǎo
corrida (f)	การวิ่ง	gaan wîng

118

corredor (m)	นักวิ่ง	nák wîng
atletismo (m)	กรีฑา	gree thaa
atleta (m)	นักกรีฑา	nák gree thaa
hipismo (m)	กีฬาขี่ม้า	gee-laa khèe máa
cavaleiro (m)	นักขี่ม้า	nák khèe máa
patinagem (f) artística	สเก็ตลีลา	sà-gèt lee-laa
patinador (m)	นักแสดงสเก็ตลีลา	nák sà-daeng sà-gèt lee-laa
patinadora (f)	นักแสดงสเก็ตลีลา	nák sà-daeng sà-gèt lee-laa
halterofilismo (m)	กีฬายกน้ำหนัก	gee-laa yók náam nàk
halterofilista (m)	นักยกน้ำหนัก	nák yók nám nàk
corrida (f) de carros	การแข่งรถ	gaan khàeng rót
piloto (m)	นักแขงรถ	nák khàeng rót
ciclismo (m)	การแข่งจักรยาน	gaan khàeng jàk-grà-yaan
ciclista (m)	นักแขงจักรยาน	nák khàeng jàk-grà-yaan
salto (m) em comprimento	กีฬากระโดดไกล	gee-laa grà-dòht glai
salto (m) à vara	กีฬากระโดดค้ำถอ	gee-laa grà dòht khám thòr
atleta (m) de saltos	นักกระโดด	nák grà dòht

133. Tipos de desportos. Diversos

futebol (m) americano	อเมริกันฟุตบอล	a-may-rí-gan fút bon
badminton (m)	แบดมินตัน	bàet-min-dtân
biatlo (m)	ไบแอธลอน	bpai-oht-lon
bilhar (m)	บิลเลียด	bin-lîat
bobsleigh (m)	ฎารขับเลื่อน น้ำแข็ง	gaan khàp lêuan náam khǎeng
musculação (f)	การเพาะกาย	gaan phór gaai
polo (m) aquático	กีฬาโปโลน้ำ	gee-laa bpoh loh nám
handebol (m)	แฮนด์บอล	haen-bon
golfe (m)	กอลฟ	góf
remo (m)	การพายเรือ	gaan phaai reua
mergulho (m)	การดำน้ำ	gaan dam náam
corrida (f) de esqui	การแขงสกี ตามเสนทาง	gaan khàeng sà-gee dtaam sên thaang
ténis (m) de mesa	กีฬาปิงปอง	gee-laa bping-bpong
vela (f)	การแลนเรือใบ	gaan lâen reua bai
rali (m)	การแขงแรลลี่	gaan khàeng rae lá-lêe
râguebi (m)	รักบี้	rák-bêe
snowboard (m)	สโนว์บอร์ด	sà-nǒh bòt
tiro (m) com arco	การยิงธนู	gaan ying thá-noo

134. Ginásio

barra (f)	บาร์เบลล์	baa bayn
halteres (m pl)	ที่ยกน้ำหนัก	thêe yók nám nàk

aparelho (m) de musculaçao	เครื่องออกกำลังกาย	khrêuang òk gam-lang gaai
bicicleta (f) ergométrica	จักรยานออก กำลังกาย	jàk-grà-yaan òk gam-lang gaai
passadeira (f) de corrida	ลู่วิ่งออกกำลังกาย	lôo wîng òk gam-lang gaai

barra (f) fixa	บาร์เดี่ยว	baa dìeow
barras (f) paralelas	บาร์คู่	baa khôo
cavalo (m)	ม้าขวาง	máa khwǎang
tapete (m) de ginástica	เสื่อออกกำลังกาย	sèua òrk gam-lang gaai

corda (f) de saltar	กระโดดเชือก	grà dòht chêuak
aeróbica (f)	แอโรบิก	ae-roh-bìk
ioga (f)	โยคะ	yoh-khá

135. Hoquei

hóquei (m)	ฮอกกี้	hôk-gêe
jogador (m) de hóquei	ผู้เล่นฮอกกี้	phôo lâyn hôk-gêe
jogar hóquei	เล่นฮอกกี้	lên hók-gêe
gelo (m)	น้ำแข็ง	nám khǎeng

disco (m)	ลูกฮอกกี้	lôok hók-gêe
taco (m) de hóquei	ไม้ฮอกกี้	máai hók-gêe
patins (m pl) de gelo	รองเท้าสเก็ต น้ำแข็ง	rorng tháo sà-gèt nám khǎeng

| muro (m) | ลานสเก็ตน้ำแข็ง | laan sà-gèt nám khǎeng |
| tiro (m) | การยิง | gaan ying |

guarda-redes (m)	ผู้รักษาประตู	phôo rák-sǎa bprà-dtoo
golo (m)	ประตู	bprà-dtoo
marcar um golo	ทำประตู	tham bprà-dtoo

tempo (m)	ช่วง	chûang
segundo tempo (m)	ช่วงที่สอง	chûang thêe sǒrng
banco (m) de reservas	ซุมม้านั่ง ตัวสำรอง	súm máa nâng dtua sǎm-rorng

136. Futebol

futebol (m)	ฟุตบอล	fút bon
futebolista (m)	นักฟุตบอล	nák fút-bon
jogar futebol	เลนฟุตบอล	lên fút bon

Liga Principal (f)	เมเจอร์ลีก	may-jer-lêek
clube (m) de futebol	สโมสรฟุตบอล	sà-moh-sǒn fút-bon
treinador (m)	โค้ช	khóht
proprietário (m)	เจ้าของ	jâo khǒrng

equipa (f)	ทีม	theem
capitão (m) da equipa	หัวหน้าทีม	hǔa nâa theem
jogador (m)	ผู้เล่น	phôo lên

jogador (m) de reserva	ผู้เล่นสำรอง	phôo lên sǎm-rorng
atacante (m)	กองหน้า	gorng nâa
avançado (m) centro	กองหน้าตัวเป้า	gorng nâa dtua bpâo
marcador (m)	ผู้ทำประตู	phôo tham bprà-dtoo
defesa (m)	กองหลัง	gorng lǎng
médio (m)	กองกลาง	gorng glaang
jogo (desafio)	เกมการแข่ง	gaym gaan khàeng
encontrar-se (vr)	พบ	phóp
final (m)	รอบสุดท้าย	rôrp sùt tháai
meia-final (f)	รอบรองชนะเลิศ	rôrp rorng chá-ná lêrt
campeonato (m)	ชิงแชมป์	ching chaem
tempo (m)	ครึ่ง	khrêung
primeiro tempo (m)	ครึ่งแรก	khrêung râek
intervalo (m)	ช่วงพักครึ่ง	chûang phák khrêung
baliza (f)	ประตู	bprà-dtoo
guarda-redes (m)	ผู้รักษาประตู	phôo rák-sǎa bprà-dtoo
trave (f)	เสาประตู	sǎo bprà-dtoo
barra (f) transversal	คานประตู	khaan bprà-dtoo
rede (f)	ตาข่าย	dtaa khàai
sofrer um golo	เสียประตู	sǐa bprà-dtoo
bola (f)	บอล	bon
passe (m)	การส่ง	gaan sòng
chute (m)	การเตะ	gaan dtè
chutar (vt)	เตะ	dtè
tiro (m) livre	ฟรีคิก	free khík
canto (m)	การเตะมุม	gaan dtè mum
ataque (m)	การบุก	gaan bùk
contra-ataque (m)	การบุกสวนกลับ	gaan bùk sǔan glàp
combinação (f)	การผสมผสาน	gaan phà-sǒm phà-sǎan
árbitro (m)	ผู้ตัดสิน	phôo dtàt sǐn
apitar (vi)	เป่านกหวีด	bpào nók wèet
apito (m)	เสียงนกหวีด	sǐang nók wèet
falta (f)	ฟาวล์	faao
cometer a falta	ทำฟาวล์	tham faao
expulsar (vt)	ไล่ออก	lâi òrk
cartão (m) amarelo	ใบเหลือง	bai lěuang
cartão (m) vermelho	ใบแดง	bai daeng
desqualificação (f)	การตัดสิทธิ์	gaan dtàt sìt
desqualificar (vt)	ตัดสิทธิ์	dtàt sìt
penálti (m)	ลูกโทษ	lôok thôht
barreira (f)	กำแพง	gam-phaeng
marcar (vt)	ทำประตู	tham bprà-dtoo
golo (m)	ประตู	bprà-dtoo
marcar um golo	ทำประตู	tham bprà-dtoo
substituto (m)	ตัวสำรอง	dtua sǎm-rorng
substituir (vt)	เปลี่ยนตัว	bplìan dtua
regras (f pl)	กติกา	gà-dtì-gaa

tática (f)	ยุทธวิธี	yút-thá-wí-thee
estádio (m)	สนาม	sà-năam
bancadas (f pl)	อัฒจันทร์	àt-tá-jan
fã, adepto (m)	แฟน	faen
gritar (vi)	ตะโกน	dtà-gohn

| marcador (m) | ป้ายคะแนน | bpâai khá-naen |
| resultado (m) | คะแนน | khá-naen |

derrota (f)	ความพ่ายแพ้	khwaam phâai pháe
perder (vt)	แพ้	pháe
empate (m)	เสมอ	sà-měr
empatar (vi)	เสมอ	sà-měr

vitória (f)	ชัยชนะ	chai chá-ná
ganhar, vencer (vi, vt)	ชนะ	chá-ná
campeão (m)	แชมเปี้ยน	chaem-bpîan
melhor	ดีที่สุด	dee têe sùt
felicitar (vt)	แสดงความยินดี	sà-daeng khwaam yin dee

comentador (m)	ผู้อธิบาย	phôo à-thí-baai
comentar (vt)	อธิบาย	à-thí-baai
transmissão (f)	การออกอากาศ	gaan òrk aa-gàat

137. Ski Alpino

esqui (m)	สกี	sà-gee
esquiar (vi)	เล่นสกี	lên sà-gee
estância (f) de esqui	รีสอร์ทสำหรับ	ree sòt săm-ràp
	เล่นสกีบนภูเขา	lên sà-gee bon phoo khăo
teleférico (m)	ลิฟต์สกี	líf sà-gee

bastões (m pl) de esqui	ไม้ค้ำสกี	máai khám sà-gee
declive (m)	ทางลาด	thaang lâat
slalom (m)	การเล่นสกี	gaan lên sà-gee

138. Ténis. Golfe

golfe (m)	กอล์ฟ	góf
clube (m) de golfe	กอล์ฟคลับ	góf khláp
jogador (m) de golfe	นักกอล์ฟ	nák góf
buraco (m)	หลุม	lŭm
taco (m)	ไม้ตีกอล์ฟ	máai dtee góf
trolley (m)	รถลากถุงกอล์ฟ	rót lâak thŭng góf

ténis (m)	เทนนิส	then-nít
quadra (f) de ténis	สนามเทนนิส	sà-năam then-nít
saque (m)	การเสิร์ฟ	gaan sèrf
sacar (vi)	เสิร์ฟ	sèrf
raquete (f)	ไม้ตีเทนนิส	máai dtee then-nít
rede (f)	ตาข่าย	dtaa khàai
bola (f)	ลูกเทนนิส	lôok then-nít

139. Xadrez

xadrez (m)	หมากรุก	màak rúk
peças (f pl) de xadrez	ตัวหมากรุก	dtua màak rúk
xadrezista (m)	นักกีฬาหมากรุก	nák gee-laa màak rúk
tabuleiro (m) de xadrez	กระดานหมากรุก	grà-daan mǎak-grùk
peça (f) de xadrez	ตัวหมากรุก	dtua màak rúk
brancas (f pl)	ขาว	khǎao
pretas (f pl)	ดำ	dam
peão (m)	เบี้ย	bîa
bispo (m)	บิชอป	bì-chôrp
cavalo (m)	ม้า	máa
torre (f), roque (m)	เรือ	reua
dama (f)	ควีน	khween
rei (m)	ขุน	khǔn
vez (m)	การเดิน	gaan dern
mover (vt)	เดิน	dern
sacrificar (vt)	สละ	sà-là
roque (m)	การเข้าป้อม	gaan khâo bpôrm
xeque (m)	รุก	rúk
xeque-mate (m)	รุกฆาต	rúk khâat
torneio (m) de xadrez	การแข่งขันหมากรุก	gaan khàeng khǎn màak rúk
grão-mestre (m)	แกรนด์มาสเตอร์	graen maa-sà-dtêr
combinação (f)	การเดินหมาก	gaan dern màak
partida (f)	เกม	gaym
jogo (m) de damas	หมากฮอส	màak-hórt

140. Boxe

boxe (m)	การชกมวย	gaan chók muay
combate (m)	ชกมวย	chók muay
duelo (m)	เกมการชกมวย	gaym gaan chók muay
round, assalto (m)	ยก	yók
ringue (m)	เวที	way-thee
gongo (m)	ฆ้อง	khórng
murro, soco (m)	การต่อย	gaan dtòi
knockdown (m)	การน็อค	gaan nórk
nocaute (m)	การน็อคเอาท์	gaan nórk ao
nocautear (vt)	น็อคเอาท์	nórk ao
luva (f) de boxe	นวมชกมวย	nuam chók muay
árbitro (m)	กรรมการ	gam-má-gaan
peso-leve (m)	ไลท์เวท	lai-wâyt
peso-médio (m)	มิดเดิลเวท	mít dêrn wâyt
peso-pesado (m)	เฮฟวี่เวท	hay fá-wêe wâyt

141. Desportos. Diversos

Jogos (m pl) Olímpicos	กีฬาโอลิมปิก	gee-laa oh-lim-bpìk
vencedor (m)	ผู้ชนะ	phôo chá-ná
vencer (vi)	ชนะ	chá-ná
vencer, ganhar (vi)	ชนะ	chá-ná
líder (m)	ผู้นำ	phôo nam
liderar (vt)	นำ	nam
primeiro lugar (m)	อันดับที่หนึ่ง	an-dàp thêe nèung
segundo lugar (m)	อันดับที่สอง	an-dàp thêe sŏrng
terceiro lugar (m)	อันดับที่สาม	an-dàp thêe săam
medalha (f)	เหรียญรางวัล	rĭan raang-wan
troféu (m)	ถ้วยรางวัล	thûay raang-wan
taça (f)	เวท	wâyt
prémio (m)	รางวัล	raang-wan
prémio (m) principal	รางวัลหลัก	raang-wan làk
recorde (m)	สถิติ	sà-thì-dtì
estabelecer um recorde	ทำสถิติ	tham sà-thì-dtì
final (m)	รอบสุดท้าย	rôrp sùt tháai
final	สุดท้าย	sùt tháai
campeão (m)	แชมเปี้ยน	chaem-bpîan
campeonato (m)	ชิงแชมป์	ching chaem
estádio (m)	สนาม	sà-năam
bancadas (f pl)	อัฒจันทร์	àt-tá-jan
fã, adepto (m)	แฟน	faen
adversário (m)	คู่ต่อสู้	khôo dtòr sôo
partida (f)	เส้นเริ่ม	sên rêrm
chegada, meta (f)	เส้นชัย	sên chai
derrota (f)	ความพ่ายแพ้	khwaam phâai pháe
perder (vt)	แพ้	pháe
árbitro (m)	กรรมการ	gam-má-gaan
júri (m)	คณะผู้ตัดสิน	khá-ná phôo dtàt sĭn
resultado (m)	คะแนน	khá-naen
empate (m)	เสมอ	sà-mĕr
empatar (vi)	ได้คะแนนเท่ากัน	dâai khá-naen thâo gan
ponto (m)	แต้ม	dtâem
resultado (m) final	ผลลัพธ์	phŏn láp
tempo, período (m)	ช่วง	chûang
intervalo (m)	ช่วงพักครึ่ง	chûang phák khrêung
doping (m)	การใช้สารต้องห้ามทางการกีฬา	gaan chái săan dtôrng hâam thaang gaan gee-laa
penalizar (vt)	ทำโทษ	tham thôht
desqualificar (vt)	ตัดสิทธิ์	dtàt sìt

aparelho (m)	อุปกรณ์	ù-bpà-gon
dardo (m)	แหลน	lǎen
peso (m)	ลูกเหล็ก	lôok lèk
bola (f)	ลูก	lôok

alvo, objetivo (m)	เล็งเป้า	leng bpâo
alvo (~ de papel)	เป้านิ่ง	bpâo nîng
atirar, disparar (vi)	ยิง,	ying
preciso (tiro ~)	แมนยำ	mâen yam

treinador (m)	โค้ช	khóht
treinar (vt)	ฝึก	fèuk
treinar-se (vr)	ฝึกหัด	fèuk hàt
treino (m)	การฝึกหัด	gaan fèuk hàt

ginásio (m)	โรงยิม	rohng-yim
exercício (m)	การออกกำลัง	gaan òrk gam-lang
aquecimento (m)	การอบอุ่นรางกาย	gaan òp ùn râang gaai

Educação

142. Escola

escola (f)	โรงเรียน	rohng rian
diretor (m) de escola	อาจารย์ใหญ่	aa-jaan yài
aluno (m)	นักเรียน	nák rian
aluna (f)	นักเรียน	nák rian
escolar (m)	เด็กนักเรียนชาย	dèk nák rian chaai
escolar (f)	เด็กนักเรียนหญิง	dèk nák rian yïng
ensinar (vt)	สอน	sŏrn
aprender (vt)	เรียน	rian
aprender de cor	ท่องจำ	thôrng jam
estudar (vi)	เรียน	rian
andar na escola	ไปโรงเรียน	bpai rohng rian
ir à escola	ไปโรงเรียน	bpai rohng rian
alfabeto (m)	ตัวอักษร	dtua àk-sŏn
disciplina (f)	วิชา	wí-chaa
sala (f) de aula	ห้องเรียน	hôrng rian
lição (f)	ชั่วโมงเรียน	chûa mohng rian
recreio (m)	ช่วงพัก	chûang phák
toque (m)	สัญญาณหมดเรียน	săn-yaan mòt rian
carteira (f)	โต๊ะนักเรียน	dtó nák rian
quadro (m) negro	กระดานดำ	grà-daan dam
nota (f)	เกรด	gràyt
boa nota (f)	เกรดดี	gràyt dee
nota (f) baixa	เกรดแย่	gràyt yâe
dar uma nota	ให้เกรด	hâi gràyt
erro (m)	ข้อผิดพลาด	khôr phìt phlâat
fazer erros	ทำผิดพลาด	tham phìt phlâat
corrigir (vt)	แก้ไข	gâe khăi
cábula (f)	โพย	phoi
dever (m) de casa	การบ้าน	gaan bâan
exercício (m)	แบบฝึกหัด	bàep fèuk hàt
estar presente	มาเรียน	maa rian
estar ausente	ขาด	khàat
faltar às aulas	ขาดเรียน	khàat rian
punir (vt)	ลงโทษ	long thôht
punição (f)	การลงโทษ	gaan long thôht
comportamento (m)	ความประพฤติ	khwaam bprà-préut

boletim (m) escolar	สมุดพก	sà-mùt phók
lápis (m)	ดินสอ	din-sŏr
borracha (f)	ยางลบ	yaang lóp
giz (m)	ชอลค	chôrk
estojo (m)	กลองดินสอ	glòrng din-sŏr

pasta (f) escolar	กระเป๋า	grà-bpăo
caneta (f)	ปากกา	bpàak gaa
caderno (m)	สมุดจด	sà-mùt jòt
manual (m) escolar	หนังสือเรียน	năng-sĕu rian
compasso (m)	วงเวียน	wong wian

traçar (vt)	ร่างภาพทางเทคนิค	râang phâap thaang thék-nìk
desenho (m) técnico	ภาพร่างทางเทคนิค	phâap-râang thaang thék-nìk

poesia (f)	กลอน	glorn
de cor	โดยทองจำ	doi thôrng jam
aprender de cor	ทองจำ	thôrng jam

férias (f pl)	เวลาปิดเทอม	way-laa bpìt therm
estar de férias	หยุดปิดเทอม	yùt bpìt therm
passar as férias	ใช้เวลาหยุดปิดเทอม	chái way-laa yùt bpìt therm

teste (m)	การทดสอบ	gaan thót sòrp
composição, redação (f)	ความเรียง	khwaam riang
ditado (m)	การเขียนตามคำบอก	gaan khĭan dtaam kam bòrk
exame (m)	การสอบ	gaan sòrp
fazer exame	สอบไล	sòrp lâi
experiência (~ química)	การทดลอง	gaan thót lorng

143. Colégio. Universidade

academia (f)	โรงเรียน	rohng rian
universidade (f)	มหาวิทยาลัย	má-hăa wít-thá-yaa-lai
faculdade (f)	คณะ	khá-ná

estudante (m)	นักศึกษา	nák sèuk-săa
estudante (f)	นักศึกษา	nák sèuk-săa
professor (m)	อาจารย	aa-jaan

sala (f) de palestras	ห้องบรรยาย	hôrng ban-yaai
graduado (m)	บัณฑิต	ban-dìt

diploma (m)	อนุปริญญา	a-nú bpà-rin-yaa
tese (f)	ปริญญานิพนธ์	bpà-rin-yaa ní-phon

estudo (obra)	การวิจัย	gaan wí-jai
laboratório (m)	หองปฏิบัติการ	hôrng bpà-dtì-bàt gaan

palestra (f)	การบรรยาย	gaan ban-yaai
colega (m) de curso	เพื่อนรวมชั้น	phêuan rûam chán

bolsa (f) de estudos	ทุน	thun
grau (m) académico	วุฒิการศึกษา	wút-thí gaan sèuk-săa

144. Ciências. Disciplinas

matemática (f)	คณิตศาสตร์	khá-nít sàat
álgebra (f)	พีชคณิต	phee-chá-khá-nít
geometria (f)	เรขาคณิต	ray-khǎa khá-nít
astronomia (f)	ดาราศาสตร์	daa-raa sàat
biologia (f)	ชีววิทยา	chee-wá-wít-thá-yaa
geografia (f)	ภูมิศาสตร์	phoo-mí-sàat
geologia (f)	ธรณีวิทยา	thor-rá-nee wít-thá-yaa
história (f)	ประวัติศาสตร์	bprà-wàt sàat
medicina (f)	แพทยศาสตร์	phâet-tha-ya-sàat
pedagogia (f)	ครุศาสตร์	khrú sàat
direito (m)	ธรรมศาสตร์	tham-ma -sàat
física (f)	ฟิสิกส์	fí-sìk
química (f)	เคมี	khay-mee
filosofia (f)	ปรัชญา	bpràt-yaa
psicologia (f)	จิตวิทยา	jìt-wít-thá-yaa

145. Sistema de escrita. Ortografia

gramática (f)	ไวยากรณ์	wai-yaa-gon
vocabulário (m)	คำศัพท์	kham sàp
fonética (f)	การออกเสียง	gaan òrk sǐang
substantivo (m)	นาม	naam
adjetivo (m)	คำคุณศัพท์	kham khun-ná-sàp
verbo (m)	กริยา	grì-yaa
advérbio (m)	คำวิเศษณ์	kham wí-sàyt
pronome (m)	คำสรรพนาม	kham sàp-phá-naam
interjeição (f)	คำอุทาน	kham u-thaan
preposição (f)	คำบุพบท	kham bùp-phá-bòt
raiz (f) da palavra	รากศัพท์	râak sàp
terminação (f)	คำลงท้าย	kham long tháai
prefixo (m)	คำนำหน้า	kham nam nâa
sílaba (f)	พยางค์	phá-yaang
sufixo (m)	คำเสริมท้าย	kham sěrm thái
acento (m)	เครื่องหมายเน้น	khrêuang mǎai náyn
apóstrofo (m)	อะพอสทรอฟี	à-phor-sòt-ror-fee
ponto (m)	จุด	jùt
vírgula (f)	จุลภาค	jun-lá-phâak
ponto e vírgula (m)	อัฒภาค	àt-thá-phâak
dois pontos (m pl)	ทวิภาค	thá-wí phâak
reticências (f pl)	การละไว้	gaan lá wái
ponto (m) de interrogação	เครื่องหมายปรัศนี	khrêuang mǎai bpràt-nee
ponto (m) de exclamação	เครื่องหมายอัศเจรีย์	khrêuang mǎai àt-sà-jay-ree

aspas (f pl)	อัญประกาศ	an-yá-bprà-gàat
entre aspas	ในอัญประกาศ	nai an-yá-bprà-gàat
parênteses (m pl)	วงเล็บ	wong lép
entre parênteses	ในวงเล็บ	nai wong lép
hífen (m)	ยัติภังค์	yát-dtì-phang
travessão (m)	ขีดคั่น	khèet khân
espaço (m)	ช่องไฟ	chôrng fai
letra (f)	ตัวอักษร	dtua àk-sŏn
letra (f) maiúscula	อักษรตัวใหญ่	àk-sŏn dtua yài
vogal (f)	สระ	sà-ra
consoante (f)	พยัญชนะ	phá-yan-chá-ná
frase (f)	ประโยค	bprà-yòhk
sujeito (m)	ภาคประธาน	phâak bprà-thaan
predicado (m)	ภาคแสดง	phâak sà-daeng
linha (f)	บรรทัด	ban-thát
em uma nova linha	ที่บรรทัดใหม่	têe ban-thát mài
parágrafo (m)	วรรค	wák
palavra (f)	คำ	kham
grupo (m) de palavras	กลุ่มคำ	glùm kham
expressão (f)	วลี	wá-lee
sinónimo (m)	คำพ้องความหมาย	kham phóng khwaam măai
antónimo (m)	คำตรงกันข้าม	kham dtrorng gan khâam
regra (f)	กฎ	gòt
exceção (f)	ข้อยกเว้น	khôr yok-wâyn
correto	ถูก	thòok
conjugação (f)	คอนจูเกชัน	khorn joo gay chan
declinação (f)	การกระจายคำ	gaan grà-jaai kham
caso (m)	การก	gaa-rók
pergunta (f)	คำถาม	kham thăam
sublinhar (vt)	ขีดเส้นใต้	khèet sên dtâi
linha (f) pontilhada	เส้นประ	sên bprà

146. Línguas estrangeiras

língua (f)	ภาษา	phaa-săa
estrangeiro	ต่างชาติ	dtàang châat
língua (f) estrangeira	ภาษาต่างชาติ	phaa-săa dtàang châat
estudar (vt)	เรียน	rian
aprender (vt)	เรียน	rian
ler (vt)	อ่าน	àan
falar (vi)	พูด	phôot
compreender (vt)	เข้าใจ	khâo jai
escrever (vt)	เขียน	khĭan
rapidamente	รวดเร็ว	rûat reo
devagar	อย่างช้า	yàang cháa

fluentemente	อย่างคล่อง	yàang khlôrng
regras (f pl)	กฎ	gòt
gramática (f)	ไวยากรณ์	wai-yaa-gon
vocabulário (m)	คำศัพท	kham sàp
fonética (f)	การออกเสียง	gaan òrk sĭang
manual (m) escolar	หนังสือเรียน	năng-sĕu rian
dicionário (m)	พจนานุกรม	phót-jà-naa-nú-grom
manual (m)	หนังสือแบบเรียน	năng-sĕu bàep rian
de autoaprendizagem	ด้วยตนเอง	dûay dton ayng
guia (m) de conversação	เฟรสบุก	frayt bùk
cassete (f)	เทปคาสเซ็ตต์	thâyp khaas-sét
vídeo cassete (m)	วิดีโอ	wí-dee-oh
CD (m)	CD	see-dee
DVD (m)	DVD	dee-wee-dee
alfabeto (m)	ตัวอักษร	dtua àk-sŏn
soletrar (vt)	สะกด	sà-gòt
pronúncia (f)	การออกเสียง	gaan òrk sĭang
sotaque (m)	สำเนียง	săm-niang
com sotaque	มีสำเนียง	mee săm-niang
sem sotaque	ไม่มีสำเนียง	mâi mee săm-niang
palavra (f)	คำ	kham
sentido (m)	ความหมาย	khwaam măai
cursos (m pl)	หลักสูตร	làk sòot
inscrever-se (vr)	สมัคร	sà-màk
professor (m)	อาจารย์	aa-jaan
tradução (processo)	การแปล	gaan bplae
tradução (texto)	คำแปล	kham bplae
tradutor (m)	นักแปล	nák bplae
intérprete (m)	ลาม	lâam
poliglota (m)	ผู้รู้หลายภาษา	phôo róo lăai paa-săa
memória (f)	ความทรงจำ	khwaam song jam

147. Personagens de contos de fadas

Pai (m) Natal	ซานตาคลอส	saan-dtaa-khlôrt
Cinderela (f)	ซินเดอเรลลา	sín-day-rayn-lâa
sereia (f)	เงือก	ngêuak
Neptuno (m)	เนปจูน	nâyp-joon
mago (m)	พ่อมด	phôr mót
fada (f)	แมมด	mâe mót
mágico	วิเศษ	wí-sàyt
varinha (f) mágica	ไมกายสิทธิ์	mái gaai-yá-sìt
conto (m) de fadas	เทพนิยาย	thâyp ní-yaai
milagre (m)	ปาฏิหาริย	bpaa dtì-hăan

| anão (m) | คนแคระ | khon khráe |
| transformar-se em … | กลายเป็น... | glaai bpen... |

fantasma (m)	ภูตผีปีศาจ	phôot phěe bpee-sàat
espetro (m)	ผี	phěe
monstro (m)	สัตว์ประหลาด	sàt bprà-làat
dragão (m)	มังกร	mang-gon
gigante (m)	ยักษ์	yák

148. Signos do Zodíaco

Carneiro	ราศีเมษ	raa-sěe mâyt
Touro	ราศีพฤษภ	raa-sěe phréut-sòp
Gémeos	ราศีมิถุน	raa-sěe me-thǔn
Caranguejo	ราศีกรกฎ	raa-sěe gor-rá-gòt
Leão	ราศีสิงห์	raa-sěe-sǐng
Virgem	ราศีกันย์	raa-sěe gan

Balança	ราศีตุล	raa-sěe dtun
Escorpião	ราศีพฤศจิก	raa-sěe phréut-sà-jìk
Sagitário	ราศีธนู	raa-sěe than
Capricórnio	ราศีมังกร	raa-sěe mang-gon
Aquário	ราศีกุมภ์	raa-sěe gum
Peixes	ราศีมีน	raa-sěe meen

caráter (m)	บุคลิก	bùk-khá-lík
traços (m pl) do caráter	ลักษณะบุคลิก	lák-sà-nà bùk-khá-lík
comportamento (m)	พฤติกรรม	phréut-dtì-gam
predizer (vt)	ทำนายชะตา	tham naai chá-dtaa
adivinha (f)	หมอดู	mǒr doo
horóscopo (m)	ดวงชะตา	duang chá-dtaa

Artes

149. Teatro

teatro (m)	โรงละคร	rohng lá-khon
ópera (f)	โอเปรา	oh-bprào
opereta (f)	ละครเพลง	lá-khon phlayng
balé (m)	บัลเลต	ban lây
cartaz (m)	โปสเตอร์ละคร	bpòht-dtêr lá-khon
companhia (f) teatral	คณะผู้แสดง	khá-ná phôo sà-daeng
turné (digressão)	การออกแสดง	gaan òrk sà-daeng
estar em turné	ออกแสดง	òrk sà-daeng
ensaiar (vt)	ซ้อม	sórm
ensaio (m)	การซ้อม	gaan sórm
repertório (m)	รายการละคร	raai gaan lá-khon
apresentação (f)	การแสดง	gaan sà-daeng
espetáculo (m)	การแสดง	gaan sà-daeng
	มหรสพ	má-hǒr-rá-sòp
peça (f)	ละคร	lá-khon
bilhete (m)	ตั๋ว	dtǔa
bilheteira (f)	ช่องจำหน่ายตั๋ว	chôrng jam-nàai dtǔa
hall (m)	ล็อบบี้	lórp-bêe
guarda-roupa (m)	ที่รับฝากเสื้อโค้ท	thêe ráp fàak sêua khóht
senha (f) numerada	ป้ายรับเสื้อ	bpâai ráp sêua
binóculo (m)	กล้องส่องสองตา	glôrng sòrng sǒrng dtaa
lanterninha (m)	พนักงานที่นำ	phá-nák ngaan thêe nam
	ไปยังที่นั่ง	bpai yang thêe nâng
plateia (f)	ที่นั่งชั้นล่าง	thêe nâng chán lâang
balcão (m)	ที่นั่งชั้นสอง	thêe nâng chán sǒrng
primeiro balcão (m)	ที่นั่งชั้นบน	thêe nâng chán bon
camarote (m)	ที่นั่งพิเศษ	thêe nâng phí-sàyt
fila (f)	แถว	thǎe
assento (m)	ที่นั่ง	thêe nâng
público (m)	ผู้ชม	phôo chom
espetador (m)	ผู้เข้าชม	phôo khâo chom
aplaudir (vt)	ปรบมือ	bpròp meu
aplausos (m pl)	การปรบมือ	gaan bpròp meu
ovação (f)	การปรบมือให้เกียรติ	gaan bpròp meu hâi gìat
palco (m)	เวที	way-thee
pano (m) de boca	ฉาก	chàak
cenário (m)	ฉาก	chàak
bastidores (m pl)	หลังเวที	lǎng way-thee
cena (f)	ตอน	dtorn
ato (m)	องค์	ong
entreato (m)	ช่วงหยุดพัก	chûang yùt phák

150. Cinema

ator (m)	นักแสดงชาย	ɲák sà-daeng chaai
atriz (f)	นักแสดงหญิง	nák sà-daeng yǐng
cinema (m)	ภาพยนตร์	phâap-phá-yon
filme (m)	หนัง	nǎng
episódio (m)	ตอน	dtorn
filme (m) policial	หนังประโลมโลกสืบสวน	nǎng sèup sǔan
filme (m) de ação	หนังแอ็คชั่น	nǎng áek-chân
filme (m) de aventuras	หนังผจญภัย	nǎng phà-jon phai
filme (m) de ficção científica	หนังนิยายวิทยาศาสตร์	nǎng ní-yaai wít-thá-yaa sàat
filme (m) de terror	หนังสยองขวัญ	nǎng sà-yǒrng khwǎn
comédia (f)	หนังตลก	nǎng dtà-lòk
melodrama (m)	หนังประโลมโลก	nǎng bprà-lohm lôhk
drama (m)	หนังดรามา	nǎng dràa maa
filme (m) ficcional	หนังเรื่องแต่ง	nǎng rêuang dtàeng
documentário (m)	หนังสารคดี	nǎng sǎa-rá-khá-dee
desenho (m) animado	การตูน	gaa-dtoon
cinema (m) mudo	หนังเงียบ	nǎng ngîap
papel (m)	บทบาท	bòt bàat
papel (m) principal	บทบาทนำ	bòt bàat nam
representar (vt)	แสดง	sà-daeng
estrela (f) de cinema	ดาราภาพยนตร์	daa-raa phâap-phá-yon
conhecido	เป็นที่รู้จักดี	bpen thêe róo jàk dee
famoso	ชื่อดัง	chêu dang
popular	ที่นิยม	thêe ní-yom
argumento (m)	บท	bòt
argumentista (m)	คนเขียนบท	khon khǐan bòt
realizador (m)	ผู้กำกับ ภาพยนตร์	phôo gam-gàp phâap-phá-yon
produtor (m)	ผู้อำนวยการสร้าง	phôo am-nuay gaan sâang
assistente (m)	ผู้ช่วย	phôo chûay
diretor (m) de fotografia	ช่างกล้อง	châang glôrng
duplo (m)	นักแสดงแทน	nák sà-daeng thaen
duplo (m) de corpo	นักแสดงแทน	nák sà-daeng thaen
filmar (vt)	ถ่ายทำภาพยนตร์	thàai tham phâap-phá-yon
audição (f)	การคัดนักแสดง	gaan khát nák sà-daeng
filmagem (f)	การถ่ายทำ	gaan thàai tham
equipe (f) de filmagem	กลุ่มคนถ่ายภาพยนต	glùm khon thàai phâa-pha-yon
set (m) de filmagem	สถานที่ถ่ายทำภาพยนตร	sà-thǎan thêe thàai tham phâap-phá-yon
câmara (f)	กล้อง	glôrng
cinema (m)	โรงภาพยนตร์	rohng phâap-phá-yon
ecrã (m), tela (f)	หนาจอ	nâa jor
exibir um filme	ฉายภาพยนตร์	chǎai phâap-phá-yon

pista (f) sonora	เสียงซาวด์แทร็ก	sĭang saao tráek
efeitos (m pl) especiais	เอฟเฟ็กต์พิเศษ	àyf-fék phí-sàyt
legendas (f pl)	ซับ	sáp
crédito (m)	เครดิต	khray-dìt
tradução (f)	การแปล	gaan bplae

151. Pintura

arte (f)	ศิลปะ	sĭn-lá-bpà
belas-artes (f pl)	วิจิตรศิลป์	wí-jìt sĭn
galeria (f) de arte	หอศิลป์	hŏr sĭn
exposição (f) de arte	การจัดแสดงศิลปะ	gaan jàt sà-daeng sĭn-lá-bpà
pintura (f)	จิตรกรรม	jìt-dtrà-gam
arte (f) gráfica	เลขนศิลป์	lâyk-ná-sĭn
arte (f) abstrata	ศิลปะนามธรรม	sĭn-lá-bpà naam-má-tham
impressionismo (m)	ลัทธิประทับใจ	lát-thí bprà-tháp jai
pintura (f), quadro (m)	ภาพ	phâap
desenho (m)	ภาพวาด	phâap-wâat
cartaz, póster (m)	โปสเตอร์	bpòht-dtêr
ilustração (f)	ภาพประกอบ	phâap bprà-gòrp
miniatura (f)	รูปปั้นขนาดย่อ	rôop bpân khà-nàat yôr
cópia (f)	สำเนา	săm-nao
reprodução (f)	การทำซ้ำ	gaan tham sám
mosaico (m)	โมเสก	moh-sàyk
vitral (m)	หน้าต่างกระจกสี	nâa dtàang grà-jòk sĕe
fresco (m)	ภาพผนัง	phâap phà-năng
gravura (f)	การแกะลาย	gaan gàe laai
busto (m)	รูปปั้นครึ่งตัว	rôop bpân khrêung dtua
escultura (f)	รูปปั้นแกะสลัก	rôop bpân gàe sà-làk
estátua (f)	รูปปั้น	rôop bpân
gesso (m)	ปูนปลาสเตอร์	bpoon bpláat-dtêr
em gesso	ปูนปลาสเตอร์	bpoon bpláat-dtêr
retrato (m)	ภาพเหมือน	phâap mĕuan
autorretrato (m)	ภาพเหมือนของตนเอง	phâap mĕuan khŏrng dton ayng
paisagem (f)	ภาพภูมิทัศน์	phâap phoom-mi -thát
natureza (f) morta	ภาพหุ่นนิ่ง	phâap hùn nîng
caricatura (f)	ภาพล้อ	phâap-lór
esboço (m)	ภาพสเก็ตช์	phâap sà-gèt
tinta (f)	สี	sĕe
aguarela (f)	สีน้ำ	sĕe náam
óleo (m)	สีน้ำมัน	sĕe náam man
lápis (m)	ดินสอ	din-sŏr
tinta da China (f)	หมึกสีดำ	mèuk sĕe dam
carvão (m)	ถ่าน	thàan
desenhar (vt)	วาด	wâat
pintar (vt)	ระบายสี	rá-baai sĕe

posar (vi)	จัดท่า	jàt thâa
modelo (m)	แบบภาพวาด	bàep phâap-wâat
modelo (f)	แบบภาพวาด	bàep phâap-wâat

pintor (m)	ช่างวาดรูป	châang wâat rôop
obra (f)	งานศิลปะ	ngaan sĭn-lá-bpà
obra-prima (f)	งานชิ้นเอก	ngaan chín àyk
estúdio (m)	สตูดิโอ	sà-dtoo dì oh

tela (f)	ผ้าใบ	phâa bai
cavalete (m)	ขาตั้งกระดาน	khăa dtâng grà daan
	วาดรูป	wâat rôop
paleta (f)	จานสี	jaan sĕe

moldura (f)	กรอบ	gròrp
restauração (f)	การฟื้นฟู	gaan féun foo
restaurar (vt)	ฟื้นฟู	féun foo

152. Literatura & Poesia

literatura (f)	วรรณคดี	wan-ná-khá-dee
autor (m)	ผู้แต่ง	phôo dtàeng
pseudónimo (m)	นามปากกา	naam bpàak gaa

livro (m)	หนังสือ	năng-sĕu
volume (m)	เล่ม	lêm
índice (m)	สารบัญ	săa-rá-ban
página (f)	หนา	nâa
protagonista (m)	ตัวละครหลัก	dtua lá-khon làk
autógrafo (m)	ลายเซ็น	laai sen

conto (m)	เรื่องสั้น	rêuang sân
novela (f)	เรื่องราว	rêuang raao
romance (m)	นิยาย	ní-yaai
obra (f)	งานเขียน	ngaan khĭan
fábula (m)	นิทาน	ní-thaan
romance (m) policial	นิยายสืบสวน	ní-yaai sèup sŭan
poesia (obra)	กลอน	glorn
poesia (arte)	บทกลอน	bòt glorn
poema (m)	บทกวี	bòt gà-wee
poeta (m)	นักกวี	nák gà-wee

ficção (f)	เรื่องแต่ง	rêuang dtàeng
ficção (f) científica	นิยายวิทยาศาสตร์	ní-yaai wít-thá-yaa sàat
aventuras (f pl)	นิยายผจญภัย	ní-yaai phà-jon phai
literatura (f) didática	วรรณกรรมการศึกษา	wan-ná-gam gaan sèuk-săa
literatura (f) infantil	วรรณกรรมสำหรับเด็ก	wan-ná-gam săm-ràp dèk

153. Circo

| circo (m) | ละครสัตว์ | lá-khon sàt |
| circo (m) ambulante | ละครสัตว์เลรอน | lá-khon sàt lây rôrn |

| programa (m) | รายการการแสดง | raai gaan gaan sà-daeng |
| apresentação (f) | การแสดง | gaan sà-daeng |

| número (m) | การแสดง | gaan sà-daeng |
| arena (f) | เวทีละครสัตว์ | way-thee lá-kon sàt |

| pantomima (f) | ละครใบ้ | lá-khon bâi |
| palhaço (m) | ตัวตลก | dtua dtà-lòk |

acrobata (m)	นักกายกรรม	nák gaai-yá-gam
acrobacia (f)	กายกรรม	gaai-yá-gam
ginasta (m)	นักกายกรรม	nák gaai-yá-gam
ginástica (f)	กายกรรม	gaai-yá-gam
salto (m) mortal	การตีลังกา	gaan dtee lang-gaa

homem forte (m)	นักกีฬา	nák gee-laa
domador (m)	ผู้ฝึกสัตว์	phôo fèuk sàt
cavaleiro (m) equilibrista	นักกขี่	nák khèe
assistente (m)	ผู้ช่วย	phôo chûay

truque (m)	ผาดโผน	phàat phŏhn
truque (m) de mágica	มายากล	maa-yaa gon
mágico (m)	นักมายากล	nák maa-yaa gon

malabarista (m)	นักมายากล	nák maa-yaa gon
	โยนของ	yohn khŏrng
fazer malabarismos	โยนของ	yohn khŏrng
domador (m)	ผู้ฝึกสัตว์	phôo fèuk sàt
adestramento (m)	การฝึกสัตว์	gaan fèuk sàt
adestrar (vt)	ฝึก	fèuk

154. Música. Música popular

música (f)	ดนตรี	don-dtree
músico (m)	นักดนตรี	nák don-dtree
instrumento (m) musical	เครื่องดนตรี	khrêuang don-dtree
tocar ...	เล่น	lên

guitarra (f)	กีตาร์	gee-dtâa
violino (m)	ไวโอลิน	wai-oh-lin
violoncelo (m)	เชลโล	chayn-lôh
contrabaixo (m)	ดับเบิลเบส	dàp-bern bàyt
harpa (f)	พิณ	phin

piano (m)	เปียโน	bpia noh
piano (m) de cauda	แกรนด์เปียโน	graen bpia-noh
órgão (m)	ออร์แกน	or-gaen

instrumentos (m pl) de sopro	เครื่องเป่า	khrêuang bpào
oboé (m)	โอโบ	oh-boh
saxofone (m)	แซ็กโซโฟน	sáek-soh-fohn
clarinete (m)	แคลริเน็ต	khlae-rí-nét
flauta (f)	ฟลูต	flút
trompete (m)	ทรัมเป็ต	thram-bpèt

acordeão (m)	หีบเพลงชัก	hèep phlayng chák
tambor (m)	กลอง	glorng
duo, dueto (m)	คู่	khôo
trio (m)	วงทริโอ	wong thrí-oh
quarteto (m)	กลุ่มที่มีสี่คน	glùm thêe mee sèe khon
coro (m)	คณะประสานเสียง	khá-ná bprà-săan sĭang
orquestra (f)	วงดุริยางค์	wong dù-rí-yaang
música (f) pop	เพลงป็อป	phlayng bpòp
música (f) rock	เพลงร็อค	phlayng rók
grupo (m) de rock	วงร็อค	wong rórk
jazz (m)	แจซ	jáet
ídolo (m)	ไอดอล	ai-dorn
fã, admirador (m)	แฟน	faen
concerto (m)	คอนเสิร์ต	khon-sèrt
sinfonia (f)	ซิมโฟนี	sím-foh-nee
composição (f)	การแตงเพลง	gaan dtàeng phlayng
compor (vt)	แตง	dtàeng
canto (m)	การร้องเพลง	gaan róng playng
canção (f)	เพลง	phlayng
melodia (f)	เสียงเพลง	sĭang phlayng
ritmo (m)	จังหวะ	jang wà
blues (m)	บลูส์	bloo
notas (f pl)	โน้ตเพลง	nóht phlayng
batuta (f)	ไม้สั่นของ	máai sân khŏrng
	วาทยากร	wâa-tha-yaa gon
arco (m)	คันชอ	khan sor
corda (f)	สาย	săai
estojo (m)	กลอง	glòrng

Descanso. Entretenimento. Viagens

155. Viagens

turismo (m)	การท่องเที่ยว	gaan thôrng thîeow
turista (m)	นักท่องเที่ยว	nák thôrng thîeow
viagem (f)	การเดินทาง	gaan dern thaang
aventura (f)	การผจญภัย	gaan phà-jon phai
viagem (f)	การเดินทาง	gaan dern thaang
férias (f pl)	วันหยุดพักผ่อน	wan yùt phák phòrn
estar de férias	หยุดพักผอน	yùt phák phòrn
descanso (m)	การพัก	gaan phák
comboio (m)	รถไฟ	rót fai
de comboio (chegar ~)	โดยรถไฟ	doi rót fai
avião (m)	เครื่องบิน	khrêuang bin
de avião	โดยเครื่องบิน	doi khrêuang bin
de carro	โดยรถยนต์	doi rót-yon
de navio	โดยเรือ	doi reua
bagagem (f)	สัมภาระ	săm-phaa-rá
mala (f)	กระเป๋าเดินทาง	grà-bpăo dern-thaang
carrinho (m)	รถขนสัมภาระ	rót khŏn săm-phaa-rá
passaporte (m)	หนังสือเดินทาง	năng-sĕu dern-thaang
visto (m)	วีซ่า	wee-sâa
bilhete (m)	ตั๋ว	dtŭa
bilhete (m) de avião	ตั๋วเครื่องบิน	dtŭa khrêuang bin
guia (m) de viagem	หนังสือแนะนำ	năng-sĕu náe nam
mapa (m)	แผนที่	phăen thêe
local (m), area (f)	เขต	khàyt
lugar, sítio (m)	สถานที่	sà-thăan thêe
exotismo (m)	สิ่งแปลกใหม่	sìng bplàek mài
exótico	ต่างแดน	dtàang daen
surpreendente	น่าประหลาดใจ	nâa bprà-làat jai
grupo (m)	กลุ่ม	glùm
excursão (f)	การเดินทางท่องเที่ยว	gaan dern taang thôrng thîeow
guia (m)	มัคคุเทศก์	mák-khú-thâyt

156. Hotel

hotel (m)	โรงแรม	rohng raem
motel (m)	โรงแรม	rohng raem

três estrelas	สามดาว	săam daao
cinco estrelas	หาดาว	hâa daao
ficar (~ num hotel)	พัก	phák

quarto (m)	ห้อง	hôrng
quarto (m) individual	ห้องเดี่ยว	hôrng dìeow
quarto (m) duplo	หองคู	hôrng khôo
reservar um quarto	จองหอง	jorng hôrng

| meia pensão (f) | พักครึ่งวัน | phák khrêung wan |
| pensão (f) completa | พักเต็มวัน | phák dtem wan |

com banheira	มีห้องอาบน้ำ	mee hôrng àap náam
com duche	มีฝักบัว	mee fàk bua
televisão (m) satélite	โทรทัศน์ดาวเทียม	thoh-rá-thát daao thiam
ar (m) condicionado	เครื่องปรับอากาศ	khrêuang bpràp-aa-gàat
toalha (f)	ผาเช็ดตัว	phâa chét dtua
chave (f)	กุญแจ	gun-jae

administrador (m)	นักบูริหาร	nák bor-rí-hăan
camareira (f)	แมบาน	mâe bâan
bagageiro (m)	พนักงาน, ขนกระเป๋า	phá-nák ngaan khŏn grà-bpăo
porteiro (m)	พนักงาน เปิดประตู	phá-nák ngaan bpèrt bprà-dtoo

restaurante (m)	ร้านอาหาร	ráan aa-hăan
bar (m)	บาร	baa
pequeno-almoço (m)	อาหารเช้า	aa-hăan cháo
jantar (m)	อาหารเย็น	aa-hăan yen
buffet (m)	บุฟเฟต	bùf-fây

| hall (m) de entrada | ล็อบบี้ | lórp-bêe |
| elevador (m) | ลิฟต | líf |

| NÃO PERTURBE | ห้ามรบกวน | hâam róp guan |
| PROIBIDO FUMAR! | หามสูบบุหรี่ | hâam sòop bù rèe |

157. Livros. Leitura

livro (m)	หนังสือ	năng-sěu
autor (m)	ผูแตง	phôo dtàeng
escritor (m)	นักเขียน	nák khĭan
escrever (vt)	เขียน	khĭan

leitor (m)	ผูอาน	phôo àan
ler (vt)	อาน	àan
leitura (f)	การอาน	gaan àan

| para si | อย่างเงียบๆ | yàang ngîap ngîap |
| em voz alta | ออกเสียงดัง | òrk sĭang dang |

| publicar (vt) | ตีพิมพ | dtee phim |
| publicação (f) | การตีพิมพ | gaan dtee phim |

editor (m)	ผู้พิมพ์	phôo phim
editora (f)	สำนักพิมพ์	sǎm-nák phim
sair (vi)	ออก	òrk
lançamento (m)	การออก	gaan òrk
tiragem (f)	จำนวน	jam-nuan
livraria (f)	ร้านหนังสือ	ráan nǎng-sěu
biblioteca (f)	ห้องสมุด	hông sà-mùt
novela (f)	เรื่องราว	rêuang raao
conto (m)	เรื่องสั้น	rêuang sân
romance (m)	นิยาย	ní-yaai
romance (m) policial	นิยายสืบสวน	ní-yaai sèup sǔan
memórias (f pl)	บันทึกความทรงจำ	ban-théuk khwaam song jam
lenda (f)	ตำนาน	dtam naan
mito (m)	นิทานปรัมปรา	ní-thaan bpram bpraa
poesia (f)	บทกวี	bòt gà-wee
autobiografia (f)	อัตชีวประวัติ	àt-chee-wá-bprà-wàt
obras (f pl) escolhidas	งานที่ผ่าน	ngaan thêe phàan
	การคัดเลือก	gaan khát lêuak
ficção (f) científica	นิยายวิทยาศาสตร์	ní-yaai wít-thá-yaa sàat
título (m)	ชื่อเรื่อง	chêu rêuang
introdução (f)	บทนำ	bòt nam
folha (f) de rosto	หน้าแรก	nâa râek
capítulo (m)	บท	bòt
excerto (m)	ข้อความที่	khôr khwaam thêe
	คัดออกมา	khát òk maa
episódio (m)	ตอน	dtorn
tema (m)	เค้าเรื่อง	kháo rêuang
conteúdo (m)	เนื้อหา	néua hǎa
índice (m)	สารบัญ	sǎa-rá-ban
protagonista (m)	ตัวละครหลัก	dtua lá-khon làk
tomo, volume (m)	เล่ม	lêm
capa (f)	ปก	bpòk
encadernação (f)	สัน	sǎn
marcador (m) de livro	ที่คั่นหนังสือ	thêe khân nǎng-sěu
página (f)	หน้า	nâa
folhear (vt)	เปิดผ่านๆ	bpèrt phàan phàan
margem (f)	ระยะขอบ	rá-yá khòrp
anotação (f)	ความเห็นประกอบ	khwaam hěn bprà-gòp
nota (f) de rodapé	เชิงอรรถ	cherng àt-tha
texto (m)	บท	bòt
fonte (f)	ตัวพิมพ์	dtua phim
gralha (f)	ความพิมพ์ผิด	khwaam phim phìt
tradução (f)	คำแปล	kham bplae
traduzir (vt)	แปล	bplae

original (m)	ต้นฉบับ	dtôn chà-bàp
famoso	โด่งดัง	dòhng dang
desconhecido	ไม่เป็นที่รู้จัก	mâi bpen thêe róo jàk
interessante	น่าสนใจ	nâa sŏn jai
best-seller (m)	ขายดี	khăai dee

dicionário (m)	พจนานุกรม	phót-jà-naa-nú-grom
manual (m) escolar	หนังสือเรียน	năng-sĕu rian
enciclopédia (f)	สารานุกรม	săa-raa-nú-grom

158. Caça. Pesca

caça (f)	การล่าสัตว์	gaan lâa sàt
caçar (vi)	ล่าสัตว์	lâa sàt
caçador (m)	นักล่าสัตว์	nák lâa sàt

atirar (vi)	ยิง	ying
caçadeira (f)	ปืนไรเฟิล	bpeun rai-fern
cartucho (m)	กระสุนปืน	grà-sŭn bpeun
chumbo (m) de caça	กระสุน	grà-sŭn

armadilha (f)	กับดักเหล็ก	gàp dàk lèk
armadilha (com corda)	กับดัก	gàp dàk
cair na armadilha	ติดกับดัก	dtìt gàp dàk
pôr a armadilha	วางกับดัก	waang gàp dàk

caçador (m) furtivo	ผู้ลักลอบล่าสัตว์	phôo lák lôrp lâa sàt
caça (f)	สัตว์ที่ถูกล่า	sàt têe thòok lâa
cão (m) de caça	หมาล่าเนื้อ	măa lâa néua
safári (m)	ซาฟารี	saa-faa-ree
animal (m) empalhado	สัตว์สตาฟ	sàt sà-dtàaf

pescador (m)	คนประมง	khon bprà-mong
pesca (f)	การจับปลา	gaan jàp bplaa
pescar (vt)	จับปลา	jàp bplaa

cana (f) de pesca	คันเบ็ด	khan bèt
linha (f) de pesca	สายเบ็ด	săai bèt
anzol (m)	ตะขอ	dtà-khŏr
boia (f)	ทุ่น	thûn
isca (f)	เหยื่อ	yèua

lançar a linha	เหวี่ยงเบ็ด	wìang bèt
morder (vt)	งับเหยื่อ	ngáp yèua
pesca (f)	ปลาจุ๊บ	bpla jàp
buraco (m) no gelo	ช่องน้ำแข็ง	chôrng nám khăeng

rede (f)	แหจับปลา	hăe jàp bplaa
barco (m)	เรือ	reua
pescar com rede	จับปลาด้วยแห	jàp bplaa dûay hăe
lançar a rede	เหวี่ยงแห	wìang hăe
puxar a rede	ลากอวน	lâak uan
cair nas malhas	ติดแห	dtìt hăe
baleeiro (m)	นักล่าปลาวาฬ	nák lâa bplaa waan

| baleeira (f) | เรือล่าปลาวาฬ | reua lâa bplaa waan |
| arpão (m) | ฉมวก | chà-mùak |

159. Jogos. Bilhar

bilhar (m)	บิลเลียด	bin-lîat
sala (f) de bilhar	ห้องบิลเลียด	hôrng bin-lîat
bola (f) de bilhar	ลูก	lôok

embolsar uma bola	แทงลูกลงหลุม	thaeng lôok long lǔm
taco (m)	ไม้คิว	máai khiw
bolsa (f)	หลุม	lǔm

160. Jogos. Jogar cartas

ouros (m pl)	ข้าวหลามตัด	khâao lǎam dtàt
espadas (f pl)	โพดำ	phoh dam
copas (f pl)	โพแดง	phoh daeng
paus (m pl)	ดอกจิก	dòrk jìk

ás (m)	เอส	àyt
rei (m)	คิง	king
dama (f)	แหม่ม	màem
valete (m)	แจค	jáek

carta (f) de jogar	ไพ่	phâi
cartas (f pl)	ไพ่	phâi
trunfo (m)	ไต	dtǎi
baralho (m)	สำรับไพ่	sǎm-ráp phâi

ponto (m)	แต้ม	dtâem
dar, distribuir (vt)	แจกไพ่	jàek phâi
embaralhar (vt)	สับไพ่	sàp phâi
vez, jogada (f)	ที	thee
batoteiro (m)	คนโกงไพ่	khon gohng phâi

161. Casino. Roleta

casino (m)	คาสิโน	khaa-sì-noh
roleta (f)	รูเล็ตต	roo-lèt
aposta (f)	เดิมพัน	derm phan
apostar (vt)	วางเดิมพัน	waang derm phan

vermelho (m)	แดง	daeng
preto (m)	ดำ	dam
apostar no vermelho	เดิมพันสีแดง	derm phan sěe daeng
apostar no preto	เดิมพันสีดำ	derm phan sěe dam

| crupiê (m, f) | เจ้ามือ | jâo meu |
| girar a roda | หมุนกงล้อ | mǔn gong lór |

| regras (f pl) do jogo | กติกา | gà-dtì-gaa |
| ficha (f) | ชิป | chíp |

| ganhar (vi, vt) | ชนะ | chá-ná |
| ganho (m) | รางวัล | raang-wan |

| perder (dinheiro) | เสีย | sĭa |
| perda (f) | เงินเสียพนัน | ngern sĭa phá-nan |

jogador (m)	ผู้เล่น	phôo lên
blackjack (m)	แบล็คแจ๊ค	blàek-jáek
jogo (m) de dados	เกมลูกเต๋า	gaym lôok dtăo
dados (m pl)	เต๋า	dtăo
máquina (f) de jogo	ตู้สล็อต	dtôo sà-lòrt

162. Descanso. Jogos. Diversos

passear (vi)	เดินเล่น	dern lên
passeio (m)	การเดินเล่น	gaan dern lên
viagem (f) de carro	การนั่งรถ	gaan nâng rót
aventura (f)	การผจญภัย	gaan phà-jon phai
piquenique (m)	ปิคนิค	bpìk-ník

jogo (m)	เกม	gaym
jogador (m)	ผู้เล่น	phôo lên
partida (f)	เกม	gaym

colecionador (m)	นักสะสม	nák sà-sŏm
colecionar (vt)	สะสม	sà-sŏm
coleção (f)	การสะสม	gaan sà-sŏm
palavras (f pl) cruzadas	ปริศนาอักษรไขว้	bprìt-sà-năa àk-sŏn khwâi
hipódromo (m)	ลู่แข่ง	lôo khàeng
discoteca (f)	ดิสโก	dít-gôh

sauna (f)	ซาวน่า	saao-nâa
lotaria (f)	สลากกินแบ่ง	sà-làak gin bàeng
campismo (m)	การเดินทาง	gaan dern thaang
	ตั้งแคมป์	dtâng-khaem
acampamento (m)	แคมป์	khaem
tenda (f)	เต็นท์	dtáyn
bússola (f)	เข็มทิศ	khĕm thít
campista (m)	ผู้เดินทาง	phôo dern thaang
	ตั้งแคมป์	dtâng-khaem

ver (vt), assistir à ...	ดู	doo
telespectador (m)	ผู้ชมทีวี	phôo chom thee wee
programa (m) de TV	รายการทีวี	raai gaan thee wee

163. Fotografia

| máquina (f) fotográfica | กล้อง | glôrng |
| foto, fotografia (f) | ภาพถ่าย | phâap thàai |

fotógrafo (m)	ช่างถ่ายภาพ	châang thàai phâap
estúdio (m) fotográfico	ห้องถ่ายภาพ	hôrng thàai phâap
álbum (m) de fotografias	อัลบั้มภาพถ่าย	an-bâm phâap-thàai

objetiva (f)	เลนส์กล้อง	len glôrng
teleobjetiva (f)	เลนส์ถ่ายไกล	len thàai glai
filtro (m)	ฟิลเตอร์	fin-dtêr
lente (f)	เลนส์	len

ótica (f)	ออปติก	orp-dtìk
abertura (f)	รูรับแสง	roo ráp sǎeng
exposição (f)	เวลาในการถ่ายภาพ	way-laa nai gaan thàai phâap
visor (m)	เครื่องจับภาพ	khrêuang jàp phâap

câmara (f) digital	กล้องดิจิตอล	glôrng dì-jì-dton
tripé (m)	ขาตั้งกล้อง	khǎa dtâng glông
flash (m)	แฟลช	flâet

fotografar (vt)	ถ่ายภาพ	thàai phâap
tirar fotos	ถ่ายภาพ	thàai phâap
fotografar-se	ได้รับการ	dâai ráp gaan
	ถ่ายภาพให้	thàai phâap hâi

foco (m)	โฟกัส	foh-gát
focar (vt)	โฟกัส	foh-gát
nítido	คมชัด	khom chát
nitidez (f)	ความคมชัด	khwaam khom chát

| contraste (m) | ความเปรียบต่าง | khwaam bprìap dtàang |
| contrastante | เปรียบต่าง | bprìap dtàang |

retrato (m)	ภาพ	phâap
negativo (m)	ภาพเนกาทีฟ	phâap nay gaa thêef
filme (m)	ฟิล์ม	fim
fotograma (m)	เฟรม	fraym
imprimir (vt)	พิมพ์	phim

164. Praia. Natação

praia (f)	ชายหาด	chaai hàat
areia (f)	ทูราย	saai
deserto	ร้าง	ráang

bronzeado (m)	ผิวคล้ำแดด	phǐw khlám dàet
bronzear-se (vr)	ตากแดด	dtàak dàet
bronzeado	มีผิวคล้ำแดด	mee phǐw khlám dàet
protetor (m) solar	ครีมกันแดด	khreem gan dàet

biquíni (m)	บิกินี่	bì-gì-nee
fato (m) de banho	ชุดว่ายน้ำ	chút wâai náam
calção (m) de banho	กางเกงว่ายน้ำ	gaang-gayng wâai náam

| piscina (f) | สระว่ายน้ำ | sà wâai náam |
| nadar (vi) | ว่ายน้ำ | wâai náam |

duche (m)	ฝักบัว	fàk bua
mudar de roupa	เปลี่ยนชุด	bplìan chút
toalha (f)	ผ้าเช็ดตัว	phâa chét dtua
barco (m)	เรือ	reua
lancha (f)	เรือยนต์	reua yon
esqui (m) aquático	สกีน้ำ	sà-gee nám
barco (m) de pedais	เรือถีบ	reua thèep
surf (m)	การโต้คลื่น	gaan dtôh khlêun
surfista (m)	นักโต้คลื่น	nák dtôh khlêun
scuba (m)	อุปกรณ์ดำน้ำ	u-bpà-gon dam náam
barbatanas (f pl)	ตีนกบ	dteen gòp
máscara (f)	หน้ากากดำน้ำ	nâa gàak dam náam
mergulhador (m)	นักประดาน้ำ	nák bprà-daa náam
mergulhar (vi)	ดำน้ำ	dam náam
debaixo d'água	ใต้น้ำ	dtâi nám
guarda-sol (m)	ร่มชายหาด	rôm chaai hàat
espreguiçadeira (f)	เตียงอาบแดด	dtiang àap dàet
óculos (m pl) de sol	แว่นกันแดด	wâen gan dàet
colchão (m) de ar	ที่นอนเป่าลม	thêe non bpào lom
brincar (vi)	เล่น	lên
ir nadar	ไปว่ายน้ำ	bpai wâai náam
bola (f) de praia	บอล	bon
encher (vt)	เติมลม	dterm lom
inflável, de ar	แบบเติมลม	bàep dterm lom
onda (f)	คลื่น	khlêun
boia (f)	ทุ่นลอย	thûn loi
afogar-se (pessoa)	จมน้ำ	jom náam
salvar (vt)	ช่วยชีวิต	chûay chee-wít
colete (m) salva-vidas	เสื้อชูชีพ	sêua choo chêep
observar (vt)	สังเกตการณ์	sǎng-gàyt gaan
nadador-salvador (m)	ไลฟ์การ์ด	lai-gàat

EQUIPAMENTO TÉCNICO. TRANSPORTES

Equipamento técnico. Transportes

165. Computador

computador (m)	คอมพิวเตอร์	khorm-phiw-dtêr
portátil (m)	โน้ตบุ๊ค	nóht búk
ligar (vt)	เปิด	bpèrt
desligar (vt)	ปิด	bpìt
teclado (m)	แป้นพิมพ์	bpâen phim
tecla (f)	ปุ่ม	bpùm
rato (m)	เมาส์	mao
tapete (m) de rato	แผนรองเมาส์	phàen rorng mao
botão (m)	ปุ่ม	bpùm
cursor (m)	เคอร์เซอร์	khêr-sêr
monitor (m)	จอมอนิเตอร์	jor mor-ní-dtêr
ecrã (m)	หน้าจอ	nâa jor
disco (m) rígido	ฮาร์ดดิสก์	hâat-dìt
capacidade (f) do disco rígido	ความจุฮาร์ดดิสก์	kwaam jù hâat-dìt
memória (f)	หน่วยความจำ	nùay khwaam jam
memória (f) operativa	หน่วยความจำเขาถึงโดยสุ่ม	nùay khwaam jam khǎo thěung doi sùm
ficheiro (m)	ไฟล์	fai
pasta (f)	โฟลเดอร์	fohl-dêr
abrir (vt)	เปิด	bpèrt
fechar (vt)	ปิด	bpìt
guardar (vt)	บันทึก	ban-théuk
apagar, eliminar (vt)	ลบ	lóp
copiar (vt)	คัดลอก	khát lôrk
ordenar (vt)	จัดเรียง	jàt riang
copiar (vt)	ทำสำเนา	tham sǎm-nao
programa (m)	โปรแกรม	bproh-graem
software (m)	ซอฟต์แวร์	sôf-wae
programador (m)	นักเขียนโปรแกรม	nák khǐan bproh-graem
programar (vt)	เขียนโปรแกรม	khǐan bproh-graem
hacker (m)	แฮ็กเกอร์	háek-gêr
senha (f)	รหัสผ่าน	rá-hàt phàan
vírus (m)	ไวรัส	wai-rát
detetar (vt)	ตรวจพบ	dtrùat phóp

| byte (m) | ไบท์ | bai |
| megabyte (m) | เมกะไบท์ | may-gà-bai |

| dados (m pl) | ข้อมูล | khôr moon |
| base (f) de dados | ฐานข้อมูล | thăan khôr moon |

cabo (m)	สายเคเบิล	săai khay-bêrn
desconectar (vt)	ตัดการเชื่อมต่อ	dtàt gaan chêuam dtòr
conetar (vt)	เชื่อมต่อ	chêuam dtòr

166. Internet. E-mail

internet (f)	อินเทอร์เน็ต	in-thêr-nét
browser (m)	เบราว์เซอร์	brao-sêr
motor (m) de busca	โปรแกรมค้นหา	bproh-graem khón hăa
provedor (m)	ผู้ให้บริการ	phôo hâi bor-rí-gaan

webmaster (m)	เว็บมาสเตอร์	wép-mâat-dtêr
website, sítio web (m)	เว็บไซต์	wép sai
página (f) web	เว็บเพจ	wép phâyt

| endereço (m) | ที่อยู่ | thêe yòo |
| livro (m) de endereços | สมุดที่อยู่ | sà-mùt thêe yòo |

caixa (f) de correio	กล่องจดหมายอีเมลล์	glòrng jòt măai ee-mayn
correio (m)	จดหมาย	jòt măai
cheia (caixa de correio)	เต็ม	dtem

mensagem (f)	ข้อความ	khôr khwaam
mensagens (f pl) recebidas	ข้อความขาเข้า	khôr khwaam khăa khâo
mensagens (f pl) enviadas	ข้อความขาออก	khôr khwaam khăa òrk

remetente (m)	ผู้ส่ง	phôo sòng
enviar (vt)	ส่ง	sòng
envio (m)	การส่ง	gaan sòng

| destinatário (m) | ผู้รับ | phôo ráp |
| receber (vt) | รับ | ráp |

| correspondência (f) | การติดต่อกันทางจดหมาย | gaan dtìt dtòr gan thaang jòt măai |
| corresponder-se (vr) | ติดต่อกันทางจดหมาย | dtìt dtòr gan thaang jòt măai |

ficheiro (m)	ไฟล์	fai
fazer download, baixar	ดาวน์โหลด	daao lòht
criar (vt)	สร้าง	sâang
apagar, eliminar (vt)	ลบ	lóp
eliminado	ถูกลบ	thòok lóp

ligação (f)	การเชื่อมต่อ	gaan chêuam dtòr
velocidade (f)	ความเร็ว	khwaam reo
modem (m)	โมเด็ม	moh-dem
acesso (m)	การเข้าถึง	gaan khâo thĕung
porta (f)	พอร์ท	phôt

conexão (f)	การเชื่อมต่อ	gaan chêuam dtòr
conetar (vi)	เชื่อมตอกับ...	chêuam dtòr gàp...
escolher (vt)	เลือก	lêuak
buscar (vt)	คนหา	khón hăa

167. Eletricidade

eletricidade (f)	ไฟฟ้า	fai fáa
elétrico	ทางไฟฟ้า	thaang fai-fáa
central (f) elétrica	โรงไฟฟ้า	rohng fai-fáa
energia (f)	พลังงาน	phá-lang ngaan
energia (f) elétrica	กำลังไฟฟ้า	gam-lang fai-fáa
lâmpada (f)	หลอดไฟฟ้า	lòrt fai fáa
lanterna (f)	ไฟฉาย	fai chăai
poste (m) de iluminação	เสาไฟถนน	săo fai thà-nŏn
luz (f)	ไฟ	fai
ligar (vt)	เปิด	bpèrt
desligar (vt)	ปิด	bpìt
apagar a luz	ปิดไฟ	bpìt fai
fundir (vi)	ขาด	khàat
curto-circuito (m)	การลัดวงจร	gaan lát wong-jon
rutura (f)	สายขาด	săai khàat
contacto (m)	สายตอกัน	săai dtòr gan
interruptor (m)	สวิตช์ไฟ	sà-wít fai
tomada (f)	เต้าเสียบปลั๊กไฟ	dtâo sìap bplák fai
ficha (f)	ปลั๊กไฟ	bplák fai
extensão (f)	สายพวงไฟ	săai phûang fai
fusível (m)	ฟิวส์	fiw
fio, cabo (m)	สายไฟ	săai fai
instalação (f) elétrica	การเดินสายไฟ	gaan dern săai fai
ampere (m)	แอมแปร์	aem-bpae
amperagem (f)	กำลังไฟฟ้า	gam-lang fai-fáa
volt (m)	โวลต์	wohn
voltagem (f)	แรงดันไฟฟ้า	raeng dan fai fáa
aparelho (m) elétrico	เครื่องใช้ไฟฟ้า	khrêuang chái fai fáa
indicador (m)	ตัวระบุ	dtua rá-bù
eletricista (m)	ช่างไฟฟ้า	châang fai-fáa
soldar (vt)	บัดกรี	bàt-gree
ferro (m) de soldar	หัวแรงบัดกรี	hŭa ráeng bàt-gree
corrente (f) elétrica	กระแสไฟฟ้า	grà-săe fai fáa

168. Ferramentas

ferramenta (f)	เครื่องมือ	khrêuang meu
ferramentas (f pl)	เครื่องมือ	khrêuang meu

equipamento (m)	อุปกรณ์	ù-bpà-gon
martelo (m)	ค้อน	khórn
chave (f) de fendas	ไขควง	khăi khuang
machado (m)	ขวาน	khwăan
serra (f)	เลื่อย	lêuay
serrar (vt)	เลื่อย	lêuay
plaina (f)	กบไสไม้	gòp săi máai
aplainar (vt)	ไสกบ	săi gòp
ferro (m) de soldar	หัวแรงบัดกรี	hŭa ráeng bàt-gree
soldar (vt)	บัดกรี	bàt-gree
lima (f)	ตะไบ	dtà-bai
tenaz (f)	คีม	kheem
alicate (m)	คีมปอกสายไฟ	kheem bpòk săai fai
formão (m)	สิ่ว	sìw
broca (f)	หัวสว่าน	hŭa sà-wàan
berbequim (f)	สว่านไฟฟ้า	sà-wàan fai fáa
furar (vt)	เจาะ	jòr
faca (f)	มีด	mêet
canivete (m)	มีดพก	mêet phók
lâmina (f)	ใบ	bai
afiado	คม	khom
cego	ทื่อ	thêu
embotar-se (vr)	ทำให้...ทื่อ	tham hâi...thêu
afiar, amolar (vt)	ลับคม	láp khom
parafuso (m)	สลักเกลียว	sà-làk glieow
porca (f)	แหวนสกรู	wăen sà-groo
rosca (f)	เกลียว	glieow
parafuso (m) para madeira	สกรู	sà-groo
prego (m)	ตะปู	dtà-bpoo
cabeça (f) do prego	หัวตะปู	hŭa dtà-bpoo
régua (f)	ไม้บรรทัด	máai ban-thát
fita (f) métrica	เทปวัดระยะทาง	thâyp wát rá-yá taang
nível (m)	เครื่องวัดระดับน้ำ	khrêuang wát rá-dàp náam
lupa (f)	แว่นขยาย	wâen khà-yăai
medidor (m)	เครื่องมือวัด	khrêuang meu wát
medir (vt)	วัด	wát
escala (f)	อัตรา	àt-dtraa
leitura (f)	คามิเตอร์	khâa mí-dtêr
compressor (m)	เครื่องอัดอากาศ	khrêuang àt aa-gàat
microscópio (m)	กล้องจุลทัศน์	glôrng jun-la -thát
bomba (f)	ปั๊ม	bpám
robô (m)	หุ่นยนต์	hùn yon
laser (m)	เลเซอร์	lay-sêr
chave (f) de boca	ประแจ	bprà-jae
fita (f) adesiva	เทปกาว	thâyp gaao

cola (f)	กาว	gaao
lixa (f)	กระดาษทราย	grà-dàat saai
mola (f)	สปริง	sà-bpring
íman (m)	แมเหล็ก	mâe lèk
luvas (f pl)	ถุงมือ	thǔng meu
corda (f)	เชือก	chêuak
cordel (m)	สาย	sǎai
fio (m)	สายไฟ	sǎai fai
cabo (m)	สายเคเบิล	sǎai khay-bêrn
marreta (f)	ค้อนขนาดใหญ่	khón khà-nàat yài
pé de cabra (f)	ชะแลง	chá-laeng
escada (f) de mão	บันได	ban-dai
escadote (m)	กระได	grà-dai
enroscar (vt)	ขันเกลียวเข้า	khǎn glieow khâo
desenroscar (vt)	ขันเกลียวออก	khǎn glieow òk
apertar (vt)	ขันใหแนน	khǎn hâi náen
colar (vt)	ติดกาว	dtìt gaao
cortar (vt)	ตัด	dtàt
falha (mau funcionamento)	ความผิดพลาด	khwaam phìt phlâat
conserto (m)	การซอมแซม	gaan sôrm saem
consertar, reparar (vt)	ซอม	sôrm
regular, ajustar (vt)	ปรับ	bpràp
verificar (vt)	ตรวจ	dtrùat
verificação (f)	การตรวจ	gaan dtrùat
leitura (f)	คามิเตอร	khâa mí-dtêr
seguro	ไว้วงใจได้	wái waang jai dâai
complicado	ซับซอน	sáp són
enferrujar (vi)	ขึ้นสนิม	khêun sà-nǐm
enferrujado	เป็นสนิม	bpen sà-nǐm
ferrugem (f)	สนิม	sà-nǐm

Transportes

169. Avião

avião (m)	เครื่องบิน	khrêuang bin
bilhete (m) de avião	ตั๋วเครื่องบิน	dtŭa khrêuang bin
companhia (f) aérea	สายการบิน	săai gaan bin
aeroporto (m)	สนามบิน	sà-năam bin
supersónico	ความเร็วเหนือเสียง	khwaam reo nĕua-sĭang
comandante (m) do avião	กัปตัน	gàp dtan
tripulação (f)	ลูกเรือ	lôok reua
piloto (m)	นักบิน	nák bin
hospedeira (f) de bordo	พนักงานต้อนรับ บนเครื่องบิน	phá-nák ngaan dtôrn ráp bon khrêuang bin
copiloto (m)	ต้นหน	dtôn hŏn
asas (f pl)	ปีก	bpèek
cauda (f)	หาง	hăang
cabine (f) de pilotagem	ห้องนักบิน	hôrng nák bin
motor (m)	เครื่องยนต์	khrêuang yon
trem (m) de aterragem	โครงสวนล่าง ของเครื่องบิน	khrorng sùan lâang khŏrng khrêuang bin
turbina (f)	กังหัน	gang-hăn
hélice (f)	ใบพัด	bai phát
caixa-preta (f)	กล่องดำ	glòrng dam
coluna (f) de controlo	คันบังคับ	khan bang-kháp
combustível (m)	เชื้อเพลิง	chéua phlerng
instruções (f pl) de segurança	คู่มือความปลอดภัย	khôo meu khwaam bplòt phai
máscara (f) de oxigénio	หน้ากากอ็อกซิเจน	nâa gàak ók sí jayn
uniforme (m)	เครื่องแบบ	khrêuang bàep
colete (m) salva-vidas	เสื้อชูชีพ	sêua choo chêep
paraquedas (m)	รมชูชีพ	rôm choo chêep
descolagem (f)	การบินขึ้น	gaan bin khêun
descolar (vi)	บินขึ้น	bin khêun
pista (f) de descolagem	ทางวิ่งเครื่องบิน	thaang wîng khrêuang bin
visibilidade (f)	ทัศนวิสัย	thát sá ná wí-săi
voo (m)	การบิน	gaan bin
altura (f)	ความสูง	khwaam sŏong
poço (m) de ar	หลุมอากาศ	lŭm aa-gàat
assento (m)	ที่นั่ง	thêe nâng
auscultadores (m pl)	หูฟัง	hŏo fang
mesa (f) rebatível	ถาดพับเก็บได้	thàat pháp gèp dâai
vigia (f)	หนาตางเครื่องบิน	nâa dtàang khrêuang bin
passagem (f)	ทางเดิน	thaang dern

170. Comboio

comboio (m)	รถไฟ	rót fai
comboio (m) suburbano	รถไฟชานเมือง	rót fai chaan meuang
comboio (m) rápido	รถไฟด่วน	rót fai dùan
locomotiva (f) diesel	รถจักรดีเซล	rót jàk dee-sayn
comboio (m) a vapor	รถจักรไอน้ำ	rót jàk ai náam
carruagem (f)	ตู้โดยสาร	dtôo doi săan
carruagem restaurante (f)	ตู้เสบียง	dtôo sà-biang
carris (m pl)	รางรถไฟ	raang rót fai
caminho de ferro (m)	ทางรถไฟ	thaang rót fai
travessa (f)	หมอนรองราง	mŏrn rorng raang
plataforma (f)	ชานชลา	chaan-chá-laa
linha (f)	ราง	raang
semáforo (m)	ไฟสัญญาณรถไฟ	fai săn-yaan rót fai
estação (f)	สถานี	sà-thăa-nee
maquinista (m)	คนขับรถไฟ	khon khàp rót fai
bagageiro (m)	พนักงานยกกระเป๋า	phá-nák ngaan yók grà-bpăo
hospedeiro, -a (da carruagem)	พนักงานรถไฟ	phá-nák ngaan rót fai
passageiro (m)	ผู้โดยสาร	phôo doi săan
revisor (m)	พนักงานตรวจตั๋ว	phá-nák ngaan dtrùat dtŭa
corredor (m)	ทางเดิน	thaang dern
freio (m) de emergência	เบรคฉุกเฉิน	bràyk chùk-chěrn
compartimento (m)	ตู้นอน	dtôo norn
cama (f)	เตียง	dtiang
cama (f) de cima	เตียงบน	dtiang bon
cama (f) de baixo	เตียงล่าง	dtiang lâang
roupa (f) de cama	ชุดเครื่องนอน	chút khrêuang norn
bilhete (m)	ตั๋ว	dtŭa
horário (m)	ตารางเวลา	dtaa-raang way-laa
painel (m) de informação	กระดานแสดงข้อมูล	grà daan sà-daeng khôr moon
partir (vt)	ออกเดินทาง	òrk dern thaang
partida (f)	การออกเดินทาง	gaan òrk dern thaang
chegar (vi)	มาถึง	maa thěung
chegada (f)	การมาถึง	gaan maa thěung
chegar de comboio	มาถึงโดยรถไฟ	maa thěung doi rót fai
apanhar o comboio	ขึ้นรถไฟ	khêun rót fai
sair do comboio	ลงจากรถไฟ	long jàak rót fai
acidente (m) ferroviário	รถไฟตกราง	rót fai dtòk raang
descarrilar (vi)	ตกราง	dtòk raang
comboio (m) a vapor	หัวรถจักรไอน้ำ	hŭa rót jàk ai náam
fogueiro (m)	คนควบคุมเตาไฟ	khon khûap khum dtao fai

fornalha (f)	เตาไฟ	dtao fai
carvão (m)	ถ่านหิน	thàan hǐn

171. Barco

navio (m)	เรือ	reua
embarcação (f)	เรือ	reua
vapor (m)	เรือจักรไอน้ำ	reua jàk ai náam
navio (m)	เรือลองแมน้ำ	reua lông mâe náam
transatlântico (m)	เรือเดินสมุทร	reua dern sà-mùt
cruzador (m)	เรือลาดตระเวน	reua lâat dtrà-wayn
iate (m)	เรือยอชต์	reua yôt
rebocador (m)	เรือลากจูง	reua lâak joong
barcaça (f)	เรือบรรทุก	reua ban-thúk
ferry (m)	เรือข้ามฟาก	reua khâam fâak
veleiro (m)	เรือใบ	reua bai
bergantim (m)	เรือใบสองเสากระโดง	reua bai sǒrng sǎo grà-dohng
quebra-gelo (m)	เรือตัดน้ำแข็ง	reua dtàt náam khǎeng
submarino (m)	เรือดำน้ำ	reua dam náam
bote, barco (m)	เรือพาย	reua phaai
bote, dingue (m)	เรือบดเล็ก	reua bòt lék
bote (m) salva-vidas	เรือชูชีพ	reua choo chêep
lancha (f)	เรือยนต์	reua yon
capitão (m)	กัปตัน	gàp dtan
marinheiro (m)	นาวิน	naa-win
marujo (m)	คนเรือ	khon reua
tripulação (f)	กะลาสี	gà-laa-sěe
contramestre (m)	สรั่ง	sà-ràng
grumete (m)	คูนช่วยงานในเรือ	khon chûay ngaan nai reua
cozinheiro (m) de bordo	กุก	gúk
médico (m) de bordo	แพทย์เรือ	phâet reua
convés (m)	ดาดฟ้าเรือ	dàat-fáa reua
mastro (m)	เสากระโดงเรือ	sǎo grà-dohng reua
vela (f)	ใบเรือ	bai reua
porão (m)	ท้องเรือ	thórng-reua
proa (f)	หัวเรือ	hǔa-reua
popa (f)	ท้ายเรือ	tháai reua
remo (m)	ไม้พาย	máai phaai
hélice (f)	ใบจักร	bai jàk
camarote (m)	ห้องพัก	hôrng phák
sala (f) dos oficiais	ห้องอาหาร	hôrng aa-hǎan
sala (f) das máquinas	ห้องเครื่องยนต์	hôrng khrêuang yon
ponte (m) de comando	สะพานเดินเรือ	sà-phaan dern reua
sala (f) de comunicações	ห้องวิทยุ	hôrng wít-thá-yú

| onda (f) de rádio | คลื่นความถี่ | khlêun khwaam thèe |
| diário (m) de bordo | สมุดบันทึก | sà-mùt ban-théuk |

luneta (f)	กล้องส่องทางไกล	glôrng sòrng thaang glai
sino (m)	ระฆัง	rá-khang
bandeira (f)	ธง	thorng

| cabo (m) | เชือก | chêuak |
| nó (m) | ปม | bpom |

| corrimão (m) | ราว | raao |
| prancha (f) de embarque | ไม้พาดให้ขึ้นลงเรือ | mái phâat hâi khêun long reua |

âncora (f)	สมอ	sà-mŏr
recolher a âncora	ถอนสมอ	thŏrn sà-mŏr
lançar a âncora	ทอดสมอ	thôrt sà-mŏr
amarra (f)	โซ่สมอเรือ	sôh sà-mŏr reua

porto (m)	ท่าเรือ	thâa reua
cais, amarradouro (m)	ท่า	thâa
atracar (vi)	จอดเทียบท่า	jòt thîap tâa
desatracar (vi)	ออกจากท่า	òrk jàak tâa

viagem (f)	การเดินทาง	gaan dern thaang
cruzeiro (m)	การล่องเรือ	gaan lôrng reua
rumo (m), rota (f)	เส้นทาง	sên thaang
itinerário (m)	เส้นทาง	sên thaang

canal (m) navegável	ร่องเรือเดิน	rông reua dern
baixio (m)	โขด	khòht
encalhar (vt)	เกยตื้น	goie dtêun

tempestade (f)	พายุ	phaa-yú
sinal (m)	สัญญาณ	sǎn-yaan
afundar-se (vr)	ล่ม	lôm
Homem ao mar!	คนตกเรือ!	kon dtòk reua
SOS	SOS	es-o-es
boia (f) salva-vidas	ห่วงยาง	hùang yaang

172. Aeroporto

aeroporto (m)	สนามบิน	sà-nǎam bin
avião (m)	เครื่องบิน	khrêuang bin
companhia (f) aérea	สายการบิน	sǎai gaan bin
controlador (m)	เจ้าหน้าที่ควบคุม	jâo nâa-thêe khûap khum
de tráfego aéreo	จราจรทางอากาศ	jà-raa-jon thaang aa-gàat

partida (f)	การออกเดินทาง	gaan òrk dern thaang
chegada (f)	การมาถึง	gaan maa thěung
chegar (~ de avião)	มาถึง	maa thěung

| hora (f) de partida | เวลาขาไป | way-laa khǎa bpai |
| hora (f) de chegada | เวลามาถึง | way-laa maa thěung |

estar atrasado	ถูกเลื่อน	thòok lêuan
atraso (m) de voo	เลื่อนเที่ยวบิน	lêuan thieow bin
painel (m) de informação	ฉระดานแสดง ข้อมูล	grà daan sà-daeng khôr moon
informação (f)	ข้อมูล	khôr moon
anunciar (vt)	ประกาศ	bprà-gàat
voo (m)	เที่ยวบิน	thîeow bin
alfândega (f)	ศุลกากร	sŭn-lá-gaa-gon
funcionário (m) da alfândega	เจ้าหน้าที่ศุลกากร	jâo nâa-thêe sŭn-lá-gaa-gon
declaração (f) alfandegária	แบบฟอร์มการเสีย ภาษีศุลกากร	bàep form gaan sĭa phaa-sĕe sŭn-lá-gaa-gon
preencher (vt)	กรอก	gròrk
preencher a declaração	กรอกแบบฟอร์ม การเสียภาษี	gròrk bàep form gaan sĭa paa-sĕe
controlo (m) de passaportes	จุดตรวจหนังสือ เดินทาง	jùt dtrùat nǎng-sĕu dern-thaang
bagagem (f)	สัมภาระ	sǎm-phaa-rá
bagagem (f) de mão	กระเป๋าถือ	grà-bpăo thěu
carrinho (m)	รถขนสัมภาระ	rót khŏn sǎm-phaa-rá
aterragem (f)	การลงจอด	gaan long jòrt
pista (f) de aterragem	ลานบินลงจอด	laan bin long jòrt
aterrar (vi)	ลงจอด	long jòrt
escada (f) de avião	ทางขึ้นลง เครื่องบิน	thaang khêun long khrêuang bin
check-in (m)	การเช็คอิน	gaan chék in
balcão (m) do check-in	เคาน์เตอร์เช็คอิน	khao-dtêr chék in
fazer o check-in	เช็คอิน	chék in
cartão (m) de embarque	บัตรที่นั่ง	bàt thêe nâng
porta (f) de embarque	ช่องเขา	chôrng khâo
trânsito (m)	การต่อเที่ยวบิน	gaan tòr thîeow bin
esperar (vi, vt)	รอ	ror
sala (f) de espera	ห้องผู้โดยสารขาออก	hôrng phôo doi sǎan khǎa òk
despedir-se de ...	ไปส่ง	bpai sòng
despedir-se (vr)	บอกลา	bòrk laa

173. Bicicleta. Motocicleta

bicicleta (f)	รถจักรยาน	rót jàk-grà-yaan
scotter, lambreta (f)	สกูตเตอร์	sà-góot-dtêr
mota (f)	รถมอเตอร์ไซค์	rót mor-dtêr-sai
ir de bicicleta	ขี่จักรยาน	khèe jàk-grà-yaan
guiador (m)	พวงมาลัยรถ	phuang maa-lai rót
pedal (m)	แป้นเหยียบ	bpâen yìap
travões (m pl)	เบรก	bràyk
selim (m)	ที่นั่งจักรยาน	thêe nâng jàk-grà-yaan
bomba (f) de ar	ปั๊ม	bpám

porta-bagagens (m)	ที่วางสัมภาระ	thêe waang săm-phaa-rá
lanterna (f)	ไฟหน้า	fai nâa
capacete (m)	หมวกนิรภัย	mùak ní-rá-phai

roda (f)	ล้อ	lór
guarda-lamas (m)	บังโคลน	bang khlon
aro (m)	ขอบล้อ	khòp lór
raio (m)	กำนล้อ	gâan lór

Carros

174. Tipos de carros

carro, automóvel (m)	รถยนต์	rót yon
carro (m) desportivo	รถสปอร์ต	rót sà-bpòt
limusine (f)	รถลีมูซีน	rót lee moo seen
todo o terreno (m)	รถเอสยูวี	rót àyt yoo wee
descapotável (m)	รถยนต์เปิดประทุน	rót yon bpèrt bprà-thun
minibus (m)	รถบัสเล็ก	rót bàt lék
ambulância (f)	รถพยาบาล	rót phá-yaa-baan
limpa-neve (m)	รถไถหิมะ	rót thăi hì-má
camião (m)	รถบรรทุก	rót ban-thúk
camião-cisterna (m)	รถบรรทุกน้ำมัน	rót ban-thúk nám man
carrinha (f)	รถตู้	rót dtôo
camião-trator (m)	รถลาก	rót lâak
atrelado (m)	รถพ่วง	rót phûang
confortável	สะดวก	sà-dùak
usado	มือสอง	meu sŏrng

175. Carros. Carroçaria

capô (m)	กระโปรงรถ	grà bprohng rót
guarda-lamas (m)	บังโคลน	bang khlon
tejadilho (m)	หลังคา	lăng khaa
para-brisa (m)	กระจกหน้ารถ	grà-jòk nâa rót
espelho (m) retrovisor	กระจกมองหลัง	grà-jòk morng lăng
lavador (m)	ที่ฉีดน้ำลวง	thêe chèet nám
	กระจกหน้ารถ	láang grà-jòk nâa rót
limpa-para-brisas (m)	ที่ปัดล้างกระจก	thêe bpàt láang grà-jòk
	หน้ารถ	nâa rót
vidro (m) lateral	กระจกข้าง	grà-jòk khâang
elevador (m) do vidro	กระจกไฟฟ้า	grà-jòk fai-fáa
antena (f)	เสาอากาศ	săo aa-gàat
teto solar (m)	หลังคารับแดด	lăng khaa ráp dàet
para-choques (m pl)	กันชน	gan chon
bagageira (f)	ท้ายรถ	tháai rót
bagageira (f) de tejadilho	ชั้นวางสัมภาระ	chán waang săm-phaa-rá
porta (f)	ประตู	bprà-dtoo
maçaneta (f)	ที่เปิดประตู	thêe bpèrt bprà-dtoo
fechadura (f)	ล็อคประตูรถ	lók bprà-dtoo rót

matrícula (f)	ป้ายทะเบียน	bpâai thá-bian
silenciador (m)	ทอไอเสีย	thôr ai sĭa
tanque (m) de gasolina	ถังน้ำมัน	thăng náam man
tubo (m) de escape	ทอไอเสีย	thôr ai sĭa

acelerador (m)	เร่ง	râyng
pedal (m)	แป้นเหยียบ	bpâen yìap
pedal (m) do acelerador	คันเรง	khan râyng

travão (m)	เบรก	bràyk
pedal (m) do travão	แป้นเบรค	bpâen bràyk
travar (vt)	เบรก	bràyk
travão (m) de mão	เบรกมือ	bràyk meu

embraiagem (f)	คลัตช์	khlát
pedal (m) da embraiagem	แป้นคลัตช์	bpâen khlát
disco (m) de embraiagem	จูานคลัตช	jaan khlát
amortecedor (m)	โชคอัพ	chóhk-àp

roda (f)	ลูอ	lór
pneu (m) sobresselente	ลอสำรอง	lór săm-rorng
pneu (m)	ยางรถ	yaang rót
tampão (m) de roda	ลอแม็ก	lór-máek

rodas (f pl) motrizes	ล้อพวงมาลัย	lór phuang maa-lai
de tração dianteira	ขับเคลื่อนลูอหน้า	khàp khlêuan lór nâa
de tração traseira	ขับเคลื่อนลูอหลัง	khàp khlêuan lór lăng
de tração às 4 rodas	ขับเคลื่อนสีลอ	khàp khlêuan sèe lór

caixa (f) de mudanças	กระปุกเกียร์	grà-bpùk gia
automático	อัตโนมัติ	àt-noh-mát
mecânico	กลไก	gon-gai
alavanca (f) das mudanças	คันเกียร์	khan gia

| farol (m) | ไฟหน้า | fai nâa |
| faróis, luzes | ไฟหนา | fai nâa |

médios (m pl)	ไฟต่ำ	fai dtàm
máximos (m pl)	ไฟสูง	fai sŏong
luzes (f pl) de stop	ไฟเบรก	fai bràyk

mínimos (m pl)	ไฟจอดรถ	fai jòt rót
luzes (f pl) de emergência	ไฟฉุกเฉิน	fai chùk-chĕrn
faróis (m pl) antinevoeiro	ไฟตัดหมอก	fai dtàt mòk
pisca-pisca (m)	ไฟเลี้ยว	fai líeow
luz (f) de marcha atrás	ไฟรถถอย	fai rót thŏi

176. Carros. Habitáculo

interior (m) do carro	ภายในรถ	phaai nai rót
de couro, de pele	หนัง	năng
de veludo	กำมะหยี่	gam-má-yèe
estofos (m pl)	เครื่องเบาะ	khrêuang bòr
indicador (m)	อุปกรณ	ù-bpà-gon

painel (m) de instrumentos	แผงหน้าปัด	phăeng nâa bpàt
velocímetro (m)	มาตรวัดความเร็ว	mâat wát khwaam reo
ponteiro (m)	เข็มชี้วัด	khĕm chée wát

conta-quilómetros (m)	มิเตอร์วัดระยะทาง	mí-dtêr wát rá-yá thaang
sensor (m)	มิเตอร์วัด	mí-dtêr wát
nível (m)	ระดับ	rá-dàp
luz (f) avisadora	ไฟเตือน	fai dteuan

volante (m)	พวงมาลัยรถ	phuang maa-lai rót
buzina (f)	แตร	dtrae
botão (m)	ปุ่ม	bpùm
interruptor (m)	สวิตช์	sà-wít

assento (m)	ที่นั่ง	thêe nâng
costas (f pl) do assento	พนักพิง	phá-nák phing
cabeceira (f)	ที่พิงศีรษะ	thêe phing sĕe-sà
cinto (m) de segurança	เข็มขัดนิรภัย	khĕm khàt ní-rá-phai
apertar o cinto	คาดเข็มขัดนิรภัย	khâat khĕm khàt ní-rá-phai
regulação (f)	การปรับ	gaan bpràp

| airbag (m) | ถุงลมนิรภัย | thŭng lom ní-rá-phai |
| ar (m) condicionado | เครื่องปรับอากาศ | khrêuang bpràp-aa-gàat |

rádio (m)	วิทยุ	wít-thá-yú
leitor (m) de CD	เครื่องเล่น CD	khrêuang lên see-dee
ligar (vt)	เปิด	bpèrt
antena (f)	เสาอากาศ	săo aa-gàat
porta-luvas (m)	ซองเก็บของ ข้างคนขับ	chôrng gèp khŏrng khâang khon khàp
cinzeiro (m)	ที่เขี่ยบุหรี่	thêe khìa bù rèe

177. Carros. Motor

motor (m)	เครื่องยนต์	khrêuang yon
motor (m)	มอเตอร์	mor-dtêr
diesel	ดีเซล	dee-sayn
a gasolina	น้ำมันเบนซิน	nám man bayn-sin

cilindrada (f)	ขนาดเครื่องยนต์	khà-nàat khrêuang yon
potência (f)	กำลัง	gam-lang
cavalo-vapor (m)	แรงมา	raeng máa
pistão (m)	กานลูกสูบ	gâan lôok sòop
cilindro (m)	กระบอกสูบ	grà-bòrk sòop
válvula (f)	วาลว	waao

injetor (m)	หัวฉีด	hŭa chèet
gerador (m)	เครื่องกำเนิดไฟฟ้า	khrêuang gam-nèrt fai fáa
carburador (m)	คาร์บูเรเตอร์	khaa-boo-ray-dtêr
óleo (m) para motor	น้ำมันเครื่อง	nám man khrêuang

radiador (m)	หม้อน้ำ	môr náam
refrigerante (m)	สารทำความเย็น	săan tham khwaam yen
ventilador (m)	พัดลมระบายความร้อน	phát lom rá-baai khwaam rón

bateria (f)	แบตเตอรี่	bàet-dter-rêe
dispositivo (m) de arranque	มอเตอรสตาร์ต	mor-dtêr sà-dtàat
ignição (f)	การจุดระเบิด	gaan jùt rá-bèrt
vela (f) de ignição	หัวเทียน	hŭa thian

borne (m)	ขั้วแบตเตอรี่	khŭa bàet-dter-rêe
borne (m) positivo	ขั้วบวก	khŭa bùak
borne (m) negativo	ขั้วลบ	khŭa lóp
fusível (m)	ฟิวส์	fiw

filtro (m) de ar	เครื่องกรองอากาศ	khrêuang grorng aa-gàat
filtro (m) de óleo	ไส้กรองน้ำมัน	sâi grorng nám man
filtro (m) de combustível	ไส้กรองน้ำมัน เชื้อเพลิง	sâi grorng nám man chéua phlerng

178. Carros. Batidas. Reparação

acidente (m) de carro	อุบัติเหตุรถชน	u-bàt hàyt rót chon
acidente (m) rodoviário	อุบัติเหตุจราจร	u-bàt hàyt jà-raa-jon
ir contra ...	ชน	chon
sofrer um acidente	ชนโครม	chon khrohm
danos (m pl)	ความเสียหาย	khwaam sĭa hăai
intato	ไม่มีความเสียหาย	mâi mee khwaam sĭa hăai

avaria (no motor, etc.)	การเสีย	gaan sĭa
avariar (vi)	ตาย	dtaai
cabo (m) de reboque	เชือกลากรถยนต์	chêuak lâak rót yon

furo (m)	ยางรั่ว	yaang rûa
estar furado	ทำให้ยางแบน	tham hâi yaang baen
encher (vt)	เติมลมยาง	dterm lom yaang
pressão (f)	แรงดัน	raeng dan
verificar (vt)	ตรวจสอบ	dtrùat sòrp

reparação (f)	การซ่อม	gaan sôrm
oficina (f) de reparação de carros	รานซ่อมรถยนต์	ráan sôrm rót yon
peça (f) sobresselente	อะไหล่	a lài
peça (f)	ชิ้นส่วน	chín sùan

parafuso (m)	สลักเกลียว	sà-làk glieow
parafuso (m)	สกรู	sà-groo
porca (f)	แหวนสกรู	wăen sà-groo
anilha (f)	แหวนเล็ก	wăen lék
rolamento (m)	แบริ่ง	bae-ring

tubo (m)	ท่อ	thôr
junta (f)	ปะเก็น	bpà gen
fio, cabo (m)	สายไฟ	săai fai

macaco (m)	แม่แรง	mâe raeng
chave (f) de boca	ประแจ	bprà-jae
martelo (m)	ค้อน	khórn
bomba (f)	ปั๊ม	bpám

chave (f) de fendas	ไขควง	khǎi khuang
extintor (m)	ถังดับเพลิง	thǎng dàp phlerng
triângulo (m) de emergência	ป้ายเตือน	bpâai dteuan

parar (vi) (motor)	มีเครื่องดับ	mee khrêuang dàp
paragem (f)	การดับ	gaan dàp
estar quebrado	เสีย	sǐa

superaquecer-se (vr)	ร้อนเกิน	rórn gern
entupir-se (vr)	อุดตัน	ùt dtan
congelar (vi)	เยือกแข็ง	yêuak khǎeng
rebentar (vi)	แตก	dtàek

pressão (f)	แรงดัน	raeng dan
nível (m)	ระดับ	rá-dàp
frouxo	ออน	òrn

mossa (f)	รอยบุบ	roi bùp
ruído (m)	เสียงเครื่องยนต์ดับ	sǐang khrêuang yon dàp
fissura (f)	รอยแตก	roi dtàek
aranhão (m)	รอยขูด	roi khòot

179. Carros. Estrada

estrada (f)	ถนน	thà-nǒn
autoestrada (f)	ทางหลวง	thaang lǔang
rodovia (f)	ทางดวน	thaang dùan
direção (f)	ทิศทาง	thít thaang
distância (f)	ระยะทาง	rá-yá thaang

ponte (f)	สะพาน	sà-phaan
parque (m) de estacionamento	ลานจอดรถ	laan jòrt rót
praça (f)	จัตุรัส	jàt-dtù-ràt
nó (m) rodoviário	ทางแยกต่างระดับ	thaang yâek dtàang rá-dàp
túnel (m)	อุโมงค์	u-mohng

posto (m) de gasolina	ปั๊มน้ำมัน	bpám náam man
parque (m) de estacionamento	ลานจอดรถ	laan jòrt rót
bomba (f) de gasolina	ที่เติมน้ำมัน	thêe dterm náam man
oficina (f) de reparação de carros	รานซอมรถยนต์	ráan sôrm rót yon
abastecer (vi)	เติมน้ำมัน	dterm náam man
combustível (m)	น้ำมันเชื้อเพลิง	nám man chéua phlerng
bidão (m) de gasolina	ถังน้ำมัน	thǎng náam man

asfalto (m)	ถนนลาดยาง	thà-nǒn lâat yaang
marcação (f) de estradas	เครื่องหมายจราจรบนพื้นทาง	khrêuang mǎai jà-raa-jon bon phéun thaang
lancil (m)	ขอบถนน	khòrp thà-nǒn
proteção (f) guard-rail	รั้วกั้น	rúa gân
valeta (f)	คู	khoo
berma (f) da estrada	ข้างถนน	khâang thà-nǒn
poste (m) de luz	เสาไฟ	sǎo fai
conduzir, guiar (vt)	ขับ	khàp

161

virar (ex. ~ à direita)	เลี้ยว	líeow
dar retorno	กลับรถ	glàp rót
marcha-atrás (f)	ถอยรถ	thŏri rót
buzinar (vi)	บีบแตร	bèep dtrae
buzina (f)	เสียงบีบแตร	sĭang bèep dtrae
atolar-se (vr)	ติด	dtìt
patinar (na lama)	หมุนล้อ	mŭn lór
desligar (vt)	ปิด	bpìt
velocidade (f)	ความเร็ว	khwaam reo
exceder a velocidade	ขับเร็วเกิน	khàp reo gern
multar (vt)	ให้ใบสั่ง	hâi bai sàng
semáforo (m)	ไฟสัญญาณจราจร	fai săn-yaan jà-raa-jon
carta (f) de condução	ใบขับขี่	bai khàp khèe
passagem (f) de nível	ทางข้ามรถไฟ	thaang khâam rót fai
cruzamento (m)	สี่แยก	sèe yâek
passadeira (f)	ทางม้าลาย	thaang máa laai
curva (f)	ทางโค้ง	thaang khóhng
zona (f) pedonal	ถนนคนเดิน	thà-nŏn khon dern

180. Sinais de trânsito

código (m) da estrada	กฎจราจร	gòt jà-raa-jon
sinal (m) de trânsito	ป้ายสัญญาณจราจร	bpâai săn-yaan jà-raa-jon
ultrapassagem (f)	การแซง	gaan saeng
curva (f)	การโค้ง	gaan khóhng
inversão (f) de marcha	การกลับรถ	gaan glàp rót
rotunda (f)	วงเวียน	wong wian
sentido proibido	ห้ามเข้า	hâam khâo
trânsito proibido	ห้ามรถเข้า	hâam rót khâo
proibição de ultrapassar	ห้ามแซง	hâam saeng
estacionamento proibido	ห้ามจอดรถ	hâam jòrt rót
paragem proibida	ห้ามหยุด	hâam yùt
curva (f) perigosa	โค้งอันตราย	khóhng an-dtà-raai
descida (f) perigosa	ทางลงลาดชัน	thaang long lâat chan
trânsito de sentido único	การจราจรทางเดียว	gaan jà-raa-jon thaang dieow
passadeira (f)	ทางม้าลาย	thaang máa laai
pavimento (m) escorregadio	ทางลื่น	thaang lêun
cedência de passagem	ให้ทาง	hâi taang

PESSOAS. EVENTOS

Eventos

181. Férias. Evento

festa (f)	วันหยุดเฉลิมฉลอง	wan yùt chà-lĕrm chà-lŏng
festa (f) nacional	วันชาติ	wan châat
feriado (m)	วันหยุดนักขัตฤกษ์	wan yùt nák-kàt-rêrk
festejar (vt)	เฉลิมฉลอง	chà-lĕrm chà-lŏrng

evento (festa, etc.)	เหตุการณ์	hàyt gaan
evento (banquete, etc.)	งานอีเวนต์	ngaan ee wayn
banquete (m)	งานเลี้ยง	ngaan líang
receção (f)	งานเลี้ยง	ngaan líang
festim (m)	งานฉลอง	ngaan chà-lŏrng

aniversário (m)	วันครบรอบ	wan khróp rôrp
jubileu (m)	วันครบรอบปี	wan khróp rôrp bpee
celebrar (vt)	ฉลอง	chà-lŏrng

Ano (m) Novo	ปีใหม่	bpee mài
Feliz Ano Novo!	สวัสดีปีใหม่!	sà-wàt-dee bpee mài
Pai (m) Natal	ซานตาคลอส	saan-dtaa-khlôrt

Natal (m)	คริสต์มาส	khrít-mâat
Feliz Natal!	สุขสันต์วันคริสต์มาส	sùk-săn wan khrít-mâat
árvore (f) de Natal	ตนคริสต์มาส	dtôn khrít-mâat
fogo (m) de artifício	ดอกไม้ไฟ	dòrk máai fai

boda (f)	งานแต่งงาน	ngaan dtàeng ngaan
noivo (m)	เจ้าบาว	jâo bàao
noiva (f)	เจ้าสาว	jâo săao

| convidar (vt) | เชิญ | chern |
| convite (m) | บัตรเชิญ | bàt chern |

convidado (m)	แขก	khàek
visitar (vt)	ไปเยี่ยม	bpai yîam
receber os hóspedes	ตอนรับแขก	dton ráp khàek

presente (m)	ของขวัญ	khŏrng khwăn
oferecer (vt)	ให	hâi
receber presentes	รับของขวัญ	ráp khŏrng khwăn
ramo (m) de flores	ชอดอกไม	chôr dòrk máai

felicitações (f pl)	คำแสดง	kham sà-daeng
	ความยินดี	khwaam yin-dee
felicitar (dar os parabéns)	แสดงความยินดี	sà-daeng khwaam yin dee

cartão (m) de parabéns	บัตรอวยพร	bàt uay phon
enviar um postal	ส่งโปสการ์ด	sòng bpòht-gàat
receber um postal	รับโปสการ์ด	ráp bpòht-gàat

brinde (m)	ดื่มอวยพร	dèum uay phon
oferecer (vt)	เลี้ยงเครื่องดื่ม	líang khrêuang dèum
champanhe (m)	แชมเปญ	chaem-bpayn

divertir-se (vr)	มีความสุข	mee khwaam sùk
diversão (f)	ความรื่นเริง	khwaam rêun-rerng
alegria (f)	ความสุขสันต์	khwaam sùk-sǎn

| dança (f) | การเต้น | gaan dtên |
| dançar (vi) | เต้น | dtên |

| valsa (f) | วอลทซ์ | wɔ:lts |
| tango (m) | แทงโก้ | thaeng-gôh |

182. Funerais. Enterro

cemitério (m)	สุสาน	sù-sǎan
sepultura (f), túmulo (m)	หลุมศพ	lǔm sòp
cruz (f)	ไม้กางเขน	mái gaang khǎyn
lápide (f)	ป้ายหลุมศพ	bpâai lǔm sòp
cerca (f)	รั้ว	rúa
capela (f)	โรงสวด	rohng sùat

morte (f)	ความตาย	khwaam dtaai
morrer (vi)	ตาย	dtaai
defunto (m)	ผู้เสียชีวิต	phôo sǐa chee-wít
luto (m)	การไว้อาลัย	gaan wái aa-lai

enterrar, sepultar (vt)	ฝังศพ	fǎng sòp
agência (f) funerária	บริษัทรับจัดงานศพ	bor-rí-sàt ráp jàt ngaan sòp
funeral (m)	งานศพ	ngaan sòp
coroa (f) de flores	พวงหรีด	phuang rèet
caixão (m)	โลงศพ	lohng sòp
carro (m) funerário	รถขนศพ	rót khǒn sòp
mortalha (f)	ผ้าห่อศพ	phâa hòr sòp

procissão (f) funerária	พิธีศพ	phí-tee sòp
urna (f) funerária	โกศ	gòht
crematório (m)	เมรุ	mayn

obituário (m), necrologia (f)	ข่าวมรณกรรม	khàao mor-rá-ná-gam
chorar (vi)	ร้องไห้	rórng hâi
soluçar (vi)	สะอื้น	sà-êun

183. Guerra. Soldados

| pelotão (m) | หมวด | mùat |
| companhia (f) | กองร้อย | gorng rói |

regimento (m)	กรม	grom
exército (m)	กองทัพ	gorng tháp
divisão (f)	กองพล	gorng phon-la
destacamento (m)	หมู่	mòo
hoste (f)	กองทัพ	gorng tháp
soldado (m)	ทหาร	thá-hǎan
oficial (m)	นายทหาร	naai thá-hǎan
soldado (m) raso	พลทหาร	phon-thá-hǎan
sargento (m)	สิบเอก	sìp àyk
tenente (m)	ร้อยโท	rói thoh
capitão (m)	ร้อยเอก	rói àyk
major (m)	พลตรี	phon-dtree
coronel (m)	พันเอก	phan àyk
general (m)	นายพล	naai phon
marujo (m)	กะลาสี	gà-laa-sěe
capitão (m)	กัปตัน	gàp dtan
contramestre (m)	สรั่งเรือ	sà-ràng reua
artilheiro (m)	ทหารปืนใหญ่	thá-hǎan bpeun yài
soldado (m) paraquedista	พลรม	phon-rôm
piloto (m)	นักบิน	nák bin
navegador (m)	ต้นหน	dtôn hǒn
mecânico (m)	ช่างเครื่อง	châang khrêuang
sapador (m)	ทหารช่าง	thá-hǎan châang
paraquedista (m)	ทหารราบอากาศ	thá-hǎan râap aa-gàat
explorador (m)	ทหารพราน	thá-hǎan phraan
franco-atirador (m)	พลซุ่มยิง	phon sûm ying
patrulha (f)	หน่วยลาดตระเวน	nùay lâat dtrà-wayn
patrulhar (vt)	ลาดตระเวน	lâat dtrà-wayn
sentinela (f)	ทหารยาม	tá-hǎan yaam
guerreiro (m)	นักรบ	nák róp
patriota (m)	ผู้รักชาติ	phôo rák châat
herói (m)	วีรบุรุษ	wee-rá-bù-rùt
heroína (f)	วีรสตรี	wee rá-sot dtree
traidor (m)	ผู้ทรยศ	phôo thor-rá-yót
trair (vt)	ทรยศ	thor-rá-yót
desertor (m)	ทหารหนีทัพ	thá-hǎan něe tháp
desertar (vt)	หนีทัพ	něe tháp
mercenário (m)	ทหารรับจ้าง	thá-hǎan ráp jâang
recruta (m)	เกณฑ์ทหาร	gayn thá-hǎan
voluntário (m)	อาสาสมัคร	aa-sǎa sà-màk
morto (m)	คนถูกฆ่า	khon thòok khâa
ferido (m)	ผู้ได้รับบาดเจ็บ	phôo dâai ráp bàat jèp
prisioneiro (m) de guerra	เชลยศึก	chá-loie sèuk

184. Guerra. Ações militares. Parte 1

guerra (f)	สงคราม	sŏng-khraam
guerrear (vt)	ทำสงคราม	tham sŏng-khraam
guerra (f) civil	สงครามกลางเมือง	sŏng-khraam glaang-meuang
perfidamente	ตลบตะแลง	dtà-lòp-dtà-laeng
declaração (f) de guerra	การประกาศสงคราม	gaan bprà-gàat sŏng-khraam
declarar (vt) guerra	ประกาศสงคราม	bprà-gàat sŏng-khraam
agressão (f)	การรุกราน	gaan rúk-raan
atacar (vt)	บุกรุก	bùk rúk
invadir (vt)	บุกรุก	bùk rúk
invasor (m)	ผู้บุกรุก	phôo bùk rúk
conquistador (m)	ผู้ยึดครอง	phôo yéut khrorng
defesa (f)	การป้องกัน	gaan bpôrng gan
defender (vt)	ปกป้อง	bpòk bpôrng
defender-se (vr)	ป้องกัน	bpôrng gan
inimigo (m)	ศัตรู	sàt-dtroo
adversário (m)	ข้าศึก	khâa sèuk
inimigo	ศัตรู	sàt-dtroo
estratégia (f)	ยุทธศาสตร์	yút-thá-sàat
tática (f)	ยุทธวิธี	yút-thá-wí-thee
ordem (f)	คำสั่ง	kham sàng
comando (m)	คำบัญชาการ	kham ban-chaa gaan
ordenar (vt)	สั่ง	sàng
missão (f)	ภารกิจ	phaa-rá-gìt
secreto	อย่างลับ	yàang láp
batalha (f), combate (m)	การรบ	gaan róp
ataque (m)	การจู่โจม	gaan jòo johm
assalto (m)	การเข้าจู่โจม	gaan khâo jòo johm
assaltar (vt)	บุกจู่โจม	bùk jòo johm
assédio, sítio (m)	การโอบล้อมโจมตี	gaan òhp lóm johm dtee
ofensiva (f)	การโจมตี	gaan johm dtee
passar à ofensiva	โจมตี	johm dtee
retirada (f)	การถอย	gaan thŏi
retirar-se (vr)	ถอย	thŏi
cerco (m)	การปิดล้อม	gaan bpìt lórm
cercar (vt)	ปิดล้อม	bpìt lórm
bombardeio (m)	การทิ้งระเบิด	gaan thíng rá-bèrt
lançar uma bomba	ทิ้งระเบิด	thíng rá-bèrt
bombardear (vt)	ทิ้งระเบิด	thíng rá-bèrt
explosão (f)	การระเบิด	gaan rá-bèrt
tiro (m)	การยิง	gaan ying
disparar um tiro	ยิง	ying

tiroteio (m)	การยิง	gaan ying
apontar para ...	เล็ง	leng
apontar (vt)	ชี้	chée
acertar (vt)	ถูกเป้าหมาย	thòok bpâo măai

afundar (um navio)	จม	jom
brecha (f)	รู	roo
afundar (vi)	จม	jom

frente (m)	แนวหน้า	naew nâa
evacuação (f)	การอพยพ	gaan òp-phá-yóp
evacuar (vt)	อพยพ	òp-phá-yóp

trincheira (f)	สนามเพลาะ	sà-năam phlór
arame (m) farpado	ลวดหนาม	lûat năam
obstáculo (m) anticarro	สิ่งกีดขวาง	sìng gèet-khwăang
torre (f) de vigia	หอสังเกตการณ์	hŏr săng-gàyt gaan

hospital (m)	โรงพยาบาลทหาร	rohng phá-yaa-baan thá-hăan
ferir (vt)	ทำให้บาดเจ็บ	tham hâi bàat jèp
ferida (f)	แผล	phlăe
ferido (m)	ผู้ได้รับบาดเจ็บ	phôo dâai ráp bàat jèp
ficar ferido	ได้รับบาดเจ็บ	dâai ráp bàat jèp
grave (ferida ~)	รายแรง	ráai raeng

185. Guerra. Ações militares. Parte 2

cativeiro (m)	การเป็นเชลย	gaan bpen chá-loie
capturar (vt)	จับเชลย	jàp chá-loie
estar em cativeiro	เป็นเชลย	bpen chá-loie
ser aprisionado	ถูกจับเป็นเชลย	thòok jàp bpen chá-loie

campo (m) de concentração	ค่ายกักกัน	khâai gàk gan
prisioneiro (m) de guerra	เชลยศึก	chá-loie sèuk
escapar (vi)	หนี	něe

trair (vt)	ทูรยศ	thor-rá-yót
traidor (m)	ผู้ทรยศ	phôo thor-rá-yót
traição (f)	การทรยศ	gaan thor-rá-yót

fuzilar, executar (vt)	ประหาร	bprà-hăan
fuzilamento (m)	การประหาร	gaan bprà-hăan

equipamento (m)	ชุดเสื้อผ้าทหาร	chút sêua phâa thá-hăan
platina (f)	บัง	bâng
máscara (f) antigás	หน้ากากกันแก๊ส	nâa gàak gan gàet

rádio (m)	วิทยุสนาม	wít-thá-yú sà-năam
cifra (f), código (m)	รหัส	rá-hàt
conspiração (f)	ความลับ	khwaam láp
senha (f)	รหัสผ่าน	rá-hàt phàan
mina (f)	กับระเบิด	gàp rá-bèrt
minar (vt)	วางกับระเบิด	waang gàp rá-bèrt

campo (m) minado	เขตทุ่นระเบิด	khàyt thûn rá-bèrt
alarme (m) aéreo	สัญญาณเตือนภัย ทางอากาศ	săn-yaan dteuan phai thaang aa-gàat
alarme (m)	สัญญาณเตือนภัย	săn-yaan dteuan phai
sinal (m)	สัญญาณ	săn-yaan
sinalizador (m)	พลุสัญญาณ	phlú săn-yaan
estado-maior (m)	กองบัญชาการ	gorng ban-chaa gaan
reconhecimento (m)	การลาดตระเวน	gaan lâat dtrà-wayn
situação (f)	สถานการณ์	sà-thăan gaan
relatório (m)	การรายงาน	gaan raai ngaan
emboscada (f)	การซุ่มโจมตี	gaan sûm johm dtee
reforço (m)	กำลังเสริม	gam-lang sěrm
alvo (m)	เป้าหมาย	bpâo măai
campo (m) de tiro	สถานที่ทดลอง	sà-tăan thêe thót long
manobras (f pl)	การซ้อมรบ	gaan sórm róp
pânico (m)	ความตื่นตระหนก	khwaam dtèun dtrà-nòk
devastação (f)	การทำลายล้าง	gaan tham-laai láang
ruínas (f pl)	ซาก	sâak
destruir (vt)	ทำลาย	tham laai
sobreviver (vi)	รอดชีวิต	rôt chee-wít
desarmar (vt)	ปลดอาวุธ	bplòt aa-wút
manusear (vt)	ใช้	chái
Firmes!	หยุด	yùt
Descansar!	พัก	phák
façanha (f)	การแสดงความ กล้าหาญ	gaan sà-daeng khwaam glâa hăan
juramento (m)	คำสาบาน	kham săa-baan
jurar (vi)	สาบาน	săa baan
condecoração (f)	รางวัล	raang-wan
condecorar (vt)	มอบรางวัล	môrp raang-wan
medalha (f)	เหรียญรางวัล	rĭan raang-wan
ordem (f)	เครื่องอิสริยาภรณ์	khrêuang ìt-sà-rí-yaa-phon
vitória (f)	ชัยชนะ	chai chá-ná
derrota (f)	ความพ่ายแพ้	khwaam phâai pháe
armistício (m)	การพักรบ	gaan phák róp
bandeira (f)	ธงรบ	thorng róp
glória (f)	ความรุ่งโรจน์	khwaam rûng-rôht
desfile (m) militar	ขบวนสวนสนาม	khà-buan sŭan sà-năam
marchar (vi)	เดินสวนสนาม	dern sŭan sà-năam

186. Armas

arma (f)	อาวุธ	aa-wút
arma (f) de fogo	อาวุธปืน	aa-wút bpeun
arma (f) branca	อาวุธเย็น	aa-wút yen

arma (f) química	อาวุธเคมี	aa-wút khay-mee
nuclear	นิวเคลียร์	niw-khlia
arma (f) nuclear	อาวุธนิวเคลียร์	aa-wút niw-khlia
bomba (f)	ลูกระเบิด	lôok rá-bèrt
bomba (f) atómica	ลูกระเบิดปรมาณู	lôok rá-bèrt bpà-rá-maa-noo
pistola (f)	ปืนพก	bpeun phók
caçadeira (f)	ปืนไรเฟิล	bpeun rai-fern
pistola-metralhadora (f)	ปืนกลมือ	bpeun gon meu
metralhadora (f)	ปืนกล	bpeun gon
boca (f)	ปากปูระบอกปืน	bpàak bprà bòrk bpeun
cano (m)	ลำกลอง	lam glôrng
calibre (m)	ขนาดลำกล้อง	khà-nàat lam glôrng
gatilho (m)	ไกปืน	gai bpeun
mira (f)	ศูนย์เล็ง	sŏon leng
carregador (m)	แม็กกาซีน	máek-gaa-seen
coronha (f)	พานท้ายปืน	phaan tháai bpeun
granada (f) de mão	ระเบิดมือ	rá-bèrt meu
explosivo (m)	วัตถุระเบิด	wát-thù rá-bèrt
bala (f)	ลูกกระสุน	lôok grà-sŭn
cartucho (m)	ตลับกระสุน	dtà-làp grà-sŭn
carga (f)	กระสุน	grà-sŭn
munições (f pl)	อาวุธยุทธภัณฑ์	aa-wút yút-thá-phan
bombardeiro (m)	เครื่องบินทิ้งระเบิด	khrêuang bin thíng rá-bèrt
avião (m) de caça	เครื่องบินขับไล่	khrêuang bin khàp lâi
helicóptero (m)	เฮลิคอปเตอร์	hay-lí-khôrp-dtêr
canhão (m) antiaéreo	ปืนต่อสู้ อากาศยาน	bpeun dtòr sôo aa-gàat-sà-yaan
tanque (m)	รถถัง	rót thăng
canhão (de um tanque)	ปืนรถถัง	bpeun rót thăng
artilharia (f)	ปืนใหญ่	bpeun yài
canhão (m)	ปืน	bpeun
fazer a pontaria	เล็งเป้าปืน	leng bpâo bpeun
obus (m)	กระสุน	grà-sŭn
granada (f) de morteiro	กระสุนปืนครก	grà-sŭn bpeun khrók
morteiro (m)	ปืนครก	bpeun khrók
estilhaço (m)	สะเก็ดระเบิด	sà-gèt rá-bèrt
submarino (m)	เรือดำน้ำ	reua dam náam
torpedo (m)	ตอร์ปิโด	dtor-bpì-doh
míssil (m)	ขีปนาวุธ	khĕe-bpà-naa-wút
carregar (uma arma)	ใส่กระสุน	sài grà-sŭn
atirar, disparar (vi)	ยิง	ying
apontar para ...	เล็ง	leng
baioneta (f)	ดาบปลายปืน	dàap bplaai bpeun
espada (f)	เรเปียร์	ray-bpia

sabre (m)	ดาบโค้ง	dàap khóhng
lança (f)	หอก	hòrk
arco (m)	ธนู	thá-noo
flecha (f)	ลูกธนู	lôok-thá-noo
mosquete (m)	ปืนคาบศิลา	bpeun khâap sì-laa
besta (f)	หน้าไม้	nâa máai

187. Povos da antiguidade

primitivo	แบบดั้งเดิม	bàep dâng derm
pré-histórico	ยุคก่อนประวัติศาสตร์	yúk gòn bprà-wàt sàat
antigo	โบราณ	boh-raan

Idade (f) da Pedra	ยุคหิน	yúk hǐn
Idade (f) do Bronze	ยุคสำริด	yúk sǎm-rít
período (m) glacial	ยุคน้ำแข็ง	yúk nám khǎeng

tribo (f)	เผ่า	phào
canibal (m)	ผู้ที่กินเนื้อคน	phôo thêe gin néua khon
caçador (m)	นักล่าสัตว์	nák lâa sàt
caçar (vi)	ล่าสัตว์	lâa sàt
mamute (m)	ช้างแมมมอธ	cháang-maem-môt

caverna (f)	ถ้ำ	thâm
fogo (m)	ไฟ	fai
fogueira (f)	กองไฟ	gorng fai
pintura (f) rupestre	ภาพวาดในถ้ำ	phâap-wâat nai thâm

ferramenta (f)	เครื่องมือ	khrêuang meu
lança (f)	หอก	hòrk
machado (m) de pedra	ขวานหิน	khwǎan hǐn
guerrear (vt)	ทำสงคราม	tham sǒng-khraam
domesticar (vt)	เชื่อง	chêuang

| ídolo (m) | เทวรูป | theu-rôop |
| adorar, venerar (vt) | บูชา | boo-chaa |

| superstição (f) | ความเชื่องมงาย | khwaam chêua ngom-ngaai |
| ritual (m) | พิธีกรรม | phí-thee gam |

| evolução (f) | วิวัฒนาการ | wí-wát-thá-naa-gaan |
| desenvolvimento (m) | การพัฒนา | gaan phát-thá-naa |

| desaparecimento (m) | การสูญพันธุ์ | gaan sǒon phan |
| adaptar-se (vr) | ปรับตัว | bpràp dtua |

arqueologia (f)	โบราณคดี	boh-raan khá-dee
arqueólogo (m)	นักโบราณคดี	nák boh-raan-ná-khá-dee
arqueológico	ทางโบราณคดี	thaang boh-raan khá-dee

local (m) das escavações	แหล่งขุดค้น	làeng khùt khón
escavações (f pl)	การขุดค้น	gaan khùt khón
achado (m)	สิ่งที่ดูนพบ	sìng thêe khón phóp
fragmento (m)	เศษชิ้นส่วน	sàyt chín sùan

188. Idade média

povo (m)	ชาติพันธุ์	châat-dtì-phan
povos (m pl)	ชุติพันธุ์	châat-dtì-phan
tribo (f)	เผ่า	phào
tribos (f pl)	เผา	phào
bárbaros (m pl)	อนารยชน	à-naa-rá-yá-chon
gauleses (m pl)	ชาวโกล	chaao gloh
godos (m pl)	ชาวกอธ	chaao gòt
eslavos (m pl)	ชาวสลาฟ	chaao sà-làaf
víquingues (m pl)	ชาวไวกิ้ง	chaao wai-gîng
romanos (m pl)	ชาวโรมัน	chaao roh-man
romano	โรมัน	roh-man
bizantinos (m pl)	ชาวไบแซนไทน์	chaao bai-saen-tpai
Bizâncio	ไบแซนเทียม	bai-saen-thiam
bizantino	ไบแซนไทน์	bai-saen-thai
imperador (m)	จักรพรรดิ	jàk-grà-phát
líder (m)	ผู้นำ	phôo nam
poderoso	ทรงพลัง	song phá-lang
rei (m)	มูหากษัตริย์	má-hǎa gà-sàt
governante (m)	ผู้ปกครอง	phôo bpòk khrorng
cavaleiro (m)	อัศวิน	àt-sà-win
senhor feudal (m)	เจ้าครองนคร	jâo khrorng ná-khon
feudal	ระบบศักดินา	rá-bòp sàk-gà-dì naa
vassalo (m)	เจ้าของที่ดิน	jâo khǒrng thêe din
duque (m)	ดยุค	dà-yúk
conde (m)	เอิรล	ern
barão (m)	บารอน	baa-rorn
bispo (m)	พระบิชอป	phrá bì-chôp
armadura (f)	เกราะ	gròr
escudo (m)	โล	lôh
espada (f)	ดาบ	dàap
viseira (f)	กะบังหน้าของหมวก	gà-bang nâa khǒrng mùak
cota (f) de malha	เสื้อเกราะถัก	sêua gròr thàk
cruzada (f)	สงครามครูเสด	sǒng-khraam khroo-sàyt
cruzado (m)	ผู้ทำสงคราม	phôo tham sǒng-kraam
	ศาสนา	sàat-sà-nǎa
território (m)	อาณาเขต	aa-naa khàyt
atacar (vt)	โจมตี	johm dtee
conquistar (vt)	ยึดครอง	yéut khrorng
ocupar, invadir (vt)	บุกยึด	bùk yéut
assédio, sítio (m)	การโอบล้อมโจมตี	gaan òhp lóm johm dtee
sitiado	ถูกล้อมกรอบ	thòok lóm gròp
assediar, sitiar (vt)	ล้อมโจมตี	lóm johm dtee
inquisição (f)	การไต่สวน	gaan dtài sǔan

inquisidor (m)	ผู้ไต่สวน	phôo dtài sŭan
tortura (f)	การทูรมาน	gaan thor-rá-maan
cruel	โหดราย	hòht ráai
herege (m)	ผู้นอกรีต	phôo nôrk rêet
heresia (f)	ความนอกรีต	khwaam nôrk rêet
navegação (f) marítima	การเดินเรือทะเล	gaan dern reua thá-lay
pirata (m)	โจรสลัด	john sà-làt
pirataria (f)	การปลนสะดม ในนานน้ำทะเล	gaan bplôn-sà-dom nai nâan náam thá-lay
abordagem (f)	การบุกขึ้นเรือ	gaan bùk khêun reua
saque (m), pulhagem (f)	ของที่ปลน สะดมมา	khŏrng têe bplôn-sà-dom maa
tesouros (m pl)	สมบัติ	sŏm-bàt
descobrimento (m)	การค้นพบ	gaan khón phóp
descobrir (novas terras)	คนพบ	khón phóp
expedição (f)	การสำรวจ	gaan săm-rùat
mosqueteiro (m)	ทหารถือปืนคาบศิลา	thá-hăan thĕu bpeun khâap sì-laa
cardeal (m)	พระคาร์ดินัล	phrá khaa-dì-nan
heráldica (f)	มุทราศาสตร์	mút-raa sàat
heráldico	ทางมุทราศาสตร์	thaang mút-raa sàat

189. Líder. Chefe. Autoridades

rei (m)	ราชา	raa-chaa
rainha (f)	ราชินี	raa-chí-nee
real	เกี่ยวกับราชวงศ์	glèow gàp râat-cha-wong
reino (m)	ราชอาณาจักร	râat aa-naa jàk
príncipe (m)	เจ้าชาย	jâo chaai
princesa (f)	เจาหญิง	jâo yĭng
presidente (m)	ประธานาธิบดี	bprà-thaa-naa-thí-bor-dee
vice-presidente (m)	รองประธานาธิบดี	rorng bprà-thaa-naa-thí-bor-dee
senador (m)	สมาชิกวุฒิสภา	sà-maa-chík wút-thí sà-phaa
monarca (m)	กษัตริย์	gà-sàt
governante (m)	ผู้ปกครอง	phôo bpòk khrorng
ditador (m)	เผด็จการ	phà-dèt gaan
tirano (m)	ทูรราช	thor-rá-râat
magnata (m)	ผู้มีอิทธิพลสูง	phôo mee ìt-thí phon sŏong
diretor (m)	ผู้อำนวยการ	phôo am-nuay gaan
chefe (m)	หัวหนา	hŭa-nâa
dirigente (m)	ผู้จัดการ	phôo jàt gaan
patrão (m)	หัวหนา	hŭa-nâa
dono (m)	เจาของ	jâo khŏrng
líder, chefe (m)	ผู้นำ	phôo nam
chefe (~ de delegação)	หัวหนา	hŭa-nâa

| autoridades (f pl) | เจ้าหน้าที่ | jâo nâa-thêe |
| superiores (m pl) | ผู้บังคับบัญชา | phôo bang-kháp ban-chaa |

governador (m)	ผู้ว่าการ	phôo wâa gaan
cônsul (m)	กงสุล	gong-sŭn
diplomata (m)	นักการทูต	nák gaan thôot
prefeito (m)	นายกเทศมนตรี	naa-yók thâyt-sà-mon-dtree
xerife (m)	นายอำเภอ	naai am-pher

imperador (m)	จักรพรรดิ	jàk-grà-phát
czar (m)	ซาร์	saa
faraó (m)	ฟาโรห์	faa-roh
cã (m)	ขาน	khàan

190. Estrada. Caminho. Direções

| estrada (f) | ถนน | thà-nŏn |
| caminho (m) | ทิศทาง | thít thaang |

rodovia (f)	ทางด่วน	thaang dùan
autoestrada (f)	ทางหลวง	thaang lŭang
estrada (f) nacional	ทางหลวงอินเตอร์สเตต	thaang lŭang in-dtèrt-dtàyt

| estrada (f) principal | ถนนใหญ่ | thà-nŏn yài |
| caminho (m) de terra batida | ถนนลูกรัง | thà-nŏn loo-grang |

| trilha (f) | ทางเดิน | thaang dern |
| vereda (f) | ทางเดิน | thaang dern |

Onde?	ที่ไหน?	thêe năi
Para onde?	ที่ไหน?	thêe năi
De onde?	จากที่ไหน?	jàak thêe năi

| direção (f) | ทิศทาง | thít thaang |
| indicar (orientar) | ชี้ | chée |

para esquerda	ทางซ้าย	thaang sáai
para direita	ทางขวา	thaang khwăa
em frente	ตรงไป	dtrorng bpai
para trás	กลับ	glàp

curva (f)	ทางโค้ง	thaang khóhng
virar (ex. ~ à direita)	เลี้ยว	líeow
dar retorno	กลับรถ	glàp rót

| estar visível | มองเห็นได้ | morng hĕn dâi |
| aparecer (vi) | ปรากฏ | bpraa-gòt |

paragem (pausa)	การหยุด	gaan yùt
descansar (vi)	พัก	phák
descanso (m)	การหยุดพัก	gaan yùt phák

| perder-se (vr) | หลงทาง | lŏng thaang |
| conduzir (caminho) | ไปสู่ | bpai sòo |

chegar a ...	ออกมาถึง	òrk maa thĕung
trecho (m)	สวน	sùan

asfalto (m)	ถนนลาดยาง	thà-nŏn lâat yaang
lancil (m)	ขอบถนน	khòrp thà-nŏn
valeta (f)	คูน้ำ	khoo náam
tampa (f) de esgoto	ฝาท่อระบายน้ำ	făa thôr rá-baai nám
berma (f) da estrada	ขางถนน	khâang thà-nŏn
buraco (m)	หลุม	lŭm

ir (a pé)	ไป	bpai
ultrapassar (vt)	แซง	saeng

passo (m)	ก้าวเดิน	gâao dern
a pé	เดินเทา	dern tháo

bloquear (vt)	กีดขวาง	gèet khwăang
cancela (f)	แขนกั้นรถ	khăen gân rót
beco (m) sem saída	ทางตัน	thaang dtan

191. Viloação da lei. Criminosos. Parte 1

bandido (m)	โจร	john
crime (m)	อาชญากรรม	àat-yaa-gam
criminoso (m)	อาชญากร	àat-yaa-gon

ladrão (m)	ขโมย	khà-moi
roubar (vt)	ขโมย	khà-moi
roubo (atividade)	การลักขโมย	gaan lák khà-moi
furto (m)	การลักทรัพย์	gaan lák sáp

raptar (ex. ~ uma criança)	ลักพาตัว	lák phaa dtua
rapto (m)	การลักพาตัว	gaan lák phaa dtua
raptor (m)	ผู้ลักพาตัว	phôo lák phaa dtua

resgate (m)	ค่าไถ่	khâa thài
pedir resgate	เรียกเงินค่าไถ่	rîak ngern khâa thài

roubar (vt)	ปล้น	bplôn
assalto, roubo (m)	การปล้น	gaan bplôn
assaltante (m)	ขโมยขโจร	khà-moi khà-john

extorquir (vt)	รีดไถ	rêet thăi
extorsionário (m)	ผู้รีดไถ	phôo rêet thăi
extorsão (f)	การรีดไถ	gaan rêet thăi

matar, assassinar (vt)	ฆ่า	khâa
homicídio (m)	ฆาตกรรม	khâat-dtà-gaam
homicida, assassino (m)	ฆาตกร	khâat-dtà-gon

tiro (m)	การยิงปืน	gaan ying bpeun
dar um tiro	ยิง	ying
matar a tiro	ยิงให้ตาย	ying hâi dtaai
atirar, disparar (vi)	ยิง	ying

tiroteio (m)	การยิง	gaan ying
acontecimento (m)	เหตุการณ์	hàyt gaan
porrada (f)	การต่อสู้	gaan dtòr sôo
Socorro!	ขอช่วย	khŏr chûay
vítima (f)	เหยื่อ	yèua
danificar (vt)	ทำความเสียหาย	tham khwaam sĭa hăai
dano (m)	ความเสียหาย	khwaam sĭa hăai
cadáver (m)	ศพ	sòp
grave	รายแรง	ráai raeng
atacar (vt)	จู่โจม	jòo johm
bater (espancar)	ตี	dtee
espancar (vt)	ซ้อม	sórm
tirar, roubar (dinheiro)	ปล้น	bplôn
esfaquear (vt)	แทงให้ตาย	thaeng hâi dtaai
mutilar (vt)	ทำให้บาดเจ็บสาหัส	tham hâi bàat jèp săa hàt
ferir (vt)	บาด	bàat
chantagem (f)	การกรรโชก	gaan-gan-chôhk
chantagear (vt)	กรรโชก	gan-chôhk
chantagista (m)	ผู้ขู่กรรโชก	phôo khòo gan-chôhk
extorsão	การคุมครอง	gaan khum khrorng
(em troca de proteção)	ผิดกฎหมาย	phìt gòt măai
extorsionário (m)	ผู้ที่หาเงิน จากกิจกรรมที่ ผิดกฎหมาย	phôo thêe hăa ngern jàak gìt-jà-gam thêe phìt gòt măai
gângster (m)	เหล่าร้าย	lào ráai
máfia (f)	มาเฟีย	maa-fia
carteirista (m)	ขโมยล้วงกระเป๋า	khà-moi lúang grà-bpăo
assaltante, ladrão (m)	ขโมยยองเบา	khà-moi yông bao
contrabando (m)	การลักลอบ	gaan lák-lôrp
contrabandista (m)	ผู้ลักลอบ	phôo lák lôrp
falsificação (f)	การปลอมแปลง	gaan bplorm bplaeng
falsificar (vt)	ปลอมแปลง	bplorm bplaeng
falsificado	ปลอม	bplorm

192. Viloação da lei. Criminosos. Parte 2

violação (f)	การข่มขืน	gaan khòm khĕun
violar (vt)	ขมขืน	khòm khĕun
violador (m)	โจรขมขืน	john khòm khĕun
maníaco (m)	คนบ้า	khon bâa
prostituta (f)	โสเภณี	sŏh-phay-nee
prostituição (f)	การค้าประเวณี	gaan kháa bprà-way-nee
chulo (m)	แมงดา	maeng-daa
toxicodependente (m)	ผู้ติดยาเสพติด	phôo dtìt yaa-sàyp-dtìt
traficante (m)	พอค้ายาเสพติด	phôr kháa yaa-sàyp-dtìt
explodir (vt)	ระเบิด	rá-bèrt

explosão (f)	การระเบิด	gaan rá-bèrt
incendiar (vt)	เผา	phǎo
incendiário (m)	ผู้ลอบวางเพลิง	phôo lôp waang phlerng
terrorismo (m)	การก่อการร้าย	gaan gòr gaan ráai
terrorista (m)	ผู้ก่อการราย	phôo gòr gaan ráai
refém (m)	ตัวประกัน	dtua bprà-gan
enganar (vt)	ล่อลวง	lôr luang
engano (m)	การลอลวง	gaan lôr luang
vigarista (m)	นักตมตุน	nák dtôm dtǔn
subornar (vt)	ติดสินบน	dtìt sǐn-bon
suborno (atividade)	การติดสินบน	gaan dtìt sǐn-bon
suborno (dinheiro)	สินบน	sǐn bon
veneno (m)	ยาพิษ	yaa phít
envenenar (vt)	วางยาพิษ	waang-yaa phít
envenenar-se (vr)	กินยาตาย	gin yaa dtaai
suicídio (m)	การฆ่าตัวตาย	gaan khâa dtua dtaai
suicida (m)	ผู้ฆาตัวตาย	phôo khâa dtua dtaai
ameaçar (vt)	ขู่	khòo
ameaça (f)	คำขู่	kham khòo
atentar contra a vida de ...	พยายามฆ่า	phá-yaa-yaam khâa
atentado (m)	การพยายามฆ่า	gaan phá-yaa-yaam khâa
roubar (o carro)	จี้	jêe
desviar (o avião)	จี้	jêe
vingança (f)	การแก้แค้น	gaan gâe kháen
vingar (vt)	แก้แค้น	gâe kháen
torturar (vt)	ทรมาณ	thon-maan
tortura (f)	การทรมาน	gaan thor-rá-maan
atormentar (vt)	ทำทารุณ	tam taa-run
pirata (m)	โจรสลัด	john sà-làt
desordeiro (m)	นักเลง	nák-layng
armado	มีอาวุธ	mee aa-wút
violência (f)	ความรุนแรง	khwaam run raeng
ilegal	ผิดกฎหมาย	phìt gòt mǎai
espionagem (f)	จารกรรม	jaa-rá-gam
espionar (vi)	ลวงความลับ	lúang khwaam láp

193. Polícia. Lei. Parte 1

justiça (f)	ยุติธรรม	yút-dtì-tham
tribunal (m)	ศาล	sǎan
juiz (m)	ผู้พิพากษา	phôo phí-phâak-sǎa
jurados (m pl)	ลูกขุน	lôok khǔn

tribunal (m) do júri	การไต่สวนคดีแบบมีลูกขุน	gaan dtài sŭan khá-dee bàep mee lôok khŭn
julgar (vt)	พิพากษา	phí-phâak-sǎa
advogado (m)	ทนายความ	thá-naai khwaam
réu (m)	จำเลย	jam loie
banco (m) dos réus	คอกจำเลย	khôrk jam loie
acusação (f)	ข้อกล่าวหา	khôr glàao hǎa
acusado (m)	ถูกกลาวหา	thòok glàao hǎa
sentença (f)	การลงโทษ	gaan long thôht
sentenciar (vt)	พิพากษา	phí-phâak-sǎa
culpado (m)	ผู้กระทำความผิด	phôo grà-tham khwaam phìt
punir (vt)	ลงโทษ	long thôht
punição (f)	การลงโทษ	gaan long thôht
multa (f)	ปรับ	bpràp
prisão (f) perpétua	การจำคุกตลอดชีวิต	gaan jam khúk dtà-lòt chee-wít
pena (f) de morte	โทษประหาร	thôht-bprà-hǎan
cadeira (f) elétrica	เก้าอี้ไฟฟ้า	gâo-êe fai-fáa
forca (f)	ตะแลงแกง	dtà-laeng-gaeng
executar (vt)	ประหาร	bprà-hǎan
execução (f)	การประหาร	gaan bprà-hǎan
prisão (f)	คุก	khúk
cela (f) de prisão	ห้องขัง	hôrng khǎng
escolta (f)	ผู้ควบคุมตัว	phôo khûap khum dtua
guarda (m) prisional	ผู้คุม	phôo khum
preso (m)	นักโทษ	nák thôht
algemas (f pl)	กุญแจมือ	gun-jae meu
algemar (vt)	ใส่กุญแจมือ	sài gun-jae meu
fuga, evasão (f)	การแหกคุก	gaan hàek khúk
fugir (vi)	แหก	hàek
desaparecer (vi)	หายตัวไป	hǎai dtua bpai
soltar, libertar (vt)	ถูกปลอยตัว	thòok bplòi dtua
amnistia (f)	การนิรโทษกรรม	gaan ní-rá-thôht gam
polícia (instituição)	ตำรวจ	dtam-rùat
polícia (m)	เจ้าหน้าที่ตำรวจ	jâo nâa-thêe dtam-rùat
esquadra (f) de polícia	สถานีตำรวจ	sà-thǎa-nee dtam-rùat
cassetete (m)	กระบองตำรวจ	grà-bong dtam-rùat
megafone (m)	โทรโข่ง	toh-ra -khòhng
carro (m) de patrulha	รถลาดตระเวน	rót lâat dtrà-wayn
sirene (f)	หวอ	wǒr
ligar a sirene	เปิดหวอ	bpèrt wǒr
toque (m) da sirene	เสียงหวอ	sǐang wǒr
cena (f) do crime	ที่เกิดเหตุ	thêe gèrt hàyt
testemunha (f)	พยาน	phá-yaan

liberdade (f)	อิสระ	ìt-sà-rà
cúmplice (m)	ผู้ร่วมกระทำผิด	phôo rûam grà-tham phìt
escapar (vi)	หนี	něe
traço (não deixar ~s)	รองรอย	rông roi

194. Polícia. Lei. Parte 2

procura (f)	การสืบสวน	gaan sèup sǔan
procurar (vt)	หาตัว	hǎa dtua
suspeita (f)	ความสงสัย	khwaam sǒng-sǎi
suspeito	น่าสงสัย	nâa sǒng-sǎi
parar (vt)	เรียกให้หยุด	rîak hâi yùt
deter (vt)	กักตัว	gàk dtua
caso (criminal)	คดี	khá-dee
investigação (f)	การสืบสวน	gaan sèup sǔan
detetive (m)	นักสืบ	nák sèup
investigador (m)	นักสอบสวน	nák sòrp sǔan
versão (f)	สันนิษฐาน	sǎn-nít-thǎan
motivo (m)	เหตุจูงใจ	hàyt joong jai
interrogatório (m)	การสอบปากคำ	gaan sòp bpàak kham
interrogar (vt)	สอบสวน	sòrp sǔan
questionar (vt)	ไถ่ถาม	thài thǎam
verificação (f)	การตรวจสอบ	gaan dtrùat sòp
rusga (f)	การรวบตัว	gaan rûap dtua
busca (f)	การตรวจค้น	gaan dtrùat khón
perseguição (f)	การไล่ล่า	gaan lâi lâa
perseguir (vt)	ไล่ล่า	lâi lâa
seguir (vt)	สืบ	sèup
prisão (f)	การจับกุม	gaan jàp gum
prender (vt)	จับกุม	jàp gum
pegar, capturar (vt)	จับ	jàp
captura (f)	การจับ	gaan jàp
documento (m)	เอกสาร	àyk sǎan
prova (f)	หลักฐาน	làk thǎan
provar (vt)	พิสูจน์	phí-sòot
pegada (f)	รอยเท้า	roi tháo
impressões (f pl) digitais	รอยนิ้วมือ	roi níw meu
prova (f)	หลักฐาน	làk thǎan
álibi (m)	ข้อแก้ตัว	khôr gâe dtua
inocente	พ้นผิด	phón phìt
injustiça (f)	ความอยุติธรรม	khwaam a-yút-dtì-tam
injusto	ไม่เป็นธรรม	mâi bpen-tham
criminal	อาชญากร	àat-yaa-gon
confiscar (vt)	ยึด	yéut
droga (f)	ยาเสพติด	yaa sàyp dtìt
arma (f)	อาวุธ	aa-wút
desarmar (vt)	ปลดอาวุธ	bplòt aa-wút

ordenar (vt)	ออกคำสั่ง	òrk kham sàng
desaparecer (vi)	หายตัวไป	hăai dtua bpai
lei (f)	กฎหมาย	gòt măai
legal	ตามกฎหมาย	dtaam gòt măai
ilegal	ผิดกฎหมาย	phìt gòt măai
responsabilidade (f)	ความรับผิดชอบ	khwaam ráp phìt chôp
responsável	รับผิดชอบ	ráp phìt chôp

NATUREZA

A Terra. Parte 1

195. Espaço sideral

cosmos (m)	อวกาศ	a-wá-gàat
cósmico	ทางอวกาศ	thang a-wá-gàat
espaço (m) cósmico	อวกาศ	a-wá-gàat
mundo (m)	โลก	lôhk
universo (m)	จักรวาล	jàk-grà-waan
galáxia (f)	ดาราจักร	daa-raa jàk
estrela (f)	ดาว	daao
constelação (f)	กลุ่มดาว	glùm daao
planeta (m)	ดาวเคราะห์	daao khrór
satélite (m)	ดาวเทียม	daao thiam
meteorito (m)	ดาวตก	daao dtòk
cometa (m)	ดาวหาง	daao hăang
asteroide (m)	ดาวเคราะห์น้อย	daao khrór nói
órbita (f)	วงโคจร	wong khoh-jon
girar (vi)	เวียน	wian
atmosfera (f)	บรรยากาศ	ban-yaa-gàat
Sol (m)	ดวงอาทิตย์	duang aa-thít
Sistema (m) Solar	ระบบสุริยะ	rá-bòp sù-rí-yá
eclipse (m) solar	สุริยุปราคา	sù-rí-yú-bpà-raa-kaa
Terra (f)	โลก	lôhk
Lua (f)	ดวงจันทร์	duang jan
Marte (m)	ดาวอังคาร	daao ang-khaan
Vénus (m)	ดาวศุกร์	daao sùk
Júpiter (m)	ดาวพฤหัส	daao phá-réu-hàt
Saturno (m)	ดาวเสาร์	daao săo
Mercúrio (m)	ดาวพุธ	daao phút
Urano (m)	ดาวยูเรนัส	daao-yoo-ray-nát
Neptuno (m)	ดาวเนปจูน	daao-nâyp-joon
Plutão (m)	ดาวพลูโต	daao phloo-dtoh
Via Láctea (f)	ทางช้างเผือก	thaang cháang phèuak
Ursa Maior (f)	กลุ่มดาวหมีใหญ่	glùm daao mĕe yài
Estrela Polar (f)	ดาวเหนือ	daao nĕua
marciano (m)	ชาวดาวอังคาร	chaao daao ang-khaan
extraterrestre (m)	มนุษย์ต่างดาว	má-nút dtàang daao

| alienígena (m) | มนุษย์ต่างดาว | má-nút dtàang daao |
| disco (m) voador | จานบิน | jaan bin |

nave (f) espacial	ยานอวกาศ	yaan a-wá-gàat
estação (f) orbital	สถานีอวกาศ	sà-thǎa-nee a-wá-gàat
lançamento (m)	การปล่อยจรวด	gaan bplòi jà-rùat

motor (m)	เครื่องยนต์	khrêuang yon
bocal (m)	ท่อไอพ่น	thôr ai phôn
combustível (m)	เชื้อเพลิง	chéua phlerng

cabine (f)	ที่นั่งคนขับ	thêe nâng khon khàp
antena (f)	เสาอากาศ	sǎo aa-gàat
vigia (f)	ช่อง	chôrng
bateria (f) solar	อุปกรณ์พลังงานแสงอาทิตย์	ù-bpà-gon phá-lang ngaan sǎeng aa-thít
traje (m) espacial	ชุดอวกาศ	chút a-wá-gàat

| imponderabilidade (f) | สภาพไร้น้ำหนัก | sà-phâap rái nám nàk |
| oxigénio (m) | อ็อกซิเจน | ók sí jayn |

| acoplagem (f) | การเทียบท่า | gaan thîap thâa |
| fazer uma acoplagem | เทียบท่า | thîap thâa |

observatório (m)	หอดูดาว	hǒr doo daao
telescópio (m)	กล้องโทรทรรศน์	glôrng thoh-rá-thát
observar (vt)	เฝ้าสังเกต	fâo sǎng-gàyt
explorar (vt)	สำรวจ	sǎm-rùat

196. A Terra

Terra (f)	โลก	lôhk
globo terrestre (Terra)	ลูกโลก	lôok lôhk
planeta (m)	ดาวเคราะห์	daao khrór

atmosfera (f)	บรรยากาศ	ban-yaa-gàat
geografia (f)	ภูมิศาสตร์	phoo-mí-sàat
natureza (f)	ธรรมชาติ	tham-má-châat

globo (mapa esférico)	ลูกโลก	lôok lôhk
mapa (m)	แผนที่	phǎen thêe
atlas (m)	หนังสือแผนที่โลก	nǎng-sěu phǎen thêe lôhk

Europa (f)	ยุโรป	yú-ròhp
Ásia (f)	เอเชีย	ay-chia
África (f)	แอฟริกา	àef-rí-gaa
Austrália (f)	ออสเตรเลีย	òrt-dtray-lia

América (f)	อเมริกา	a-may-rí-gaa
América (f) do Norte	อเมริกาเหนือ	a-may-rí-gaa něua
América (f) do Sul	อเมริกาใต้	a-may-rí-gaa dtâi

| Antártida (f) | แอนตาร์กติกา | aen-dtàak-dtì-gaa |
| Ártico (m) | อาร์กติค | àak-dtìk |

197. Pontos cardeais

norte (m)	เหนือ	nĕua
para norte	ทิศเหนือ	thít nĕua
no norte	ที่ภาคเหนือ	thêe phâak nĕua
do norte	ทางเหนือ	thaang nĕua

sul (m)	ใต้	dtâi
para sul	ทิศใต้	thít dtâi
no sul	ที่ภาคใต้	thêe phâak dtâi
do sul	ทางใต้	thaang dtâi

oeste, ocidente (m)	ตะวันตก	dtà-wan dtòk
para oeste	ทิศตะวันตก	thít dtà-wan dtòk
no oeste	ที่ภาคตะวันตก	thêe phâak dtà-wan dtòk
ocidental	ทางตะวันตก	thaang dtà-wan dtòk

leste, oriente (m)	ตะวันออก	dtà-wan òrk
para leste	ทิศตะวันออก	thít dtà-wan òrk
no leste	ที่ภาคตะวันออก	thêe phâak dtà-wan òrk
oriental	ทางตะวันออก	thaang dtà-wan òrk

198. Mar. Oceano

mar (m)	ทะเล	thá-lay
oceano (m)	มหาสมุทร	má-hăa sà-mùt
golfo (m)	อ่าว	àao
estreito (m)	ช่องแคบ	chôrng khâep

| terra (f) firme | พื้นดิน | phéun din |
| continente (m) | ทวีป | thá-wêep |

ilha (f)	เกาะ	gòr
península (f)	คาบสมุทร	khâap sà-mùt
arquipélago (m)	หมู่เกาะ	mòo gòr

baía (f)	อ่าว	àao
porto (m)	ท่าเรือ	thâa reua
lagoa (f)	ลากูน	laa-goon
cabo (m)	แหลม	lăem

atol (m)	อะทอลล์	à-thorn
recife (m)	แนวปะการัง	naew bpà-gaa-rang
coral (m)	ปะการัง	bpà gaa-rang
recife (m) de coral	แนวปะการัง	naew bpà-gaa-rang

profundo	ลึก	léuk
profundidade (f)	ความลึก	khwaam léuk
abismo (m)	หุบเหวลึก	hùp wăy léuk
fossa (f) oceânica	ร่องลึกกนสมุทร	rông léuk gôn sà-mùt

| corrente (f) | กระแสน้ำ | grà-săe náam |
| banhar (vt) | ลอมรอบ | lórm rôrp |

| litoral (m) | ชายฝั่ง | chaai fàng |
| costa (f) | ชายฝั่ง | chaai fàng |

maré (f) alta	น้ำขึ้น	náam khêun
maré (f) baixa	น้ำลง	náam long
restinga (f)	หาดตื้น	hàat dtêun
fundo (m)	กนทะเล	gôn thá-lay

onda (f)	คลื่น	khlêun
crista (f) da onda	มวนคลื่น	múan khlêun
espuma (f)	ฟองคลื่น	forng khlêun

tempestade (f)	พายุ	phaa-yú
furacão (m)	พายุเฮอร์ริเคน	phaa-yú her-rí-khayn
tsunami (m)	คลื่นยักษ์	khlêun yák
calmaria (f)	ภาวะไร้ลมพัด	phaa-wá rái lom phát
calmo	สงบ	sà-ngòp

| polo (m) | ขั้วโลก | khûa lôhk |
| polar | ขั้วโลก | khûa lôhk |

latitude (f)	เส้นรุ้ง	sên rúng
longitude (f)	เส้นแวง	sên waeng
paralela (f)	เส้นขนาน	sên khà-nǎan
equador (m)	เสนศูนย์สูตร	sên sǒon sòot

céu (m)	ท้องฟ้า	thórng fáa
horizonte (m)	ขอบฟ้า	khòrp fáa
ar (m)	อากาศ	aa-gàat

farol (m)	ประภาคาร	bprà-phaa-khaan
mergulhar (vi)	ดำ	dam
afundar-se (vr)	จม	jom
tesouros (m pl)	สมบัติ	sǒm-bàt

199. Nomes de Mares e Oceanos

Oceano (m) Atlântico	มหาสมุทรแอตแลนติก	má-hǎa sà-mùt àet-laen-dtìk
Oceano (m) Índico	มหาสมุทรอินเดีย	má-hǎa sà-mùt in-dia
Oceano (m) Pacífico	มหาสมุทรแปซิฟิก	má-hǎa sà-mùt bpae-sí-fík
Oceano (m) Ártico	มหาสมุทรอารคติก	má-hǎa sà-mùt aa-ká-dtìk

Mar (m) Negro	ทะเลดำ	thá-lay dam
Mar (m) Vermelho	ทะเลแดง	thá-lay daeng
Mar (m) Amarelo	ทะเลเหลือง	thá-lay lěuang
Mar (m) Branco	ทะเลขาว	thá-lay khǎao

Mar (m) Cáspio	ทะเลแคสเปียน	thá-lay khâet-bpian
Mar (m) Morto	ทะเลเดดซี	thá-lay dàyt-see
Mar (m) Mediterrâneo	ทะเลเมดิเตอร์เรเนียน	thá-lay may-dì-dtêr-ray-nian

Mar (m) Egeu	ทะเลเอเจี้ยน	thá-lay ay-jîan
Mar (m) Adriático	ทะเลเอเดรียติก	thá-lay ay-day-ree-yá-dtìk
Mar (m) Arábico	ทะเลอาหรับ	thá-lay aa-ràp

Mar (m) do Japão	ทะเลญี่ปุ่น	thá-lay yêe-bpùn
Mar (m) de Bering	ทะเลเบริง	thá-lay bae-rîng
Mar (m) da China Meridional	ทะเลจีนใต้	thá-lay jeen-dtâi

Mar (m) de Coral	ทะเลคอรัล	thá-lay khor-ran
Mar (m) de Tasman	ทะเลแทสมัน	thá-lay thâet man
Mar (m) do Caribe	ทะเลแคริบเบียน	thá-lay khae-ríp-bian

| Mar (m) de Barents | ทะเลบาเรนท์ | thá-lay baa-rayn |
| Mar (m) de Kara | ทะเลคารา | thá-lay khaa-raa |

Mar (m) do Norte	ทะเลเหนือ	thá-lay nĕua
Mar (m) Báltico	ทะเลบอลติก	thá-lay bon-dtìk
Mar (m) da Noruega	ทะเลนอรเวย์	thá-lay nor-rá-way

200. Montanhas

montanha (f)	ภูเขา	phoo khăo
cordilheira (f)	ทิวเขา	thiw khăo
serra (f)	สันเขา	săn khăo

cume (m)	ยอดเขา	yôrt khăo
pico (m)	ยอด	yôrt
sopé (m)	ตีนเขา	dteun khăo
declive (m)	ไหลเขา	lài khăo

vulcão (m)	ภูเขาไฟ	phoo khăo fai
vulcão (m) ativo	ภูเขาไฟมีพลัง	phoo khăo fai mee phá-lang
vulcão (m) extinto	ภูเขาไฟที่ดับแล้ว	phoo khăo fai thêe dàp láew

erupção (f)	ภูเขาไฟระเบิด	phoo khăo fai rá-bèrt
cratera (f)	ปล่องภูเขาไฟ	bplòng phoo khăo fai
magma (m)	หินหนืด	hĭn nèut
lava (f)	ลาวา	laa-waa
fundido (lava ~a)	หลอมเหลว	lŏrm lĕo

desfiladeiro (m)	หุบเขาลึก	hùp khăo léuk
garganta (f)	ช่องเขา	chôrng khăo
fenda (f)	รอยแตกภูเขา	roi dtàek phoo khăo
precipício (m)	หุบเหวลึก	hùp wăy léuk

passo, colo (m)	ทางผ่าน	thaang phàan
planalto (m)	ที่ราบสูง	thêe râap sŏong
falésia (f)	หน้าผา	nâa phăa
colina (f)	เนินเขา	nern khăo

glaciar (m)	ธารน้ำแข็ง	thaan náam khăeng
queda (f) d'água	น้ำตก	nám dtòk
géiser (m)	น้ำพุร้อน	nám phú rórn
lago (m)	ทะเลสาบ	thá-lay sàap

planície (f)	ที่ราบ	thêe râap
paisagem (f)	ภูมิทัศน์	phoom thát
eco (m)	เสียงสะท้อน	sĭang sà-thón

alpinista (m)	นักปีนเขา	nák bpeen khǎo
escalador (m)	นักไต่เขา	nák dtài khǎo
conquistar (vt)	ไต่เขาถึงยอด	dtài khǎo thěung yôt
subida, escalada (f)	การปีนเขา	gaan bpeen khǎo

201. Nomes de montanhas

Alpes (m pl)	เทือกเขาแอลป์	thêuak-khǎo-aen
monte Branco (m)	ยอดเขามงบล็อง	yôt khǎo mong-bà-lǒng
Pirineus (m pl)	เทือกเขาไพรีนีส	thêuak khǎo pai-ree-nêet
Cárpatos (m pl)	เทือกเขาคาร์เพเทียน	thêuak khǎo khaa-phay-thian
montes (m pl) Urais	เทือกเขายูรัล	thêuak khǎo yoo-ran
Cáucaso (m)	เทือกเขาคอเคซัส	thêuak khǎo khor-khay-sát
Elbrus (m)	ยอดเขาเอลบรุส	yôt khǎo ayn-brùt
Altai (m)	เทือกเขาอัลไต	thêuak khǎo an-dtai
Tian Shan (m)	เทือกเขาเทียนชาน	thêuak khǎo thian-chaan
Pamir (m)	เทือกเขาพาเมียร์	thêuak khǎo paa-mia
Himalaias (m pl)	เทือกเขาหิมาลัย	thêuak khǎo hì-maa-lai
monte (m) Everest	ยอดเขาเอเวอเรสต์	yôt khǎo ay-wer-râyt
Cordilheira (f) dos Andes	เทือกเขาแอนดีส	thêuak-khǎo-aen-dèet
Kilimanjaro (m)	ยอดเขาคิลิมันจาโร	yôt khǎo khí-lí-man-jaa-roh

202. Rios

rio (m)	แม่น้ำ	mâe náam
fonte, nascente (f)	แหล่งน้ำแร่	làeng náam râe
leito (m) do rio	เส้นทางแม่น้ำ	sên thaang mâe náam
bacia (f)	ลุ่มน้ำ	lûm náam
desaguar no …	ไหลไปสู่...	lǎi bpai sòo...
afluente (m)	สาขา	sǎa-khǎa
margem (do rio)	ฝั่งแม่น้ำ	fàng mâe náam
corrente (f)	กระแสน้ำ	grà-sǎe náam
rio abaixo	ตามกระแสน้ำ	dtaam grà-sǎe náam
rio acima	ทวนน้ำ	thuan náam
inundação (f)	น้ำท่วม	nám thûam
cheia (f)	น้ำท่วม	nám thûam
transbordar (vi)	เอ่อล้น	èr lón
inundar (vt)	ท่วม	thûam
baixio (m)	บริเวณน้ำตื้น	bor-rí-wayn nám dtêun
rápidos (m pl)	กระแสน้ำเชี่ยว	grà-sǎe nám-chîeow
barragem (f)	เขื่อน	khèuan
canal (m)	คลอง	khlorng
reservatório (m) de água	ที่เก็บกักน้ำ	thêe gèp gàk náam
eclusa (f)	ประตูระบายน้ำ	bprà-dtoo rá-baai náam

corpo (m) de água	พื้นน้ำ	phéun náam
pântano (m)	บึง	beung
tremedal (m)	หวย	hûay
remoinho (m)	น้ำวน	nám won
arroio, regato (m)	ลำธาร	lam thaan
potável	น้ำดื่มได้	nám dèum dâai
doce (água)	น้ำจืด	nám jèut
gelo (m)	น้ำแข็ง	nám khǎeng
congelar-se (vr)	แชแข็ง	châe khǎeng

203. Nomes de rios

rio Sena (m)	แม่น้ำเซน	mâe náam sayn
rio Loire (m)	แมน้ำลัวร	mâe-náam lua
rio Tamisa (m)	แม่น้ำเทมส์	mâe-náam them
rio Reno (m)	แม่น้ำไรน	mâe-náam rai
rio Danúbio (m)	แมน้ำดานูบ	mâe-náam daa-nôop
rio Volga (m)	แม่น้ำวอลกา	mâe-náam won-gaa
rio Don (m)	แม่น้ำดอน	mâe-náam don
rio Lena (m)	แมน้ำลีนา	mâe-náam lee-naa
rio Amarelo (m)	แม่น้ำหวง	mâe-náam hǔang
rio Yangtzé (m)	แม่น้ำแยงซี	mâe-náam yaeng-see
rio Mekong (m)	แม่น้ำโขง	mâe-náam khǒhng
rio Ganges (m)	แมน้ำคงคา	mâe-náam khong-khaa
rio Nilo (m)	แม่น้ำไนล์	mâe-náam nai
rio Congo (m)	แม่น้ำคองโก	mâe-náam khong-goh
rio Cubango (m)	แมน้ำ โอคาวังโก	mâe-náam oh-khaa wang goh
rio Zambeze (m)	แม่น้ำแซมบีซี	mâe-náam saem bee see
rio Limpopo (m)	แม่น้ำลิมโปโป	mâe-náam lim-bpoh-bpoh
rio Mississípi (m)	แมน้ำมิสซิสซิปปี	mâe-náam mít-sít-síp-bpee

204. Floresta

floresta (f), bosque (m)	ป่าไม้	bpàa máai
florestal	ป่า	bpàa
mata (f) cerrada	ป่าทึบ	bpàa théup
arvoredo (m)	ป่าละเมาะ	bpàa lá-mór
clareira (f)	ทุงโล่ง	thûng lôhng
matagal (f)	ป่าละเมาะ	bpàa lá-mór
mato (m)	ป่าละเมาะ	bpàa lá-mór
vereda (f)	ทางเดิน	thaang dern
ravina (f)	รองธาร	rông thaan

árvore (f)	ต้นไม้	dtôn máai
folha (f)	ใบไม้	bai máai
folhagem (f)	ใบไม้	bai máai

queda (f) das folha	ใบไม้ร่วง	bai máai rûang
cair (vi)	ร่วง	rûang
topo (m)	ยอด	yôrt

ramo (m)	กิ่ง	gìng
galho (m)	กานไม้	gâan mái
botão, rebento (m)	ยอดออน	yôrt òrn
agulha (f)	เข็ม	khĕm
pinha (f)	ลูกสน	lôok sŏn

buraco (m) de árvore	โพรงไม้	phrohng máai
ninho (m)	รัง	rang
toca (f)	โพรง	phrohng

tronco (m)	ลำต้น	lam dtôn
raiz (f)	ราก	râak
casca (f) de árvore	เปลือกไม้	bplèuak máai
musgo (m)	มอส	môt

arrancar pela raiz	ถอนราก	thŏrn râak
cortar (vt)	โคน	khôhn
desflorestar (vt)	ตัดไม้ทำลายป่า	dtàt mái tham laai bpàa
toco, cepo (m)	ตอไม้	dtor máai

fogueira (f)	กองไฟ	gorng fai
incêndio (m) florestal	ไฟป่า	fai bpàa
apagar (vt)	ดับไฟ	dàp fai

guarda-florestal (m)	เจ้าหน้าที่ดูแลป่า	jâo nâa-thêe doo lae bpàa
proteção (f)	การปกป้อง	gaan bpòk bpôrng
proteger (a natureza)	ปกป้อง	bpòk bpôrng
caçador (m) furtivo	นักลอบล่าสัตว์	nák lôrp lâa sàt
armadilha (f)	กับดักเหล็ก	gàp dàk lèk

| colher (cogumelos, bagas) | เก็บ | gèp |
| perder-se (vr) | หลงทาง | lŏng thaang |

205. Recursos naturais

recursos (m pl) naturais	ทรัพยากร ธรรมชาติ	sáp-pá-yaa-gon tham-má-châat
minerais (m pl)	แร่	râe
depósitos (m pl)	ตะกอน	dtà-gorn
jazida (f)	บอ	bòr

extrair (vt)	ขุดแร่	khùt râe
extração (f)	การขุดแร่	gaan khùt râe
minério (m)	แร	râe
mina (f)	เหมืองแร่	mĕuang râe
poço (m) de mina	ช่องเหมือง	chôrng mĕuang

mineiro (m)	คนงานเหมือง	khon ngaan měuang
gás (m)	แกส „	gáet
gasoduto (m)	ทอแกส	thôr gáet

petróleo (m)	น้ำมัน	nám man
oleoduto (m)	ท่อน้ำมัน	thôr náam man
poço (m) de petróleo	บ่อน้ำมัน	bòr náam man
torre (f) petrolífera	ปั้นจั่นขนาดใหญ่	bpân jàn khà-nàat yài
petroleiro (m)	เรือบรรทุกน้ำมัน	reua ban-thúk nám man

areia (f)	ทราย	saai
calcário (m)	หินปูน	hǐn bpoon
cascalho (m)	กรวด	grùat
turfa (f)	พีต	phêet
argila (f)	ดินเหนียว	din nǐeow
carvão (m)	ถ่านหิน	thàan hǐn

ferro (m)	เหล็ก	lèk
ouro (m)	ทอง	thorng
prata (f)	เงิน	ngern
níquel (m)	นิเกิล	ní-gêrn
cobre (m)	ทองแดง	thorng daeng

zinco (m)	สังกะสี	sǎng-gà-sěe
manganês (m)	แมงกานีส	maeng-gaa-nêet
mercúrio (m)	ปรอท	bpa -ròrt
chumbo (m)	ตะกั่ว	dtà-gùa

mineral (m)	แร่	râe
cristal (m)	ผลึก	phà-lèuk
mármore (m)	หินออน	hǐn òrn
urânio (m)	ยูเรเนียม	yoo-ray-niam

A Terra. Parte 2

206. Tempo

tempo (m)	สภาพอากาศ	sà-phâap aa-gàat
previsão (f) do tempo	พยากรณ์	phá-yaa-gon
	สภาพอากาศ	sà-phâap aa-gàat
temperatura (f)	อุณหภูมิ	un-hà-phoom
termómetro (m)	ปรอทวัดอุณหภูมิ	bpà-ròrt wát un-hà-phoom
barómetro (m)	เครื่องวัดความดัน	khrêuang wát khwaam dan
	บรรยากาศ	ban-yaa-gàat
húmido	ชื้น	chéun
humidade (f)	ความชื้น	khwaam chéun
calor (m)	ความร้อน	khwaam rórn
cálido	ร้อน	rórn
está muito calor	มันร้อน	man rórn
está calor	มันอุ่น	man ùn
quente	อุ่น	ùn
está frio	อากาศเย็น	aa-gàat yen
frio	เย็น	yen
sol (m)	ดวงอาทิตย์	duang aa-thít
brilhar (vi)	สองแสง	sòrng săeng
de sol, ensolarado	มีแสงแดด	mee săeng dàet
nascer (vi)	ขึ้น	khêun
pôr-se (vr)	ตก	dtòk
nuvem (f)	เมฆ	mâyk
nublado	มีเมฆมาก	mee mâyk mâak
nuvem (f) preta	เมฆฝน	mâyk fŏn
escuro, cinzento	มืดครึ้ม	mêut khréum
chuva (f)	ฝน	fŏn
está a chover	ฝนตก	fŏn dtòk
chuvoso	ฝนตก	fŏn dtòk
chuviscar (vi)	ฝนปรอย	fòn bproi
chuva (f) torrencial	ฝนตกหนัก	fŏn dtòk nàk
chuvada (f)	ฝนหาใหญ่	fŏn hàa yài
forte (chuva)	หนัก	nàk
poça (f)	หลุมน้ำ	lòm nám
molhar-se (vr)	เปียก	bpìak
nevoeiro (m)	หมอก	mòrk
de nevoeiro	หมอกจัด	mòrk jàt
neve (f)	หิมะ	hì-má
está a nevar	หิมะตก	hì-má dtòk

207. Tempo extremo. Catástrofes naturais

trovoada (f)	พายุฟ้าคะนอง	phaa-yú fáa khá-nong
relâmpago (m)	ฟ้าผา	fáa phàa
relampejar (vi)	แลบ	lâep
trovão (m)	ฟ้าคะนอง	fáa khá-norng
trovejar (vi)	มีฟ้าคะนอง	mee fáa khá-norng
está a trovejar	มีฟ้าร้อง	mee fáa rórng
granizo (m)	ลูกเห็บ	lôok hèp
está a cair granizo	มีลูกเห็บตก	mee lôok hèp dtòk
inundar (vt)	ท่วม	thûam
inundação (f)	น้ำท่วม	nám thûam
terremoto (m)	แผ่นดินไหว	phàen din wǎi
abalo, tremor (m)	ไหว	wǎi
epicentro (m)	จุดเหนือศูนย์แผ่นดินไหว	jùt něua sǒon phàen din wǎi
erupção (f)	ภูเขาไฟระเบิด	phoo khǎo fai rá-bèrt
lava (f)	ลาวา	laa-waa
turbilhão (m)	พายุหมุน	phaa-yú mǔn
tornado (m)	พายุทอร์เนโด	phaa-yú thor-nay-doh
tufão (m)	พายุไต้ฝุ่น	phaa-yú dtâi fùn
furacão (m)	พายุเฮอร์ริเคน	phaa-yú her-rí-khayn
tempestade (f)	พายุ	phaa-yú
tsunami (m)	คลื่นสึนามิ	khlêun sèu-naa-mí
ciclone (m)	พายุไซโคลน	phaa-yú sai-khlohn
mau tempo (m)	อากาศไม่ดี	aa-gàat mâi dee
incêndio (m)	ไฟไหม้	fai mâi
catástrofe (f)	ความหายนะ	khwaam hǎa-yá-ná
meteorito (m)	อุกกาบาต	ùk-gaa-bàat
avalanche (f)	หิมะถล่ม	hì-má thà-lòm
deslizamento (f) de neve	หิมะถลม	hì-má thà-lòm
nevasca (f)	พายุหิมะ	phaa-yú hì-má
tempestade (f) de neve	พายุหิมะ	phaa-yú hì-má

208. Ruídos. Sons

silêncio (m)	ความเงียบ	khwaam ngîap
som (m)	เสียง	sǐang
ruído, barulho (m)	เสียงรบกวน	sǐang róp guan
fazer barulho	ทำเสียง	tam sǐang
ruidoso, barulhento	หนวกหู	nùak hǒo
alto (adv)	เสียงดัง	sǐang dang
alto (adj)	ดัง	dang
constante (ruído, etc.)	ต่อเนื่อง	dtòr nêuang

grito (m)	เสียงตะโกน	sĭang dtà-gohn
gritar (vi)	ตะโกน	dtà-gohn
sussurro (m)	เสียงกระซิบ	sĭang grà síp
sussurrar (vt)	กระซิบ	grà síp
latido (m)	เสียงเห่า	sĭang hào
latir (vi)	เห่า	hào
gemido (m)	เสียงคราง	sĭang khraang
gemer (vi)	คราง	khraang
tosse (f)	เสียงไอ	sĭang ai
tossir (vi)	ไอ	ai
assobio (m)	เสียงผิวปาก	sĭang phĭw bpàak
assobiar (vi)	ผิวปาก	phĭw bpàak
batida (f)	เสียงเคาะ	sĭang khór
bater (vi)	เคาะ	khór
estalar (vi)	เปรี๊ยะ	bpría
estalido (m)	เสียงเปรี๊ยะ	sĭang bpría
sirene (f)	เสียงสัญญาณเตือน	sĭang săn-yaan dteuan
apito (m)	เสียงนกหวีด	sĭang nók wèet
apitar (vi)	เป่านกหวีด	bpào nók wèet
buzina (f)	เสียงแตร	sĭang dtrae
buzinar (vi)	บีบแตร	bèep dtrae

209. Inverno

inverno (m)	ฤดูหนาว	réu-doo năao
de inverno	ฤดูหนาว	réu-doo năao
no inverno	ช่วงฤดูหนาว	chûang réu-doo năao
neve (f)	หิมะ	hì-má
está a nevar	มีหิมะตก	mee hì-má dtòk
queda (f) de neve	หิมะตก	hì-má dtòk
amontoado (m) de neve	กองหิมะ	gong hì-má
floco (m) de neve	เกล็ดหิมะ	glèt hì-má
bola (f) de neve	ก้อนหิมะ	gôn hì-má
boneco (m) de neve	ตุ๊กตาหิมะ	dtúk-gà-dtaa hì-má
sincelo (m)	แท่งน้ำแข็ง	thâeng nám khăeng
dezembro (m)	ธันวาคม	than-waa khom
janeiro (m)	มกราคม	mók-gà-raa khom
fevereiro (m)	กุมภาพันธ์	gum-phaa phan
gelo (m)	ความหนาวๆ	kwaam năao năao
gelado, glacial	หนาวจัด	năao jàt
abaixo de zero	ต่ำกว่าศูนย์องศา	dtàm gwàa sŏon ong-săa
geada (f)	ลมหนาวแรก	lom năao râek
geada (f) branca	น้ำค้างแข็ง	náam kháang khăeng
frio (m)	ความหนาว	khwaam năao

está frio	อากาศหนาว	aa-gàat năao
casaco (m) de peles	เสื้อโคทขนสัตว์	sêua khóht khŏn sàt
mitenes (f pl)	ถุงมือ	thŭng meu
adoecer (vi)	เป็นหวัด	bpen wàt
constipação (f)	หวัด	wàt
constipar-se (vr)	เป็นหวัด	bpen wàt
gelo (m)	น้ำแข็ง	nám khăeng
gelo (m) na estrada	น้ำแข็งบาง บนพื้นถนน	nám khăeng baang bon phéun thà-nŏn
congelar-se (vr)	แช่แข็ง	châe khăeng
bloco (m) de gelo	แพน้ำแข็ง	phae nám khăeng
esqui (m)	สกี	sà-gee
esquiador (m)	นักสกี	nák sà-gee
esquiar (vi)	เล่นสกี	lên sà-gee
patinar (vi)	เลนสเก็ต	lên sà-gèt

Fauna

210. Mamíferos. Predadores

predador (m)	สัตว์กินเนื้อ	sàt gin néua
tigre (m)	เสือ	sĕua
leão (m)	สิงโต	sĭng dtoh
lobo (m)	หมาป่า	măa bpàa
raposa (f)	หมาจิ้งจอก	măa jîng-jòk
jaguar (m)	เสือจากัวร์	sĕua jaa-gua
leopardo (m)	เสือดาว	sĕua daao
chita (f)	เสือชีตาห์	sĕua chee-dtaa
pantera (f)	เสือดำ	sĕua dam
puma (m)	สิงโตภูเขา	sĭng-dtoh phoo khăo
leopardo-das-neves (m)	เสือดาวหิมะ	sĕua daao hì-má
lince (m)	แมวป่า	maew bpàa
coiote (m)	โคโยตี้	khoh-yoh-dtêe
chacal (m)	หมาจิ้งจอกทอง	măa jîng-jòk thorng
hiena (f)	ไฮยีนา	hai-yee-naa

211. Animais selvagens

animal (m)	สัตว์	sàt
besta (f)	สัตว์	sàt
esquilo (m)	กระรอก	grà rôk
ouriço (m)	เมน	mâyn
lebre (f)	กระต่ายป่า	grà-dtàai bpàa
coelho (m)	กระต่าย	grà-dtàai
texugo (m)	แบดเจอร์	baet-jer
guaxinim (m)	แร็คคูน	ráek khoon
hamster (m)	หนูแฮมสเตอร์	nŏo haem-sà-dtêr
marmota (f)	มารมอต	maa-môt
toupeira (f)	ตุ่น	dtùn
rato (m)	หนู	nŏo
ratazana (f)	หนู	nŏo
morcego (m)	ค้างคาว	kháang khaao
arminho (m)	เออร์มิน	er-min
zibelina (f)	เซเบิล	say bern
marta (f)	มารเทิน	maa thern
doninha (f)	เพียงพอนสีน้ำตาล	phiang phon sĕe nám dtaan
vison (m)	เพียงพอน	phiang phorn

castor (m)	ปีเวอร์	bee-wer
lontra (f)	นาก	nâak
cavalo (m)	ม้า	máa
alce (m) americano	กวางมูส	gwaang môot
veado (m)	กวาง	gwaang
camelo (m)	อูฐ	òot
bisão (m)	วัวป่า	wua bpàa
auroque (m)	วัวป่าออรอช	wua bpàa or rôt
búfalo (m)	ควาย	khwaai
zebra (f)	ม้าลาย	máa laai
antílope (m)	แอนทีโลป	aen-thi-lòp
corça (f)	กวางโรเดียร์	gwaang roh-dia
gamo (m)	กวางแฟลโลว์	gwaang flae-loh
camurça (f)	เลียงผา	liang-phǎa
javali (m)	หมูป่า	mǒo bpàa
baleia (f)	วาฬ	waan
foca (f)	แมวน้ำ	maew náam
morsa (f)	ช้างน้ำ	cháang náam
urso-marinho (m)	แมวน้ำมีขน	maew náam mee khǒn
golfinho (m)	โลมา	loh-maa
urso (m)	หมี	mǐe
urso (m) branco	หมีขั้วโลก	mǐe khûa lôhk
panda (m)	หมีแพนดา	mǐe phaen-dâa
macaco (em geral)	ลิง	ling
chimpanzé (m)	ลิงชิมแปนซี	ling chim-bpaen-see
orangotango (m)	ลิงอุรังอุตัง	ling u-rang-u-dtang
gorila (m)	ลิงกอริลลา	ling gor-rin-lâa
macaco (m)	ลิงแม็กแคก	ling mâk-khâk
gibão (m)	ชะนี	chá-nee
elefante (m)	ช้าง	cháang
rinoceronte (m)	แรด	râet
girafa (f)	ยีราฟ	yee-râaf
hipopótamo (m)	ฮิปโปโปเตมัส	híp-bpoh-bpoh-dtay-mát
canguru (m)	จิงโจ้	jing-jôh
coala (m)	หมีโคอาล่า	mǐe khoh aa lâa
mangusto (m)	พังพอน	phang phon
chinchila (f)	ดินคิลลา	khin-khin laa
doninha-fedorenta (f)	สกุ้งก	sà-gang
porco-espinho (m)	เมน	mâyn

212. Animais domésticos

gata (f)	แมวตัวเมีย	maew dtua mia
gato (m) macho	แมวตัวผู้	maew dtua phôo
cão (m)	สุนัข	sù-nák

cavalo (m)	ม้า	máa
garanhão (m)	ม้าตัวผู้	máa dtua phôo
égua (f)	ม้าตัวเมีย	máa dtua mia
vaca (f)	วัว	wua
touro (m)	กระทิง	grà-thing
boi (m)	วัว	wua
ovelha (f)	แกะตัวเมีย	gàe dtua mia
carneiro (m)	แกะตัวผู้	gàe dtua phôo
cabra (f)	แพะตัวเมีย	pháe dtua mia
bode (m)	แพะตัวผู้	pháe dtua phôo
burro (m)	ลา	laa
mula (f)	ลอ	lôr
porco (m)	หมู	mŏo
porquinho (m)	ลูกหมู	lôok mŏo
coelho (m)	กระต่าย	grà-dtàai
galinha (f)	ไก่ตัวเมีย	gài dtua mia
galo (m)	ไกตัวผู้	gài dtua phôo
pato (m), pata (f)	เป็ดตัวเมีย	bpèt dtua mia
pato (macho)	เป็ดตัวผู้	bpèt dtua phôo
ganso (m)	ห่าน	hàan
peru (m)	ไก่งวงตัวผู้	gài nguang dtua phôo
perua (f)	ไกงวงตัวเมีย	gài nguang dtua mia
animais (m pl) domésticos	สัตว์เลี้ยง	sàt líang
domesticado	เลี้ยง	líang
domesticar (vt)	เชื่อง	chêuang
criar (vt)	ขยายพันธุ์	khà-yăai phan
quinta (f)	ฟาร์ม	faam
aves (f pl) domésticas	สัตว์ปีก	sàt bpèek
gado (m)	วัวควาย	wua khwaai
rebanho (m), manada (f)	ฝูง	fŏong
estábulo (m)	คอกม้า	khôrk máa
pocilga (f)	คอกหมู	khôrk mŏo
estábulo (m)	คอกวัว	khôrk wua
coelheira (f)	คอกกระต่าย	khôrk grà-dtàai
galinheiro (m)	เล้าไก่	láo gài

213. Cães. Raças de cães

cão (m)	สุนัข	sù-nák
cão pastor (m)	สุนัขเลี้ยงแกะ	sù-nák líang gàe
pastor-alemão (m)	เยอรมันเชฟเฟิร์ด	yer-rá-man chayf-fêrt
caniche (m)	พูเดิ้ล	phoo dêrn
teckel (m)	ดัชชุน	dàt chun
buldogue (m)	บูลด็อก	boon dòrk

boxer (m)	บ็อกเชอร์	bòk-sêr
mastim (m)	มัสตีฟ	mát-dtèef
rottweiler (m)	ร็อตไวเลอร์	rót-wai-ler
dobermann (m)	โดเบอร์แมน	doh-ber-maen

basset (m)	บาสเซ็ต	bàat-sét
pastor inglês (m)	บ็อบเทล	bòp-thayn
dálmata (m)	ดัลเมเชียน	dan-may-chian
cocker spaniel (m)	ค็อกเกอรสเปเนียล	khórk-gêr sà-bpay-nian

| terra-nova (m) | นิวฟาวน์ดฮาวน์ดแลนด์ | niw-faao-dà-haao-dà-lǎen |
| são-bernardo (m) | เซนตเบอรนารด | sayn ber nâat |

husky (m)	ฮัสกี้	hát-gêe
Chow-chow (m)	เชาเชา	chao chao
spitz alemão (m)	สปิตซ	sà-bpìt
carlindogue (m)	ปั๊ก	bpák

214. Sons produzidos pelos animais

latido (m)	เสี่ยงเห่า	sìang hào
latir (vi)	เห่า	hào
miar (vi)	รองเหมียว	rórng mǐeow
ronronar (vi)	ทำเสียงคราง	tham sìang khraang

mugir (vaca)	ร้องมอๆ	rórng mor mor
bramir (touro)	สงเสียงคำราม	sòng sǐang kham-raam
rosnar (vi)	โฮก	hôhk

uivo (m)	เสียงหอน	sǐang hǒn
uivar (vi)	หอน	hǒrn
ganir (vi)	ครางหงิงๆ	khraang ngǐng ngǐng

balir (vi)	ร้องแบะๆ	rórng bàe bàe
grunhir (porco)	ร้องอูดๆ	rórng ùùt ùùt
guinchar (vi)	รองเสียงแหลม	rórng sǐang lǎem

coaxar (sapo)	ร้องอ๊บๆ	rórng ôp ôp
zumbir (inseto)	หึ่ง	hèung
estridular, ziziar (vi)	ทำเสียงจ๊อกแจ๊ก	tham sǐang jòrk jáek

215. Animais jovens

cria (f), filhote (m)	ลูกสัตว์	lôok sàt
gatinho (m)	ลูกแมว	lôok maew
ratinho (m)	ลูกหนู	lôok nǒo
cãozinho (m)	ลูกหมา	lôok mǎa

filhote (m) de lebre	ลูกกระต่ายป่า	lôok grà-dtàai bpàa
coelhinho (m)	ลูกกระตาย	lôok grà-dtàai
lobinho (m)	ลูกหมาป่า	lôok mǎa bpàa
raposinho (m)	ลูกหมาจิงจอก	lôok mǎa jǐng-jòk

ursinho (m)	ลูกหมี	lôok mĕe
leãozinho (m)	ลูกสิงโต	lôok sĭng dtoh
filhote (m) de tigre	ลูกเสือ	lôok sĕua
filhote (m) de elefante	ลูกช้าง	lôok cháang
porquinho (m)	ลูกหมู	lôok mŏo
bezerro (m)	ลูกวัว	lôok wua
cabrito (m)	ลูกแพะ	lôok pháe
cordeiro (m)	ลูกแกะ	lôok gàe
cria (f) de veado	ลูกกวาง	lôok gwaang
cria (f) de camelo	ลูกอูฐ	lôok òot
filhote (m) de serpente	ลูกงู	lôok ngoo
cria (f) de rã	ลูกกบ	lôok gòp
cria (f) de ave	ลูกนก	lôok nók
pinto (m)	ลูกไก่	lôok gài
patinho (m)	ลูกเป็ด	lôok bpèt

216. Pássaros

pássaro, ave (m)	นก	nók
pombo (m)	นกพิราบ	nók phí-râap
pardal (m)	นกกระจิบ	nók grà-jìp
chapim-real (m)	นกติด	nók dtít
pega-rabuda (f)	นกสาลิกา	nók săa-lí gaa
corvo (m)	นกอีกา	nók ee-gaa
gralha (f) cinzenta	นกกา	nók gaa
gralha-de-nuca-cinzenta (f)	นกจำพวกกา	nók jam phûak gaa
gralha-calva (f)	นกการูด	nók gaa róok
pato (m)	เป็ด	bpèt
ganso (m)	ห่าน	hàan
faisão (m)	ไก่ฟ้า	gài fáa
águia (f)	นกอินทรี	nók in-see
açor (m)	นกเหยี่ยว	nók yìeow
falcão (m)	นกเหยี่ยว	nók yìeow
abutre (m)	นกแร้ง	nók ráeng
condor (m)	นกแร้งขนาดใหญ่	nók ráeng kà-nàat yài
cisne (m)	นกหงส์	nók hŏng
grou (m)	นกกระเรียน	nók grà rian
cegonha (f)	นกกระสา	nók grà-săa
papagaio (m)	นกแก้ว	nók gâew
beija-flor (m)	นกฮัมมิ่งเบิร์ด	nók ham-mîng-bèrt
pavão (m)	นกยูง	nók yoong
avestruz (f)	นกกระจอกเทศ	nók grà-jòrk-thâyt
garça (f)	นกยาง	nók yaang
flamingo (m)	นกฟลามิงโก	nók flaa-ming-goh
pelicano (m)	นกกระทุง	nók-grà-thung

rouxinol (m)	นกไนติงเกล	nók-nai-dting-gayn
andorinha (f)	นกนางแอน	nók naang-àen
tordo-zornal (m)	นกเดินดง	nók dern dong
tordo-músico (m)	นกเดินดงรองเพลง	nók dern dong rórng phlayng
melro-preto (m)	นกเดินดงสีดำ	nók-dern-dong sĕe dam
andorinhão (m)	นกแอ่น	nók àen
cotovia (f)	นกลารค	nók lâak
codorna (f)	นกคุม	nók khûm
pica-pau (m)	นกหัวขวาน	nók hŭa khwǎan
cuco (m)	นกดุเหวา	nók dù hǎy wâa
coruja (f)	นกฮูก	nók hôok
corujão, bufo (m)	นกเคาใหญ่	nók kháo yài
tetraz-grande (m)	ไก่ปา	gài bpàa
tetraz-lira (m)	ไกดำ	gài dam
perdiz-cinzenta (f)	นกกระทา	nók-grà-thaa
estorninho (m)	นกกิ้งโครง	nók-gîng-khrohng
canário (m)	นกขุมิ่น	nók khà-mîn
galinha-do-mato (f)	ไกน้ำตาล	gài nám dtaan
tentilhão (m)	นกจาบ	nók-jàap
dom-fafe (m)	นกบูลฟินช์	nók boon-fin
gaivota (f)	นกนางนวล	nók naang-nuan
albatroz (m)	นกอัลบาทรอส	nók an-baa-thrôt
pinguim (m)	นกเพนกวิน	nók phayn-gwin

217. Pássaros. Canto e sons

cantar (vi)	รองเพลง	rórng phlayng
gritar (vi)	รอง	rórng
cantar (o galo)	รองขัน	rórng khǎn
cocorocó (m)	เสียงขัน	sĭang khǎn
cacarejar (vi)	รองกุ๊กๆ	rórng gúk gúk
crocitar (vi)	รองเสียงกาๆ	rórng sĭang gaa gaa
grasnar (vi)	รองกาบๆ	rórng gâap gâap
piar (vi)	รองเสียงจิ๊บ ๆ	rórng sĭang jíp jíp
chilrear, gorjear (vi)	รองจอกแจก	rórng jòk jáek

218. Peixes. Animais marinhos

brema (f)	ปลาบรีม	bplaa bpreem
carpa (f)	ปลาคารุป	bplaa khâap
perca (f)	ปลาเพิรช	bplaa phèrt
siluro (m)	ปลาดุก	bplaa-dùk
lúcio (m)	ปลาไพค	bplaa phai
salmão (m)	ปลาแซลมอน	bplaa saen-morn
esturjão (m)	ปลาสเตอรเจียน	bpláa sà-dtêr jian

arenque (m)	ปลาเฮอร์ริง	bplaa her-ring
salmão (m)	ปลาแซลมอนแอตแลนติก	bplaa saen-mon àet-laen-dtìk
cavala, sarda (f)	ปลาซาบะ	bplaa saa-bà
solha (f)	ปลาลิ้นหมา	bplaa lín-mǎa

lúcio perca (m)	ปลาไพค์เพิร์ช	bplaa phái phert
bacalhau (m)	ปลาค็อด	bplaa khót
atum (m)	ปลาทูน่า	bplaa thoo-nâa
truta (f)	ปลาเทราท์	bplaa thrau

enguia (f)	ปลาไหล	bplaa lǎi
raia elétrica (f)	ปลากระเบนไฟฟ้า	bplaa grà-bayn-fai-fáa
moreia (f)	ปลาไหลมอเรย์	bplaa lǎi mor-ray
piranha (f)	ปลาปิรันยา	bplaa bpì-ran-yâa

tubarão (m)	ปลาฉลาม	bplaa chà-lǎam
golfinho (m)	โลมา	loh-maa
baleia (f)	วาฬ	waan

caranguejo (m)	ปู	bpoo
medusa, alforreca (f)	แมงกะพรุน	maeng gà-phrun
polvo (m)	ปลาหมึก	bplaa mèuk

estrela-do-mar (f)	ปลาดาว	bplaa daao
ouriço-do-mar (m)	หอยเม่น	hǒi mâyn
cavalo-marinho (m)	ม้าน้ำ	máa nám

ostra (f)	หอยนางรม	hǒi naang rom
camarão (m)	กุ้ง	gûng
lavagante (m)	กุ้งมังกร	gûng mang-gon
lagosta (f)	กุ้งมังกร	gûng mang-gon

219. Amfíbios. Répteis

| serpente, cobra (f) | งู | ngoo |
| venenoso | พิษ | phít |

víbora (f)	งูแมวเซา	ngoo maew sao
cobra-capelo, naja (f)	งูเห่า	ngoo hào
pitão (m)	งูเหลือม	ngoo lěuam
jiboia (f)	งูโบอา	ngoo boh-aa

cobra-de-água (f)	งูเล็กที่ไม่เป็นอันตราย	ngoo lék thêe mâi bpen an-dtà-raai
cascavel (f)	งูหางกระดิ่ง	ngoo hǎang grà-dìng
anaconda (f)	งูอนาคอนดา	ngoo a -naa-khon-daa

lagarto (m)	กิ้งก่า	gîng-gàa
iguana (f)	อีกัวน่า	ee gua naa
varano (m)	กิ้งกามอนิเตอร์	gîng-gàa mor-ní-dtêr
salamandra (f)	ซาลาแมนเดอร์	saa-laa-maen-dêr
camaleão (m)	กิ้งกาคามิเลียน	gîng-gàa khaa-mí-lian
escorpião (m)	แมงป่อง	maeng bpòrng
tartaruga (f)	เต่า	dtào

rã (f)	กบ	gòp
sapo (m)	คางคก	khaang-kók
crocodilo (m)	จระเข้	jor-rá-khây

220. Insetos

inseto (m)	แมลง	má-laeng
borboleta (f)	ผีเสื้อ	phĕe sêua
formiga (f)	มด	mót
mosca (f)	แมลงวัน	má-laeng wan
mosquito (m)	ยุง	yung
escaravelho (m)	แมลงปีกแข็ง	má-laeng bpèek khăeng

vespa (f)	ต่อ	dtòr
abelha (f)	ผึ้ง	phêung
zangão (m)	ผึ้งบัมเบิลบี	phêung bam-bern bee
moscardo (m)	เหลือบ	lèuap

| aranha (f) | แมงมุม | maeng mum |
| teia (f) de aranha | ใยแมงมุม | yai maeng mum |

libélula (f)	แมลงปอ	má-laeng bpor
gafanhoto-do-campo (m)	ตั๊กแตน	dták-gà-dtaen
traça (f)	ผีเสื้อกลางคืน	phĕe sêua glaang kheun

barata (f)	แมลงสาบ	má-laeng sàap
carraça (f)	เห็บ	hèp
pulga (f)	หมัด	màt
borrachudo (m)	ริน	rín

gafanhoto (m)	ตั๊กแตน	dták-gà-dtaen
caracol (m)	หอยทาก	hŏi thâak
grilo (m)	จิ้งหรีด	jîng-rèet
pirilampo (m)	หิ่งหอย	hìng-hôi
joaninha (f)	แมลงเต่าทอง	má-laeng dtào thorng
besouro (m)	แมงอีนูน	maeng ee noon

sanguessuga (f)	ปลิง	bpling
lagarta (f)	บุ้ง	bûng
minhoca (f)	ไส้เดือน	sâi deuan
larva (f)	ตัวอ่อน	dtua òrn

221. Animais. Partes do corpo

bico (m)	จงอยปาก	ja-ngoi bpàak
asas (f pl)	ปีก	bpèek
pata (f)	เท้า	tháo
plumagem (f)	ขนนก	khŏn nók
pena, pluma (f)	ขนนก	khŏn nók
crista (f)	ขนหัว	khŏn hŭa
brânquias, guelras (f pl)	เหงือก	ngèuak
ovas (f pl)	ไข่ปลา	khài-bplaa

larva (f)	ตัวอ่อน	dtua òrn
barbatana (f)	ครีบ	khrêep
escama (f)	เกล็ด	glèt

canino (m)	เขี้ยว	khîeow
pata (f)	เท้า	tháo
focinho (m)	จมูกและปาก	jà-mòok láe bpàak
boca (f)	ปาก	bpàak
cauda (f), rabo (m)	หาง	hǎang
bigodes (m pl)	หนวด	nùat

| casco (m) | กีบ | gèep |
| corno (m) | เขา | khǎo |

carapaça (f)	กระดอง	grà dorng
concha (f)	เปลือก	bplèuak
casca (f) de ovo	เปลือกไข่	bplèuak khài

| pelo (m) | ขน | khǒn |
| pele (f), couro (m) | หนัง | nǎng |

222. Ações dos animais

| voar (vi) | บิน | bin |
| dar voltas | บินวน | bin-won |

| voar (para longe) | บินไป | bin bpai |
| bater as asas | กระพือ | grà-pheu |

| bicar (vi) | จิก | jìk |
| incubar (vt) | กกไข่ | gòk khài |

| sair do ovo | ฟักตัวออกจากไข่ | fák dtua òrk jàak kài |
| fazer o ninho | สร้างรัง | sâang rang |

rastejar (vi)	เลื้อย	léuay
picar (vt)	ตอย	dtòi
morder (vt)	กัด	gàt

cheirar (vt)	ดม	dom
latir (vi)	เหา	hào
silvar (vi)	ออกเสียงฟ่อ	òrk sǐang fôr

| assustar (vt) | ทำให้...กลัว | tham hâi...glua |
| atacar (vt) | จูโจม | jòo johm |

roer (vt)	ขุบ	khòp
arranhar (vt)	ขวน	khùan
esconder-se (vr)	ซอน	sôrn

brincar (vi)	เล่น	lên
caçar (vi)	ลา	lâa
hibernar (vi)	จำศีล	jam sěen
extinguir-se (vr)	สูญพันธุ์	sǒon phan

223. Animais. Habitats

habitat (m)	ที่อยู่อาศัย	thêe yòo aa-săi
migração (f)	การอพยพ	gaan òp-phá-yóp
montanha (f)	ภูเขา	phoo khăo
recife (m)	แนวปะการัง	naew bpà-gaa-rang
falésia (f)	หน้าผา	nâa phăa
floresta (f)	ป่า	bpàa
selva (f)	ป่าดิบชื้น	bpàa dìp chéun
savana (f)	สะวันนา	sà wan naa
tundra (f)	ทันดรา	than-draa
estepe (f)	ทุ่งหญ้าสเตปป์	thûng yâa sà-dtàyp
deserto (m)	ทะเลทราย	thá-lay saai
oásis (m)	โอเอซิส	oh-ay-sít
mar (m)	ทะเล	thá-lay
lago (m)	ทะเลสาบ	thá-lay sàap
oceano (m)	มหาสมุทร	má-hăa sà-mùt
pântano (m)	บึง	beung
de água doce	น้ำจืด	nám jèut
lagoa (f)	บ่อน้ำ	bòr náam
rio (m)	แม่น้ำ	mâe náam
toca (f) do urso	ถ้ำสัตว์	thâm sàt
ninho (m)	รัง	rang
buraco (m) de árvore	โพรงไม้	phrohng máai
toca (f)	โพรง	phrohng
formigueiro (m)	รังมด	rang mót

224. Cuidados com os animais

jardim (m) zoológico	สวนสัตว์	sŭan sàt
reserva (f) natural	เขตสงวน	khàyt sà-ngŭan
	ธรรมชาติ	tham-má-châat
viveiro (m)	ที่ขยายพันธุ์	thêe khà-yăai phan
jaula (f) de ar livre	กรง	grorng
jaula, gaiola (f)	กรง	grorng
casinha (f) de cão	บ้านสุนัข	baan sù-nák
pombal (m)	บ้านนกพิราบ	bâan nók phí-râap
aquário (m)	ตู้ปลา	dtôo bplaa
delfinário (m)	บ่อโลมา	bòr loh-maa
criar (vt)	ขยายพันธุ์	khà-yăai phan
ninhada (f)	ลูกสัตว์	lôok sàt
domesticar (vt)	เชื่อง	chêuang
adestrar (vt)	ฝึก	fèuk
ração (f)	อาหาร	aa-hăan

alimentar (vt)	ให้อาหาร	hâi aa-hǎan
loja (f) de animais	ร้านสัตว์เลี้ยง	ráan sàt líang
açaime (m)	ตะกร้อปาก	dtà-grôr bpàak
coleira (f)	ปลอกคอ	bplòrk kor
nome (do animal)	ชื่อ	chêu
pedigree (m)	สายพันธุ์	sǎai phan

225. Animais. Diversos

alcateia (f)	ฝูง	fǒong
bando (pássaros)	ฝูง	fǒong
cardume (peixes)	ฝูง	fǒong
manada (cavalos)	ฝูง	fǒong

| macho (m) | ตัวผู้ | dtua phôo |
| fêmea (f) | ตัวเมีย | dtua mia |

faminto	หิว	hǐw
selvagem	ป่า	bpàa
perigoso	อันตราย	an-dtà-raai

226. Cavalos

| cavalo (m) | ม้า | máa |
| raça (f) | พันธุ์ | phan |

| potro (m) | ลูกม้า | lôok máa |
| égua (f) | ม้าตัวเมีย | máa dtua mia |

mustangue (m)	ม้าป่า	máa bpàa
pónei (m)	ม้าพันธุ์เล็ก	máa phan lék
cavalo (m) de tiro	ม้างาน	máa ngaan

| crina (f) | แผงคอ | phǎeng khor |
| cauda (f) | หาง | hǎang |

casco (m)	กีบ	gèep
ferradura (f)	เกือก	gèuak
ferrar (vt)	ใส่เกือก	sài gèuak
ferreiro (m)	ช่างเหล็ก	châang lèk

sela (f)	อานม้า	aan máa
estribo (m)	โกลน	glohn
brida (f)	บังเหียน	bang hǐan
rédeas (f pl)	สายบังเหียน	sǎai bang hǐan
chicote (m)	แส้	sâe

cavaleiro (m)	นักขี่ม้า	nák khèe máa
colocar sela	ใส่อานม้า	sài aan máa
montar no cavalo	ขึ้นขี่ม้า	khêun khèe máa
galope (m)	การควบม้า	gaan khûap máa
galopar (vi)	ควบม้า	khûap máa

trote (m)	การเหยาะย่าง	gaan yòr yâang
a trote	แบบเหยาะยาง	bàep yòr yâang
ir a trote	เหยาะยาง	yòr yâang

| cavalo (m) de corrida | ม้าแข่ง | máa khàeng |
| corridas (f pl) | การแข่งม้า | gaan khàeng máa |

estábulo (m)	คอกม้า	khôrk máa
alimentar (vt)	ให้อาหูร	hâi aa-hăan
feno (m)	หญ้าแหง	yâa hâeng
dar água	ให้น้ำ	hâi nám
limpar (vt)	ทำความสะอาด	tham khwaam sà-àat

carroça (f)	รถเทียมม้า	rót thiam máa
pastar (vi)	เล็มหญ้า	lem yâa
relinchar (vi)	ร้องฮี่ๆ	rórng híí híí
dar um coice	ถีบ	thèep

Flora

227. Árvores

árvore (f)	ต้นไม้	dtôn máai
decídua	ผลัดใบ	phlàt bai
conífera	สน	sǒn
perene	ซึ่งเขียวชอุ่มตลอดปี	sêung khǐeow chá-ùm dtà-lòrt bpee
macieira (f)	ต้นแอปเปิ้ล	dtôn àep-bpêrn
pereira (f)	ต้นแพร์	dtôn phae
cerejeira (f)	ต้นเชอร์รี่ป่า	dtôn cher-rêe bpàa
ginjeira (f)	ต้นเชอร์รี่	dtôn cher-rêe
ameixeira (f)	ตนพลัม	dtôn phlam
bétula (f)	ต้นเบิร์ช	dtôn bèrt
carvalho (m)	ต้นโอ๊ค	dtôn óhk
tília (f)	ตนไมดอกเหลือง	dtôn máai dòrk lěuang
choupo-tremedor (m)	ต้นแอสเพน	dtôn ae sà-phayn
bordo (m)	ตนเมเปิล	dtôn may bpêrn
espruce-europeu (m)	ต้นเฟอร์	dtôn fer
pinheiro (m)	ต้นเกี๊ยะ	dtôn gía
alerce, lariço (m)	ตนลารช	dtôn lâat
abeto (m)	ต้นเฟอร์	dtôn fer
cedro (m)	ตนซีดาร	dtôn-see-daa
choupo, álamo (m)	ต้นปอปลาร์	dtôn bpor-bplaa
tramazeira (f)	ตนโรแวน	dtôn-roh-waen
salgueiro (m)	ต้นวิลโลว์	dtôn win-loh
amieiro (m)	ตนอัลเดอร	dtôn an-dêr
faia (f)	ต้นบีช	dtôn bèet
ulmeiro (m)	ตนเอลม	dtôn elm
freixo (m)	ต้นแอช	dtôn aesh
castanheiro (m)	ตนเกาลัด	dtôn gao lát
magnólia (f)	ต้นแมกโนเลีย	dtôn mâek-noh-lia
palmeira (f)	ต้นปาลม	dtôn bpaam
cipreste (m)	ตนไซเปรส	dtôn-sai-bpràyt
mangue (m)	ต้นโกงกาง	dtôn gohng gaang
embondeiro, baobá (m)	ต้นเบาบับ	dtôn bao-bàp
eucalipto (m)	ต้นยูคาลิปตัส	dtôn yoo-khaa-líp-dtàt
sequoia (f)	ตนสนซีด้วยา	dtôn sǒn see kua yaa

228. Arbustos

arbusto (m)	พุ่มไม้	phûm máai
arbusto (m), moita (f)	ต้นไม้พุ่ม	dtôn máai phûm
videira (f)	ต้นองุ่น	dtôn a-ngùn
vinhedo (m)	ไร่องุ่น	râi a-ngùn
framboeseira (f)	พุ่มราสเบอร์รี่	phûm râat-ber-rêe
groselheira-preta (f)	พุมแบล็คเคอร์แรนท์	phûm blàek-khêr-raen
groselheira-vermelha (f)	พุมเรดเคอรุแรนท	phûm râyt-khêr-raen
groselheira (f) espinhosa	พุมกูสเบอรรี	phûm gòot-ber-rêe
acácia (f)	ต้นอาเคเชีย	dtôn aa-khay-chia
bérberis (f)	ตนบารเบอรรี	dtôn baa-ber-rêe
jasmim (m)	มะลิ	má-lí
junípero (m)	ต้นจูนิเปอร์	dtôn joo-ní-bper
roseira (f)	พุมกุหลาบ	phûm gù làap
roseira (f) brava	พุมดอกโรส	phûm dòrk-rôht

229. Cogumelos

cogumelo (m)	เห็ด	hèt
cogumelo (m) comestível	เห็ดกินได้	hèt gin dâai
cogumelo (m) venenoso	เห็ดมีพิษ	hèt mee pít
chapéu (m)	ดอกเห็ด	dòrk hèt
pé, caule (m)	ตนเห็ด	dtôn hèt
cepe-de-bordéus (m)	เห็ดพอร์ชินี	hèt phor chí nee
boleto (m) áspero	เห็ดพอรชุนีดอกเหลือง	hèt phor chí nee dòrk lěuang
boleto (m) castanho	เห็ดตับเตาทีขึน บนตนเบิรช	hèt dtàp dtào thêe khêun bon dtôn-bèrt
cantarelo (m)	เห็ดกอเหลือง	hèt gòr lěuang
rússula (f)	เห็ดตะไค	hèt dtà khai
morchela (f)	เห็ดมอเรล	hèt mor rayn
agário-das-moscas (m)	เห็ดพิษหมวกแดง	hèt phít mùak daeng
cicuta (f) verde	เห็ดระโงกหิน	hèt rá ngôhk hǐn

230. Frutos. Bagas

fruta (f)	ผลไม้	phǒn-lá-máai
frutas (f pl)	ผลไม	phǒn-lá-máai
maçã (f)	แอปเปิ้ล	àep-bpêrn
pera (f)	ลูกแพร	lôok phae
ameixa (f)	พลัม	phlam
morango (m)	สตรอว์เบอร์รี่	sà-dtror-ber-rêe
ginja (f)	เชอรรี	cher-rêe

| cereja (f) | เชอร์รี่ป่า | cher-rêe bpàa |
| uva (f) | องุ่น | a-ngùn |

framboesa (f)	ราสเบอร์รี่	râat-ber-rêe
groselha (f) preta	แบล็คเคอร์แรนท์	blàek khêr-raen
groselha (f) vermelha	เรดเคอร์แรนท	râyt-khêr-raen
groselha (f) espinhosa	กูสเบอร์รี่	gòot-ber-rêe
oxicoco (m)	แครนเบอร์รี่	khraen-ber-rêe

laranja (f)	ส้ม	sôm
tangerina (f)	ส้มแมนดาริน	sôm maen daa rin
ananás (m)	สับปะรด	sàp-bpà-rót
banana (f)	กล้วย	glûay
tâmara (f)	อินทผลัม	in-thá-phâ-lam

limão (m)	เลมอน	lay-mon
damasco (m)	แอปริคอท	ae-bprì-khôrt
pêssego (m)	ลูกทอ	lôok thór
kiwi (m)	กีวี	gee wee
toranja (f)	ส้มโอ	sôm oh

baga (f)	เบอร์รี่	ber-rêe
bagas (f pl)	เบอร์รี่	ber-rêe
arando (m) vermelho	คาวเบอร์รี่	khaao-ber-rêe
morango-silvestre (m)	สตรอว์เบอร์รี่ป่า	sá-dtrorw ber-rêe bpàa
mirtilo (m)	บิลเบอร์รี่	bil-ber-rêe

231. Flores. Plantas

| flor (f) | ดอกไม้ | dòrk máai |
| ramo (m) de flores | ช่อดอกไม้ | chôr dòrk máai |

rosa (f)	ดอกกุหลาบ	dòrk gù làap
tulipa (f)	ดอกทิวลิป	dòrk thiw-líp
cravo (m)	ดอกคาร์เนชั่น	dòrk khaa-nay-chân
gladíolo (m)	ดอกแกลดีโอลัส	dòrk gaen-dì-oh-lát

centáurea (f)	ดอกคอร์นฟลาวเวอร์	dòrk khon-flaao-wer
campânula (f)	ดอกระฆัง	dòrk rá-khang
dente-de-leão (m)	ดอกแดนดิไลออน	dòrk daen-dì-lai-on
camomila (f)	ดอกคาโมมายล	dòrk khaa-moh maai

aloé (m)	ว่านหางจระเข้	wâan-hăang-jor-rá-khây
cato (m)	ตะบองเพชร	dtà-bong-phét
fícus (m)	ตนเลียบ	dtôn lîap

lírio (m)	ดอกลิลี่	dòrk lí-lêe
gerânio (m)	ดอกเจอราเนียม	dòrk jer-raa-niam
jacinto (m)	ดอกไฮอะซินท์	dòrk hai-a-sin

mimosa (f)	ดอกไมยราบ	dòrk mai râap
narciso (m)	ดอกนาร์ซิสซัส	dòrk naa-sít-sát
capuchinha (f)	ดอกแนฃสเตอร์ชัม	dòrk nâet-dtêr-cham
orquídea (f)	ดอกกล้วยไม้	dòrk glûay máai

| peónia (f) | ดอกโบตั๋น | dòrk boh-dtăn |
| violeta (f) | ดอกไวโอเล็ต | dòrk wai-oh-lét |

amor-perfeito (m)	ดอกแพนซี	dòrk phaen-see
não-me-esqueças (m)	ดอกฟอร์เก็ตมีน็อต	dòrk for-gèt-mee-nót
margarida (f)	ดอกเดซี	dòrk day see

papoula (f)	ดอกป๊อปปี้	dòrk bpóp-bpêe
cânhamo (m)	กัญชา	gan chaa
hortelã (f)	สะระแหน่	sà-rá-nàe

| lírio-do-vale (m) | ดอกลิลลี่แห่งหุบเขา | dòrk lí-lá-lêe hàeng hùp khăo |
| campânula-branca (f) | ดอกหยาดหิมะ | dòrk yàat hì-má |

urtiga (f)	ตำแย	dtam-yae
azeda (f)	ซอรเรล	sor-rayn
nenúfar (m)	บัว	bua
feto (m), samambaia (f)	เฟิร์น	fern
líquen (m)	ไลเคน	lai-khayn

estufa (f)	เรือนกระจก	reuan grà-jòk
relvado (m)	สนามหญ้า	sà-năam yâa
canteiro (m) de flores	สนามดอกไม้	sà-năam-dòrk-máai

planta (f)	พืช	phêut
erva (f)	หญ้า	yâa
folha (f) de erva	ใบหญ้า	bai yâa

folha (f)	ใบไม้	bai máai
pétala (f)	กลีบดอก	glèep dòrk
talo (m)	ลำต้น	lam dtôn
tubérculo (m)	หัวใต้ดิน	hŭa dtâi din

| broto, rebento (m) | ต้นอ่อน | dtôn òrn |
| espinho (m) | หนาม | năam |

florescer (vi)	บาน	baan
murchar (vi)	เหี่ยว	hìeow
cheiro (m)	กลิ่น	glìn
cortar (flores)	ตัด	dtàt
colher (uma flor)	เด็ด	dèt

232. Cereais, grãos

grão (m)	เมล็ด	má-lét
cereais (plantas)	ธัญพืช	than-yá-phêut
espiga (f)	รวงข้าว	ruang khâao

trigo (m)	ข้าวสาลี	khâao săa-lee
centeio (m)	ข้าวไรย์	khâao rai
aveia (f)	ข้าวโอ๊ต	khâao óht
milho-miúdo (m)	ข้าวฟ่าง	khâao fâang
cevada (f)	ข้าวบาร์เลย์	khâao baa-lây
milho (m)	ข้าวโพด	khâao-phôht

| arroz (m) | ข้าว | khâao |
| trigo-sarraceno (m) | บัควีท | bàk-wêet |

ervilha (f)	ถั่วลันเตา	thùa-lan-dtao
feijão (m)	ถั่วรูปไต	thùa rôop dtai
soja (f)	ถั่วเหลือง	thùa lĕuang
lentilha (f)	ถั่วเลนทิล	thùa layn thin
fava (f)	ถั่ว	thùa

233. Vegetais. Verduras

| legumes (m pl) | ผัก | phàk |
| verduras (f pl) | ผักใบเขียว | phàk bai khĭeow |

tomate (m)	มะเขือเทศ	má-khĕua thâyt
pepino (m)	แตงกวา	dtaeng-gwaa
cenoura (f)	แครอท	khae-rót
batata (f)	มันฝรั่ง	man fà-ràng
cebola (f)	หัวหอม	hŭa hŏrm
alho (m)	กระเทียม	grà-thiam

couve (f)	กะหล่ำปลี	gà-làm bplee
couve-flor (f)	ดอกกะหล่ำ	dòrk gà-làm
couve-de-bruxelas (f)	กะหล่ำดาว	gà-làm-daao
brócolos (m pl)	บร็อคโคลี่	bròrk-khoh-lêe

beterraba (f)	บีท	beet
beringela (f)	มะเขือยาว	má-khĕua-yaao
curgete (f)	ซูกินี	soo-gi -nee
abóbora (f)	ฟักทอง	fák-thorng
nabo (m)	หัวผักกาด	hŭa-phàk-gàat

salsa (f)	ผักชีฝรั่ง	phàk chee fà-ràng
funcho, endro (m)	ผักชีลาว	phàk-chee-laao
alface (f)	ผักกาดหอม	phàk gàat hŏrm
aipo (m)	คื่นช่าย	khêun-châai
espargo (m)	หน่อไม้ฝรั่ง	nòr máai fà-ràng
espinafre (m)	ผักโขม	phàk khŏm

ervilha (f)	ถั่วลันเตา	thùa-lan-dtao
fava (f)	ถั่ว	thùa
milho (m)	ข้าวโพด	khâao-phôht
feijão (m)	ถั่วรูปไต	thùa rôop dtai

pimentão (m)	พริกหยวก	phrík-yùak
rabanete (m)	หัวผักกาดแดง	hŭa-phàk-gàat daeng
alcachofra (f)	อาร์ติโชค	aa dtì chôhk

209

GEOGRAFIA REGIONAL

Países. Nacionalidades

234. Europa Ocidental

Europa (f)	ยุโรป	yú-ròhp
União (f) Europeia	สหภาพยุโรป	sà-hà phâap yú-rôhp
europeu (m)	คนยุโรป	khon yú-rôhp
europeu	ยุโรป	yú-ròhp
Áustria (f)	ประเทศออสเตรีย	bprà-thâyt òt-dtria
austríaco (m)	คนออสเตรีย	khon òt-dtria
austríaca (f)	คนออสเตรีย	khon òt-dtria
austríaco	ออสเตรีย	òrt-dtria
Grã-Bretanha (f)	บริเตนใหญ่	brì-dtayn yài
Inglaterra (f)	ประเทศอังกฤษ	bprà-thâyt ang-grìt
inglês (m)	คนอังกฤษ	khon ang-grìt
inglesa (f)	คนอังกฤษ	khon ang-grìt
inglês	อังกฤษ	ang-grìt
Bélgica (f)	ประเทศเบลเยียม	bprà-thâyt bayn-yiam
belga (m)	คนเบลเยียม	khon bayn-yiam
belga (f)	คนเบลเยียม	khon bayn-yiam
belga	เบลเยียม	bayn-yiam
Alemanha (f)	ประเทศเยอรมนี	bprà-thâyt yer-rá-ma-nee
alemão (m)	คนเยอรมัน	khon yer-rá-man
alemã (f)	คนเยอรมัน	khon yer-rá-man
alemão	เยอรมัน	yer-rá-man
Países (m pl) Baixos	ประเทศเนเธอร์แลนด์	bprà-thâyt nay-ther-laen
Holanda (f)	ประเทศฮอลแลนด์	bprà-thâyt hon-laen
holandês (m)	คนเนเธอร์แลนด์	khon nay-ther-laen
holandesa (f)	คนเนเธอร์แลนด์	khon nay-ther-laen
holandês	เนเธอร์แลนด์	nay-ter-laen
Grécia (f)	ประเทศกรีซ	bprà-thâyt grèet
grego (m)	คนกรีก	khon grèek
grega (f)	คนกรีก	khon grèek
grego	กรีซ	grèet
Dinamarca (f)	ประเทศเดนมาร์ก	bprà-thâyt dayn-màak
dinamarquês (m)	คนเดนมาร์ก	khon dayn-màak
dinamarquesa (f)	คนเดนมาร์ก	khon dayn-màak
dinamarquês	เดนมาร์ก	dayn-màak
Irlanda (f)	ประเทศไอร์แลนด์	bprà-thâyt ai-laen
irlandês (m)	คนไอริช	khon ai-rít

irlandesa (f)	คนไอริช	khon ai-rít
irlandês	ไอร์แลนด์	ai-laen
Islândia (f)	ประเทศไอซ์แลนด์	bprà-thâyt ai-laen
islandês (m)	คนไอซ์แลนด์	khon ai-laen
islandesa (f)	คนไอซ์แลนด์	khon ai-laen
islandês	ไอซ์แลนด์	ai-laen
Espanha (f)	ประเทศสเปน	bprà-thâyt sà-bpayn
espanhol (m)	คนสเปน	khon sà-bpayn
espanhola (f)	คนสเปน	khon sà-bpayn
espanhol	สเปน	sà-bpayn
Itália (f)	ประเทศอิตาลี	bprà-thâyt i-dtaa-lee
italiano (m)	คนอิตาเลียน	khon i-dtaa-lian
italiana (f)	คนอิตาเลียน	khon i-dtaa-lian
italiano	อิตาลี	i-dtaa-lee
Chipre (m)	ประเทศไซปรัส	bprà-thâyt sai-bpràt
cipriota (m)	คนไซปรัส	khon sai-bpràt
cipriota (f)	คนไซปรัส	khon sai-bpràt
cipriota	ไซปรัส	sai-bpràt
Malta (f)	ประเทศมอลตา	bprà-thâyt mon-dtaa
maltês (m)	คนมอลตา	khon mon-dtaa
maltesa (f)	คนมอลตา	khon mon-dtaa
maltês	มอลตา	mon-dtâa
Noruega (f)	ประเทศนอร์เวย์	bprà-thâyt nor-way
norueguês (m)	คนนอร์เวย์	khon nor-way
norueguesa (f)	คนนอร์เวย์	khon nor-way
norueguês	นอร์เวย	nor-way
Portugal (m)	ประเทศโปรตุเกส	bprà-thâyt bproh-dtù-gàyt
português (m)	คนโปรตุเกส	khon bproh-dtù-gàyt
portuguesa (f)	คนโปรตุเกส	khon bproh-dtù-gàyt
português	โปรตุเกส	bproh-dtù-gàyt
Finlândia (f)	ประเทศฟินแลนด์	bprà-thâyt fin-laen
finlandês (m)	คนฟินแลนด์	khon fin-laen
finlandesa (f)	คนฟินแลนด์	khon fin-laen
finlandês	ฟินแลนด์	fin-laen
França (f)	ประเทศฝรั่งเศส	bprà-thâyt fà-ràng-sàyt
francês (m)	คนฝรั่งเศส	khon fà-ràng-sàyt
francesa (f)	คนฝรั่งเศส	khon fà-ràng-sàyt
francês	ฝรั่งเศส	fà-ràng-sàyt
Suécia (f)	ประเทศสวีเดน	bprà-thâyt sà-wĕe-dayn
sueco (m)	คนสวีเดน	khon sà-wĕe-dayn
sueca (f)	คนสวีเดน	khon sà-wĕe-dayn
sueco	สวีเดน	sà-wĕe-dayn
Suíça (f)	ประเทศสวิตเซอร์แลนด์	bprà-thâyt sà-wìt-sêr-laen
suíço (m)	คนสวิส	khon sà-wìt
suíça (f)	คนสวิส	khon sà-wìt

suíço	สวิส	sà-wìt
Escócia (f)	ประเทศสก็อตแลนด์	bprà-thâyt sà-gòt-laen
escocês (m)	คนสก็อต	khon sà-gòt
escocesa (f)	คนสก็อต	khon sà-gòt
escocês	สก็อตแลนด์	sà-gòt-laen

Vaticano (m)	นครรัฐวาติกัน	ná-khon rát waa-dtì-gan
Liechtenstein (m)	ประเทศลิกเตนสไตน์	bprà-thâyt lík-tay-ná-sà-dtai
Luxemburgo (m)	ประเทศลักเซมเบิร์ก	bprà-thâyt lák-saym-bèrk
Mónaco (m)	ประเทศโมนาโก	bprà-thâyt moh-naa-goh

235. Europa Central e de Leste

Albânia (f)	ประเทศแอลเบเนีย	bprà-thâyt aen-bay-nia
albanês (m)	คนแอลเบเนีย	khon aen-bay-nia
albanesa (f)	คนแอลเบเนีย	khon aen-bay-nia
albanês	แอลเบเนีย	aen-bay-nia

Bulgária (f)	ประเทศบัลแกเรีย	bprà-thâyt ban-gae-ria
búlgaro (m)	คนบัลแกเรีย	khon ban-gae-ria
búlgara (f)	คนบัลแกเรีย	khon ban-gae-ria
búlgaro	บัลแกเรีย	ban-gae-ria

Hungria (f)	ประเทศฮังการี	bprà-thâyt hang-gaa-ree
húngaro (m)	คนฮังการี	khon hang-gaa-ree
húngara (f)	คนฮังการี	khon hang-gaa-ree
húngaro	ฮังการี	hang-gaa-ree

Letónia (f)	ประเทศลัตเวีย	bprà-thâyt lát-wia
letão (m)	คนลัตเวีย	khon lát-wia
letã (f)	คนลัตเวีย	khon lát-wia
letão	ลัตเวีย	lát-wia

Lituânia (f)	ประเทศลิทัวเนีย	bprà-thâyt lí-thua-nia
lituano (m)	คนลิทัวเนีย	khon lí-thua-nia
lituana (f)	คนลิทัวเนีย	khon lí-thua-nia
lituano	ลิทัวเนีย	lí-thua-nia

Polónia (f)	ประเทศโปแลนด์	bprà-thâyt bpoh-laen
polaco (m)	คนโปแลนด์	khon bpoh-laen
polaca (f)	คนโปแลนด์	khon bpoh-laen
polaco	โปแลนด์	bpoh-laen

Roménia (f)	ประเทศโรมาเนีย	bprà-thâyt roh-maa-nia
romeno (m)	คนโรมาเนีย	khon roh-maa-nia
romena (f)	คนโรมาเนีย	khon roh-maa-nia
romeno	โรมาเนีย	roh-maa-nia

Sérvia (f)	ประเทศเซอร์เบีย	bprà-thâyt sêr-bia
sérvio (m)	คนเซอร์เบีย	khon sêr-bia
sérvia (f)	คนเซอร์เบีย	khon sêr-bia
sérvio	เซอร์เบีย	sêr-bia
Eslováquia (f)	ประเทศสโลวาเกีย	bprà-thâyt sà-loh-waa-gia
eslovaco (m)	คนสโลวาเกีย	khon sà-loh-waa-gia

eslovaca (f)	คนสโลวาเกีย	khon sà-loh-waa-gia
eslovaco	สโลวาเกีย	sà-loh-waa-gia
Croácia (f)	ประเทศโครเอเชีย	bprà-thâyt khroh-ay-chia
croata (m)	คนโครเอเชีย	khon khroh-ay-chia
croata (f)	คนโครเอเชีย	khon khroh-ay-chia
croata	โครเอเชีย	khroh-ay-chia
República (f) Checa	ประเทศเช็กเกีย	bprà-thâyt chék-gia
checo (m)	คนเช็ก	khon chék
checa (f)	คนเช็ก	khon chék
checo	เช็กเกีย	chék-gia
Estónia (f)	ประเทศเอสโตเนีย	bprà-thâyt àyt-dtoh-nia
estónio (m)	คนเอสโตเนีย	khon àyt-dtoh-nia
estónia (f)	คนเอสโตเนีย	khon àyt-dtoh-nia
estónio	เอสโตเนีย	àyt-dtoh-nia
Bósnia e Herzegovina (f)	ประเทศบอสเนีย และเฮอร์เซโกวีนา	bprà-thâyt bòt-nia láe her-say-goh-wí-naa
Macedónia (f)	ประเทศมาซิโดเนีย	bprà-thâyt maa-sí-doh-nia
Eslovénia (f)	ประเทศสโลวีเนีย	bprà-thâyt sà-loh-wee-nia
Montenegro (m)	ประเทศ มอนเตเนโกร	bprà-thâyt mon-dtay-nay-groh

236. Países da ex-URSS

Azerbaijão (m)	ประเทศอาเซอร์ไบจาน	bprà-thâyt aa-sêr-bai-jaan
azeri (m)	คนอาเซอร์ไบจาน	khon aa-sêr-bai-jaan
azeri (f)	คนอาเซอร์ไบจาน	khon aa-sêr-bai-jaan
azeri, azerbaijano	อาเซอร์ไบจาน	aa-sêr-bai-jaan
Arménia (f)	ประเทศอาร์เมเนีย	bprà-thâyt aa-may-nia
arménio (m)	คนอาร์เมเนีย	khon aa-may-nia
arménia (f)	คนอาร์เมเนีย	khon aa-may-nia
arménio	อาร์เมเนีย	aa-may-nia
Bielorrússia (f)	ประเทศเบลารุส	bprà-thâyt blao-rút
bielorrusso (m)	คนเบลารุส	khon blao-rút
bielorrussa (f)	คนเบลารุส	khon blao-rút
bielorrusso	เบลารุส	blao-rút
Geórgia (f)	ประเทศจอร์เจีย	bprà-thâyt jor-jia
georgiano (m)	คนจอร์เจีย	khon jor-jia
georgiana (f)	คนจอร์เจีย	khon jor-jia
georgiano	จอร์เจีย	jor-jia
Cazaquistão (m)	ประเทศคาซัคสถาน	bprà-thâyt khaa-sák-sà-thăan
cazaque (m)	คนคาซัคสถาน	khon khaa-sák-sà-thăan
cazaque (f)	คนคาซัคสถาน	khon khaa-sák-sà-thăan
cazaque	คาซัคสถาน	khaa-sák-sà-thăan
quirguiz (m)	คนคีร์กีซสถาน	khon khee-gèet-sà-thăan
quirguiz (f)	คนคีร์กีซสถาน	khon khee-gèet-sà-thăan

quirguiz	คีร์กีซสถาน	khee-gèet-sà-thǎan
Quirguistão (m)	ประเทศ	bprà-thâyt khee-gèet--
	คีร์กีซสถาน	à-thǎan

Moldávia (f)	ประเทศมอลโดวา	bprà-thâyt mon-doh-waa
moldavo (m)	คนมอลโดวา	khon mon-doh-waa
moldava (f)	คนมอลโดวา	khon mon-doh-waa
moldavo	มอลโดวา	mon-doh-waa

Rússia (f)	ประเทศรัสเซีย	bprà-thâyt rát-sia
russo (m)	คนรัสเซีย	khon rát-sia
russa (f)	คนรัสเซีย	khon rát-sia
russo	รัสเซีย	rát-sia

Tajiquistão (m)	ประเทศทาจิกิสถาน	bprà-thâyt thaa-jì-gìt-thǎan
tajique (m)	คนทาจิกิสถาน	khon thaa-jì-gìt-thǎan
tajique (f)	คนทาจิกิสถาน	khon thaa-jì-gìt-thǎan
tajique	ทาจิกิสถาน	thaa-jì-gìt-thǎan

Turquemenistão (m)	ประเทศ	bprà-thâyt
	เติร์กเมนิสถาน	dtèrk-may-nít-thǎan
turcomeno (m)	คนเติร์กเมนิสถาน	khon dtèrk-may-nít-thǎan
turcomena (f)	คนเติร์กเมนิสถาน	khon dtèrk-may-nít-thǎan
turcomeno	เติร์กเมนิสถาน	dtèrk-may-nít-thǎan

Uzbequistão (f)	ประเทศอุซเบกิสถาน	bprà-thâyt ùt-bay-gìt-thǎan
uzbeque (m)	คนอุซเบกิสถาน	khon ùt-bay-gìt-thǎan
uzbeque (f)	คนอุซเบกิสถาน	khon ùt-bay-gìt-thǎan
uzbeque	อุซเบกิสถาน	ùt-bay-gìt-thǎan

Ucrânia (f)	ประเทศยูเครน	bprà-thâyt yoo-khrayn
ucraniano (m)	คนยูเครน	khon yoo-khrayn
ucraniana (f)	คนยูเครน	khon yoo-khrayn
ucraniano	ยูเครน	yoo-khrayn

237. Asia

| Ásia (f) | เอเชีย | ay-chia |
| asiático | เอเชีย | ay-chia |

Vietname (m)	ประเทศเวียดนาม	bprà-thâyt wîat-naam
vietnamita (m)	คนเวียดนาม	khon wîat-naam
vietnamita (f)	คนเวียดนาม	khon wîat-naam
vietnamita	เวียดนาม	wîat-naam

Índia (f)	ประเทศอินเดีย	bprà-thâyt in-dia
indiano (m)	คนอินเดีย	khon in-dia
indiana (f)	คนอินเดีย	khon in-dia
indiano, hindu	อินเดีย	in-dia

Israel (m)	ประเทศอิสราเอล	bprà-thâyt ìt-sà-rǎa-ayn
israelita (m)	คนอิสราเอล	khon ìt-sà-rǎa-ayn
israelita (f)	คนอิสราเอล	khon ìt-sà-rǎa-ayn
israelita	อิสราเอล	ìt-sà-rǎa-ayn

judeu (m)	คนยิว	khon yiw
judia (f)	คนยิว	khon yiw
judeu	ยิว	yiw

China (f)	ประเทศจีน	bprà-thâyt jeen
chinês (m)	คนจีน	khon jeen
chinesa (f)	คนจีน	khon jeen
chinês	จีน	jeen

coreano (m)	คนเกาหลี	khon gao-lěe
coreana (f)	คนเกาหลี	khon gao-lěe
coreano	เกาหลี	gao-lěe

Líbano (m)	ประเทศเลบานอน	bprà-thâyt lay-baa-non
libanês (m)	คนเลบานอน	khon lay-baa-non
libanesa (f)	คนเลบานอน	khon lay-baa-non
libanês	เลบานอน	lay-baa-non

Mongólia (f)	ประเทศมองโกเลีย	bprà-thâyt mong-goh-lia
mongol (m)	คนมองโกล	khon mong-gloh
mongol (f)	คนมองโกล	khon mong-gloh
mongol	มองโกเลีย	mong-goh-lia

Malásia (f)	ประเทศมาเลเซีย	bprà-thâyt maa-lay-sia
malaio (m)	คนมาเลย์	khon maa-lây
malaia (f)	คนมาเลย์	khon maa-lây
malaio	มาเลเซีย	maa-lay-sia

Paquistão (m)	ประเทศปากีสถาน	bprà-thâyt bpaa-gèet-thǎan
paquistanês (m)	คนปากีสถาน	khon bpaa-gèet-thǎan
paquistanesa (f)	คนปากีสถาน	khon bpaa-gèet-thǎan
paquistanês	ปากีสถาน	bpaa-gèet-thǎan

Arábia (f) Saudita	ประเทศซาอุดิอาระเบีย	bprà-thâyt saa-u-dì aa-ra--bia
árabe (m)	คนอาหรับ	khon aa-ràp
árabe (f)	คนอาหรับ	khon aa-ràp
árabe	อาหรับ	aa-ràp

Tailândia (f)	ประเทศไทย	bprà-tâyt thai
tailandês (m)	คนไทย	khon thai
tailandesa (f)	คนไทย	khon thai
tailandês	ไทย	thai

Taiwan (m)	ไต้หวัน	dtâi-wǎn
taiwanês (m)	คนไต้หวัน	khon dtâi-wǎn
taiwanesa (f)	คนไต้หวัน	khon dtâi-wǎn
taiwanês	ไต้หวัน	dtâi-wǎn

Turquia (f)	ประเทศตุรกี	bprà-thâyt dtù-rá-gee
turco (m)	คนเติร์ก	khon dtèrk
turca (f)	คนเติร์ก	khon dtèrk
turco	ตุรกี	dtù-rá-gee

| Japão (m) | ประเทศญี่ปุ่น | bprà-thâyt yêe-bpùn |
| japonês (m) | คนญี่ปุ่น | khon yêe-bpùn |

| japonesa (f) | คนญี่ปุ่น | khon yêe-bpùn |
| japonês | ญี่ปุ่น | yêe-bpùn |

Afeganistão (m)	ประเทศอัฟกานิสถาน	bprà-thâyt àf-gaa-nít-thǎan
Bangladesh (m)	ประเทศบังคลาเทศ	bprà-thâyt bang-khlaa-thâyt
Indonésia (f)	ประเทศอินโดนีเซีย	bprà-thâyt in-doh-nee-sia
Jordânia (f)	ประเทศจอรแดน	bprà-thâyt jor-daen

Iraque (m)	ประเทศอิรัก	bprà-thâyt i-rák
Irão (m)	ประเทศอิหราน	bprà-thâyt i-ràan
Camboja (f)	ประเทศกัมพูชา	bprà-thâyt gam-phoo-chaa
Kuwait (m)	ประเทศคูเวต	bprà-thâyt khoo-wâyt

Laos (m)	ประเทศลาว	bprà-thâyt laao
Myanmar (m), Birmânia (f)	ประเทศเมียนมาร์	bprà-thâyt mian-maa
Nepal (m)	ประเทศเนปาล	bprà-thâyt nay-bpaan
Emirados Árabes Unidos	สหรัฐอาหรับเอมิเรตส์	sà-hà-rát aa-ràp ay-mí-râyt

Síria (f)	ประเทศซีเรีย	bprà-thâyt see-ria
Palestina (f)	ปาเลสไตน์	bpaa-lâyt-dtai
Coreia do Sul (f)	เกาหลีใต้	gao-lěe dtâi
Coreia do Norte (f)	เกาหลีเหนือ	gao-lěe něua

238. America do Norte

Estados Unidos da América	สหรัฐอเมริกา	sà-hà-rát a-may-rí-gaa
americano (m)	คนอเมริกา	khon a-may-rí-gaa
americana (f)	คนอเมริกา	khon a-may-rí-gaa
americano	อเมริกา	a-may-rí-gaa

Canadá (m)	ประเทศแคนาดา	bprà-thâyt khae-naa-daa
canadiano (m)	คนแคนาดา	khon khae-naa-daa
canadiana (f)	คนแคนาดา	khon khae-naa-daa
canadiano	แคนาดา	khae-naa-daa

México (m)	ประเทศเม็กซิโก	bprà-thâyt mék-sí-goh
mexicano (m)	คนเม็กซิโก	khon mék-sí-goh
mexicana (f)	คนเม็กซิโก	khon mék-sí-goh
mexicano	เม็กซิโก	mék-sí-goh

239. America Centrale do Sul

Argentina (f)	ประเทศอาร์เจนตินา	bprà-thâyt aa-jayn-dtì-naa
argentino (m)	คนอาร์เจนตินา	khon aa-jayn-dtì-naa
argentina (f)	คนอาร์เจนตินา	khon aa-jayn-dtì-naa
argentino	อาร์เจนตินา	aa-jayn-dtì-naa

Brasil (m)	ประเทศบราซิล	bprà-thâyt braa-sin
brasileiro (m)	คนบราซิล	khon braa-sin
brasileira (f)	คนบราซิล	khon braa-sin
brasileiro	บราซิล	braa-sin
Colômbia (f)	ประเทศโคลัมเบีย	bprà-thâyt khoh-lam-bia

colombiano (m)	คนโคลัมเบีย	khon khoh-lam-bia
colombiana (f)	คนโคลัมเบีย	khon khoh-lam-bia
colombiano	โคลัมเบีย	khoh-lam-bia
Cuba (f)	ประเทศคิวบา	bprà-thâyt khiw-baa
cubano (m)	คนคิวบา	khon khiw-baa
cubana (f)	คนคิวบา	khon khiw-baa
cubano	คิวบา	khiw-baa
Chile (m)	ประเทศชิลี	bprà-thâyt chí-lee
chileno (m)	คนชิลี	khon chí-lee
chilena (f)	คนชิลี	khon chí-lee
chileno	ชิลี	chí-lee
Bolívia (f)	ประเทศโบลิเวีย	bprà-thâyt boh-lí-wia
Venezuela (f)	ประเทศเวเนซุเอลา	bprà-thâyt way-nay-sú-ay-laa
Paraguai (m)	ประเทศปารากวัย	bprà-thâyt bpaa-raa-gwai
Peru (m)	ประเทศเปรู	bprà-thâyt bpay-roo
Suriname (m)	ประเทศซูรินาม	bprà-thâyt soo-rí-naam
Uruguai (m)	ประเทศอุรุกวัย	bprà-thâyt u-rúk-wai
Equador (m)	ประเทศเอกวาดอร์	bprà-thâyt ay-gwaa-dor
Bahamas (f pl)	ประเทศบาฮามาส	bprà-thâyt baa-haa-mâat
Haiti (m)	ประเทศเฮติ	bprà-thâyt hay-dtì
República (f) Dominicana	สาธารณรัฐ โดมินิกัน	săa-thaa-rá-ná rát doh-mí-ní-gan
Panamá (m)	ประเทศปานามา	bprà-thâyt bpaa-naa-maa
Jamaica (f)	ประเทศจาเมกา	bprà-thâyt jaa-may-gaa

240. Africa

Egito (m)	ประเทศอียิปต์	bprà-thâyt bprà-thâyt ee-yíp
egípcio (m)	คนอียิปต์	khon ee-yíp
egípcia (f)	คนอียิปต์	khon ee-yíp
egípcio	อียิปต์	ee-yíp
Marrocos	ประเทศมอร็อคโค	bprà-thâyt mor-rók-khoh
marroquino (m)	คนมอร็อคโค	khon mor-rók-khoh
marroquina (f)	คนมอร็อคโค	khon mor-rók-khoh
marroquino	มอร็อคโค	mor-rók-khoh
Tunísia (f)	ประเทศตูนิเซีย	bprà-thâyt dtoo-ní-sia
tunisino (m)	คนตูนีเซีย	khon dtoo-ní-sia
tunisina (f)	คนตูนีเซีย	khon dtoo-ní-sia
tunisino	ตูนีเซีย	dtoo-ní-sia
Gana (f)	ประเทศกานา	bprà-thâyt gaa-naa
Zanzibar (m)	ประเทศแซนซิบาร์	bprà-thâyt saen-sí-baa
Quénia (f)	ประเทศเคนยา	bprà-thâyt khayn-yâa
Líbia (f)	ประเทศลิเบีย	bprà-thâyt lí-bia
Madagáscar (m)	ประเทศมาดากัสการ์	bprà-thâyt maa-daa-gàt-gaa
Namíbia (f)	ประเทศนามิเบีย	bprà-thâyt naa-mí-bia
Senegal (m)	ประเทศเซเนกัล	bprà-thâyt say-nay-gan

| Tanzânia (f) | ประเทศแทนซาเนีย | bprà-thâyt thaen-saa-nia |
| África do Sul (f) | ประเทศแอฟริกาใต้ | bprà-thâyt àef-rí-gaa dtâi |

africano (m)	คนแอฟริกา	khon àef-rí-gaa
africana (f)	คนแอฟริกา	khon àef-rí-gaa
africano	แอฟริกา	àef-rí-gaa

241. Australia. Oceania

Austrália (f)	ประเทศออสเตรเลีย	bprà-thâyt òt-dtray-lia
australiano (m)	คนออสเตรเลีย	khon òt-dtray-lia
australiana (f)	คนออสเตรเลีย	khon òt-dtray-lia
australiano	ออสเตรเลีย	òrt-dtray-lia

Nova Zelândia (f)	ประเทศนิวซีแลนด์	bprà-thâyt niw-see-laen
neozelandês (m)	คนนิวซีแลนด์	khon niw-see-laen
neozelandesa (f)	คนนิวซีแลนด์	khon niw-see-laen
neozelandês	นิวซีแลนด์	niw-see-laen

| Tasmânia (f) | ประเทศแทสเมเนีย | bprà-thâyt thâet-may-nia |
| Polinésia Francesa (f) | เฟรนช์โปลินีเซีย | frayn-bpoh-lí-nee-sia |

242. Cidades

Amesterdão	อัมสเตอร์ดัม	am-sà-dtêr-dam
Ancara	อังคารา	ang-khaa-raa
Atenas	เอเธนส์	ay-thayn

Bagdade	แบกแดด	bàek-dàet
Banguecoque	กรุงเทพฯ	grung thâyp
Barcelona	บาร์เซโลนา	baa-say-loh-naa
Beirute	เบรุต	bay-rút
Berlim	เบอร์ลิน	ber-lin

Bombaim	มุมไบ	mum-bai
Bona	บอนน์	bon
Bordéus	บอร์โด	bor doh
Bratislava	บราติสลาวา	braa-dtìt-laa-waa
Bruxelas	บรัสเซล	bràt-sayn
Bucareste	บูคาเรสต์	boo-khaa-râyt
Budapeste	บูดาเปส	boo-daa-bpàyt

Cairo	ไคโร	khai-roh
Calcutá	คัลคัตตา	khan-khát-dtaa
Chicago	ชิคาโก	chí-khaa-goh
Cidade do México	เม็กซิโกซิตี้	mék-sí-goh sí-dtêe
Copenhaga	โคเปนเฮเกน	khoh-bpayn-hay-gayn

Dar es Salaam	ดาร์เอสซาลาม	daa àyt saa laam
Deli	เดลี	day-lee
Dubai	ดูไบ	doo-bai
Dublin, Dublim	ดับลิน	dàp-lin

Düsseldorf	ดุสเซลดอร์ฟ	dùt-sayn-dòf
Estocolmo	สต็อกโฮลม	sà-dtòk-hohm
Florença	ฟลอเรนซ์	flor-rayn
Frankfurt	แฟรงค์เฟิร์ท	fraeng-fêrt
Genebra	เจนีวา	jay-nee-waa
Haia	เดอะเฮก	dùh hêyk
Hamburgo	แฮมเบิร์ก	haem-bèrk
Hanói	ฮานอย	haa-noi
Havana	ฮาวานา	haa waa-naa
Helsínquia	เฮลซิงกิ	hayn-sing-gì
Hiroshima	ฮิโรชิมา	hí-roh-chí-mâa
Hong Kong	ฮองกง	hôrng-gong
Istambul	อิสตันบูล	ìt-dtan-boon
Jerusalém	เยรูซาเลม	yay-roo-saa-laym
Kiev	เคียฟ	khîaf
Kuala Lumpur	กัวลาลัมเปอร์	gua-laa lam-bper
Lisboa	ลิสบอน	lít-bon
Londres	ลอนดอน	lon-don
Los Angeles	ลอสแองเจลิส	lôt-aeng-jay-lít
Lyon	ลียง	lee-yong
Madrid	มาดริด	maa-drìt
Marselha	มารกเซย	màak-soie
Miami	ไมอามี่	mai-aa-mêe
Montreal	มอนทรีออล	mon-three-on
Moscovo	มอสโกว	mor-sà-goh
Munique	มิวนิค	miw-ník
Nairóbi	ไนโรบี	nai-roh-bee
Nápoles	เนเปิลส์	nay-bpern
Nisa	นิซ	nít
Nova York	นิวยอร์ค	niw-yôk
Oslo	ออสโล	òrt-loh
Ottawa	อ็อตตาวา	òt-dtaa-waa
Paris	ปารีส	bpaa-rêet
Pequim	ปักกิ่ง	bpàk-gìng
Praga	ปราก	bpràak
Rio de Janeiro	ริโอเอจาเนโร	rí-oh-ay jaa-nay-roh
Roma	โรม	rohm
São Petersburgo	เซนต์ปีเตอร์สเบิร์ก	sayn bpì-dtèrt-bèrk
Seul	โซล	sohn
Singapura	สิงคโปร์	sǐng-khá-bpoh
Sydney	ซิดนีย์	sít-nee
Taipé	ไทเป	thai-bpay
Tóquio	โตเกียว	dtoh-gieow
Toronto	โตรอนโต	dtoh-ron-dtoh
Varsóvia	วอรซอว	wor-sor
Veneza	เวนิส	way-nít
Viena	เวียนนา	wian-naa
Washington	วอชิงตัน	wor ching dtan
Xangai	เซี่ยงไฮ	sîang-hái

243. Política. Governo. Parte 1

política (f)	การเมือง	gaan meuang
político	ทางการเมือง	thang gaan meuang
político (m)	นักการเมือง	nák gaan meuang
estado (m)	รัฐ	rát
cidadão (m)	พลเมือง	phon-lá-meuang
cidadania (f)	สัญชาติ	săn-châat
brasão (m) de armas	ตราประจำชาติ	dtraa bprà-jam châat
hino (m) nacional	เพลงชาติ	phlayng châat
governo (m)	รัฐบาล	rát-thà-baan
Chefe (m) de Estado	ผู้นำประเทศ	phôo nam bprà-thâyt
parlamento (m)	รัฐสภา	rát-thà-sà-phaa
partido (m)	พรรคการเมือง	phák gaan meuang
capitalismo (m)	ทุนนิยม	thun ní-yom
capitalista	แบบทุนนิยม	bàep thun ní-yom
socialismo (m)	สังคมนิยม	săng-khom ní-yom
socialista	แบบสังคมนิยม	bàep săng-khom ní-yom
comunismo (m)	ลัทธิคอมมิวนิสต์	lát-thí khom-miw-nít
comunista	แบบคอมมิวนิสต์	bàep khom-miw-nít
comunista (m)	คนคอมมิวนิสต์	khon khom-miw-nít
democracia (f)	ปูระชาธิปไตย	bprà-chaa-thíp-bpà-dtai
democrata (m)	ผู้นิยมปูระชาธิปไตย	phôo ní-yom bprà-chaa-típ-bpà-dtai
democrático	แบบประชาธิปไตย	bàep bprà-chaa-thíp-bpà-dtai
Partido (m) Democrático	พรรคประชาธิปัตย์	phák bprà-chaa-tí-bpàt
liberal (m)	ผู้เอียงเสรีนิยม	phôo iang săy-ree ní-yom
liberal	แบบเสรีนิยม	bàep săy-ree ní-yom
conservador (m)	ผู้เอียงอนุรักษ์นิยม	phôo iang a-nú rák ní-yom
conservador	แบบอนุรักษ์นิยม	bàep a-nú rák ní-yom
república (f)	สาธารณรัฐ	săa-thaa-rá-ná rát
republicano (m)	รีพับลิกัน	ree pháp lí gan
Partido (m) Republicano	พรรครีพับลิกัน	phák ree-pháp-lí-gan
eleições (f pl)	การเลือกตั้ง	gaan lêuak dtâng
eleger (vt)	เลือก	lêuak
eleitor (m)	ผู้ออกเสียงลงคะแนน	phôo òrk sĭang long khá-naen
campanha (f) eleitoral	การรณรงค์หาเสียง	gaan ron-ná-rorng hăa sĭang
votação (f)	การออกเสียงลงคะแนน	gaan òrk sĭang long khá-naen
votar (vi)	ลงคะแนน	long khá-naen
direito (m) de voto	สิทธิในการเลือกตั้ง	sìt-thí nai gaan lêuak dtâng
candidato (m)	ผู้สมัคร	phôo sà-màk
candidatar-se (vi)	ลงสมัคร	long sà-màk

campanha (f)	การรณรงค์	gaan ron-ná-rorng
da oposição	ฝ่ายค้าน	fàai kháan
oposição (f)	ฝ่ายค้าน	fàai kháan
visita (f)	การเยือน	gaan yeuan
visita (f) oficial	การเยือนอย่างเป็น ทางการ	gaan yeuan yàang bpen thaang gaan
internacional	แบบสากล	bàep sǎa-gon
negociações (f pl)	การเจรจา	gaan jayn-rá-jaa
negociar (vi)	เจรจา	jayn-rá-jaa

244. Política. Governo. Parte 2

sociedade (f)	สังคม	sǎng-khom
constituição (f)	รัฐธรรมนูญ	rát-thà-tham-má-noon
poder (ir para o ~)	อำนาจ	am-nâat
corrupção (f)	การทุจริตคอรัปชั่น	gaan thút-jà-rìt khor-ráp-chân
lei (f)	กฎหมาย	gòt mǎai
legal	ทางกฎหมาย	thaang gòt mǎai
justiça (f)	ความยุติธรรม	khwaam yút-dtì-tham
justo	เป็นธรรม	bpen tham
comité (m)	คณะกรรมการ	khá-ná gam-má-gaan
projeto-lei (m)	ร่าง	râang
orçamento (m)	งบประมาณ	ngóp bprà-maan
política (f)	นโยบาย	ná-yoh-baai
reforma (f)	ปฏิรูป	bpà-dtì rôop
radical	รุนแรง	run raeng
força (f)	กำลัง	gam-lang
poderoso	ทรงพลัง	song phá-lang
partidário (m)	ผู้สนับสนุน	phôo sà-nàp-sà-nǔn
influência (f)	อิทธิพล	ìt-thí pon
regime (m)	ระบอบการปกครอง	rá-bòrp gaan bpòk khrorng
conflito (m)	ความขัดแย้ง	khwaam khàt yáeng
conspiração (f)	การคบคิด	gaan khóp khít
provocação (f)	การยั่วยุ	gaan yûa yú
derrubar (vt)	ล้มล้าง	lóm láang
derrube (m), queda (f)	การล้ม	gaan lóm
revolução (f)	ปฏิวัติ	bpà-dtì-wát
golpe (m) de Estado	รัฐประหาร	rát-thà-bprà-hǎan
golpe (m) militar	การยึดอำนาจ ด้วยกำลังทหาร	gaan yéut am-nâat dûay gam-lang thá-hǎan
crise (f)	วิกฤติ	wí-grìt
recessão (f) económica	ภาวะเศรษฐกิจถดถอย	phaa-wá sàyt-thà-gìt thòt thǒi
manifestante (m)	ผู้ประท้วง	phôo bprà-thúang
manifestação (f)	การประท้วง	gaan bprà-thúang

| lei (f) marcial | กฎอัยการศึก | gòt ai-yá-gaan sèuk |
| base (f) militar | ฐานทัพ | thăan tháp |

| estabilidade (f) | ความมั่นคง | khwaam mân-khong |
| estável | มั่นคง | mân khong |

| exploração (f) | การขูดรีด | gaan khòot rêet |
| explorar (vt) | ขูดรีด | khòot rêet |

racismo (m)	ลัทธินิยมเชื้อชาติ	khá-dtì ní-yom chéua châat
racista (m)	ผู้เหยียดผิว	phôo yìat phĭw
fascismo (m)	ลัทธิฟาสซิสต์	lát-thí fâat-sít
fascista (m)	ผู้นิยมลัทธิฟาสซิสต์	phôo ní-yom lát-thí fâat-sít

245. Países. Diversos

estrangeiro (m)	คนต่างชาติ	khon dtàang châat
estrangeiro	ต่างชาติ	dtàang châat
no estrangeiro	ต่างประเทศ	dtàang bprà-thâyt

emigrante (m)	ผู้อพยพ	phôo òp-phá-yóp
emigração (f)	การอพยพ	gaan òp-phá-yóp
emigrar (vi)	อพยพ	òp-phá-yóp

Ocidente (m)	ตะวันตก	dtà-wan dtòk
Oriente (m)	ตะวันออก	dtà-wan òrk
Extremo Oriente (m)	ตะวันออกไกล	dtà-wan òrk glai

civilização (f)	อารยธรรม	aa-rá-yá-tham
humanidade (f)	มนุษยชาติ	má-nút-sà-yá-châat
mundo (m)	โลก	lôhk
paz (f)	ความสงบสุข	khwaam sà-ngòp-sùk
mundial	ทั่วโลก	thûa lôhk

pátria (f)	บ้านเกิด	bâan gèrt
povo (m)	ประชาชน	bprà-chaa chon
população (f)	ประชากร	bprà-chaa gon

gente (f)	ประชาชน	bprà-chaa chon
nação (f)	ชาติ	châat
geração (f)	รุ่น	rûn

território (m)	อาณาเขต	aa-naa khàyt
região (f)	ภูมิภาค	phoo-mí-phâak
estado (m)	รัฐ	rát

tradição (f)	ธรรมเนียม	tham-niam
costume (m)	ประเพณี	bprà-phay-nee
ecologia (f)	นิเวศวิทยา	ní-wâyt wít-thá-yaa

índio (m)	อินเดียนแดง	in-dian daeng
cigano (m)	คนยิปซี	khon yíp-see
cigana (f)	คนยิปซี	khon yíp-see
cigano	ยิปซี	yíp see

império (m)	จักรวรรดิ	jàk-grà-wàt
colónia (f)	อาณานิคม	aa-naa ní-khom
escravidão (f)	การใช้แรงงานทาส	gaan chái raeng ngaan thâat
invasão (f)	การบุกรุก	gaan bùk rúk
fome (f)	ความอดอยาก	khwaam òt yàak

246. Grupos religiosos mais importantes. Confissões

religião (f)	ศาสนา	sàat-sà-năa
religioso	ศาสนา	sàat-sà-năa
crença (f)	ศรัทธา	sàt-thaa
crer (vt)	นับถือ	náp thĕu
crente (m)	ผู้ศรัทธา	phôo sàt-thaa
ateísmo (m)	อเทวนิยม	a-thay-wá ní-yom
ateu (m)	ผู้เชื่อว่า	phôo chêua wâa
	ไม่มีพระเจ้า	mâi mee phrá jâo
cristianismo (m)	ศาสนาคริสต์	sàat-sà-năa khrít
cristão (m)	ผู้นับถือ	phôo náp thĕu
	ศาสนาคริสต์	sàat-sà-năa khrít
cristão	ศาสนาคริสต์	sàat-sà-năa khrít
catolicismo (m)	ศาสนาคาธอลิก	sàat-sà-năa khaa-thor-lík
católico (m)	ผู้นับถือ	phôo náp thĕu
	ศาสนาคาธอลิก	sàat-sà-năa khaa-thor-lík
católico	คาธอลิก	khaa-thor-lík
protestantismo (m)	ศาสนา	sàat-sà-năa
	โปรแตสแตนท์	bproh-dtàet-dtaen
Igreja (f) Protestante	โบสถ์นิกาย	bòht ní-gaai
	โปรแตสแตนท์	bproh-dtàet-dtaen
protestante (m)	ผู้นับถือศาสนา	phôo náp thĕu sàat-sà-năa
	โปรแตสแตนท	bproh-dtàet-dtaen
ortodoxia (f)	ศาสนาออร์ทอดอกซ์	sàat-sà-năa or-thor-dòrk
Igreja (f) Ortodoxa	โบสถ์ศาสนาออรทอดอกซ์	bòht sàat-sà-năa or-thor-dòrk
ortodoxo (m)	ผู้นับถือ	phôo náp thĕu
	ศาสนาออรทอดอกซ์	sàat-sà-năa or-thor-dòrk
presbiterianismo (m)	นิกายเพรสไบทีเรียน	ní-gaai phrayt-bai-thee-rian
Igreja (f) Presbiteriana	โบสถ์นิกาย	bòht ní-gaai
	เพรสไบทีเรียน	phrayt-bai-thee-rian
presbiteriano (m)	ผู้นับถือนิกาย	phôo náp thĕu ní-gaai
	เพรสไบทีเรียน	phrayt bai thee rian
Igreja (f) Luterana	นิกายลูเทอแรน	ní-gaai loo-thay-a-răen
luterano (m)	ผู้นับถือนิกาย	phôo náp thĕu ní-gaai
	ลูเทอแรน	loo-thay-a-răen
Igreja (f) Batista	นิกายแบ๊บติสท์	ní-gaai báep-dtìt
batista (m)	ผู้นับถือนิกาย	phôo náp thĕu ní-gaai
	แบบติสท	báep-dtìt

Igreja (f) Anglicana	โบสถ์นิกายแองกลิกัน	bòht ní-gaai ae-ngók-lí-gan
anglicano (m)	ผู้นับถือนิกายแองกลิกัน	phôo náp thĕu ní-gaai ae ngók lí gan
mormonismo (m)	นิกายมอร์มอน	ní-gaai mor-mon
mórmon (m)	ผู้นับถือนิกายมอรมอน	phôo náp thĕu ní-gaai mor-mon

| Judaísmo (m) | ศาสนายิว | sàat-sà-nǎa yiw |
| judeu (m) | คนยิว | khon yiw |

| budismo (m) | ศาสนาพุธ | sàat-sà-nǎa phút |
| budista (m) | ผู้นับถือศาสนาพุธ | phôo náp thĕu sàat-sà-nǎa phút |

| hinduísmo (m) | ศาสนาฮินดู | sàat-sà-nǎa hin-doo |
| hindu (m) | ผู้นับถือศาสนาฮินดู | phôo náp thĕu sàat-sà-nǎa hin-doo |

Islão (m)	ศาสนาอิสลาม	sàat-sà-nǎa ìt-sà-laam
muçulmano (m)	ผู้นับถือศาสนาอิสลาม	phôo náp thĕu sàat-sà-nǎa ìt-sà-laam
muçulmano	มุสลิม	mút-sà-lim

| Xiismo (m) | ศาสนาอิสลามนิกายชีอะฮ์ | sàat-sà-nǎa ìt-sà-laam ní-gaai shi-à |
| xiita (m) | ผู้นับถือนิกายชีอะฮ์ | phôo náp thĕu ní-gaai shi-à |

| sunismo (m) | ศาสนาอิสลามนิกายซุนนี | sàat-sà-nǎa ìt-sà-laam ní-gaai sun-nee |
| sunita (m) | ผู้นับถือนิกายซุนนี | phôo náp thĕu ní-gaai sun-nee |

247. Religiões. Padres

| padre (m) | นักบวช | nák bùat |
| Papa (m) | พระสันตะปาปา | phrá sǎn-dtà-bpaa-bpaa |

monge (m)	พระ	phrá
freira (f)	แม่ชี	mâe chee
pastor (m)	ศาสนาจารย์	sàat-sà-nǎa-jaan

| abade (m) | เจ้าอาวาส | jâo aa-wâat |
| vigário (m) | เจาอาวาส | jâo aa-wâat |

| bispo (m) | มุขนายก | múk naa-yók |
| cardeal (m) | พระคาร์ดินัล | phrá khaa-dì-nan |

pregador (m)	นักเทศน์	nák thâyt
sermão (m)	การเทศนา	gaan thâyt-sà-nǎa
paroquianos (pl)	ลูกวัด	lôok wát

| crente (m) | ผู้ศรัทธา | phôo sàt-thaa |
| ateu (m) | ผู้เชื่อวา ไม่มีพระเจ้า | phôo chêua wâa mâi mee phrá jâo |

248. Fé. Cristianismo. Islão

Adão	อาดัม	aa-dam
Eva	เอวา	ay-waa
Deus (m)	พระเจ้า	phrá jâo
Senhor (m)	พระเจ้า	phrá jâo
Todo Poderoso (m)	พระผู้เป็นเจ้า	phrá phôo bpen jâo
pecado (m)	บาป	bàap
pecar (vi)	ทำบาป	tham bàap
pecador (m)	คนบาป	khon bàap
pecadora (f)	คนบาป	khon bàap
inferno (m)	นรก	ná-rók
paraíso (m)	สวรรค์	sà-wǎn
Jesus	พระเยซู	phrá yay-soo
Jesus Cristo	พระเยซูคริสต์	phrá yay-soo khrít
Espírito (m) Santo	พระจิต	phrá jìt
Salvador (m)	พระผู้ไถ	phrá phôo thài
Virgem Maria (f)	พระนางมารีย์	phrá naang maa ree
	พรหมจารี	phrom-má-jaa-ree
Diabo (m)	มาร	maan
diabólico	ของมาร	khǒrng maan
Satanás (m)	ซาตาน	saa-dtaan
satânico	ซาตาน	saa-dtaan
anjo (m)	เทวทูต	thay-wá-thôot
anjo (m) da guarda	เทวดาผู้	thay-wá-daa phôo
	คุมครอง	khúm khrorng
angélico	ของเทวดา	khǒrng thay-wá-daa
apóstolo (m)	สาวก	sǎa-wók
arcanjo (m)	หัวหน้าทูตสวรรค์	hǔa nâa thôot sà-wǎn
anticristo (m)	ศัตรูของพระคริสต์	sàt-dtroo khǒrng phrá khrít
Igreja (f)	โบสถ์	bòht
Bíblia (f)	คัมภีร์ไบเบิ้ล	kham-phee bai-bêrn
bíblico	ไบเบิ้ล	bai-bêrn
Velho Testamento (m)	พันธสัญญาเดิม	phan-thá-sǎn-yaa derm
Novo Testamento (m)	พันธสัญญาใหม	phan-thá-sǎn-yaa mài
Evangelho (m)	พระวรสาร	phrá won sǎan
Sagradas Escrituras (f pl)	พระคัมภีร์ไบเบิล	phrá kham-phee bai-bern
Céu (m)	สวรรค์	sà-wǎn
mandamento (m)	บัญญัติ	ban-yàt
profeta (m)	ผู้เผยพระวจนะ	phôo phǒie phrá wá-jà-ná
profecia (f)	คำพยากรณ์	kham phá-yaa-gon
Alá	อัลลอฮ์	an-lor
Maomé	พระมูฮัมหมัด	phrá moo ham màt

Corão, Alcorão (m)	อัลกุรอาน	an gù-rá-aan
mesquita (f)	สุเหร่า	sù-rào
mulá (m)	มุลละ	mun lá
oração (f)	บทสวดมนต์	bòt sùat mon
rezar, orar (vi)	สวด	sùat
peregrinação (f)	การจาริกแสวงบุญ	gaan jaa-rík sà-wăeng bun
peregrino (m)	ผู้แสวงบุญ	phôo sà-wăeng bun
Meca (f)	มักกะฮ	mák-gà
igreja (f)	โบสถ์	bòht
templo (m)	วิหาร	wí-hăan
catedral (f)	มหาวิหาร	má-hăa wí-hăan
gótico	แบบโกธิก	bàep goh-thík
sinagoga (f)	โบสถ์ของศาสนายิว	bòht khŏrng sàat-sà-năa yiw
mesquita (f)	สุเหร่า	sù-rào
capela (f)	ห้องสวดมนต์	hôrng sùat mon
abadia (f)	วัด	wát
convento (m)	สำนักแม่ชี	săm-nák mâe chee
mosteiro (m)	อาราม	aa raam
sino (m)	ระฆัง	rá-khang
campanário (m)	หอระฆัง	hŏr rá-khang
repicar (vi)	ตีระฆัง	dtee rá-khang
cruz (f)	ไม้กางเขน	mái gaang khăyn
cúpula (f)	หลังคาทรงโดม	lăng kaa song dohm
ícone (m)	รูปเคารพ	rôop kpao-róp
alma (f)	วิญญาณ	win-yaan
destino (m)	ชะตากรรม	chá-dtaa gam
mal (m)	ความชั่วร้าย	khwaam chûa ráai
bem (m)	ความดี	khwaam dee
vampiro (m)	ผีดูดเลือด	phĕe dòot lêuat
bruxa (f)	แมมด	mâe mót
demónio (m)	ปีศาจ	bpee-sàat
espírito (m)	ผี	phĕe
redenção (f)	การไถ่ถอน	gaan thài thŏrn
redimir (vt)	ไถถอน	thài thŏrn
missa (f)	พิธีมิสซา	phí-tee mít-saa
celebrar a missa	ประกอบพิธี	bprà-gòp phí-thee
	ศีลมหาสนิท	sĕen má-hăa sà-nìt
confissão (f)	การสารภาพ	gaan săa-rá-phâap
confessar-se (vr)	สารภาพ	săa-rá-phâap
santo (m)	นักบุญ	nák bun
sagrado	ศักดิ์สิทธิ์	sàk-gà-dì sìt
água (f) benta	น้ำมนต์	nám mon
ritual (m)	พิธีกรรม	phí-thee gam
ritual	แบบพิธีกรรม	bpaep phí-thee gam
sacrifício (m)	การบูชายัญ	gaan boo-chaa yan

superstição (f)	ความเชื่องมงาย	khwaam chêua ngom-ngaai
supersticioso	เชื่องมงาย	chêua ngom-ngaai
vida (f) depois da morte	ชีวิตหลังความตาย	chee-wít lăng khwaam dtaai
vida (f) eterna	ชีวิตอันเป็นนิรันดร์	chee-wít an bpen ní-ran

TEMAS DIVERSOS

249. Várias palavras úteis

ajuda (f)	ความช่วยเหลือ	khwaam chûay lĕua
barreira (f)	สิ่งกีดขวาง	sìng gèet-khwǎang
base (f)	ฐาน	thǎan
categoria (f)	หมวดหมู่	mùat mòo
causa (f)	สาเหตุ	sǎa-hàyt
coincidência (f)	ความบังเอิญ	khwaam bang-ern
coisa (f)	สิ่ง	sìng
começo (m)	จุดเริ่มต้น	jùt rêrm-dtôn
cómodo (ex. poltrona ~a)	สะดวกสบาย	sà-dùak sà-baai
comparação (f)	การเปรียบเทียบ	gaan bprìap thîap
compensação (f)	การชดเชย	gaan chót-choie
crescimento (m)	การเติบโต	gaan dtèrp dtoh
desenvolvimento (m)	การพัฒนา	gaan phát-thá-naa
diferença (f)	ความแตกต่าง	khwaam dtàek dtàang
efeito (m)	ผลกระทบ	phŏn grà-thóp
elemento (m)	องค์ประกอบ	ong bprà-gòrp
equilíbrio (m)	สมดุล	sà-má-dun
erro (m)	ขอผิดพลาด	khôr phìt phlâat
esforço (m)	ความพยายาม	khwaam phá-yaa-yaam
estilo (m)	สไตล์	sà-dtai
exemplo (m)	ตัวอย่าง	dtua yàang
facto (m)	ขอเท็จจริง	khôr thét jing
fim (m)	จบ	jòp
forma (f)	รูปร่าง	rôop râang
frequente	ถี่	thèe
fundo (ex. ~ verde)	ฉากหลัง	chàak lăng
género (tipo)	ประเภท	bprà-phâyt
grau (m)	ระดับ	rá-dàp
ideal (m)	อุดมคติ	u-dom khá-dtì
labirinto (m)	เขาวงกต	khăo-wong-gòt
modo (m)	วิถีทาง	wí-thĕe thaang
momento (m)	ช่วงเวลา	chûang way-laa
objeto (m)	สิ่งของ	sìng khŏrng
obstáculo (m)	อุปสรรค	u-bpà-sàk
original (m)	ต้นฉบับ	dtôn chà-bàp
padrão	เป็นมาตรฐาน	bpen mâat-dtrà-thăan
padrão (m)	มาตรฐาน	mâat-dtrà-thăan
paragem (pausa)	การหยุด	gaan yùt
parte (f)	สวน	sùan

partícula (f)	อนุภาค	a-nú phâak
pausa (f)	การหยุดพัก	gaan yùt phák
posição (f)	ตำแหนง	dtam-nàeng
princípio (m)	หลักการ	làk gaan

problema (m)	ปัญหา	bpan-hăa
processo (m)	กระบวนการ	grà-buan gaan
progresso (m)	ความกาวหนา	khwaam gâao nâa
propriedade (f)	คุณสมบัติ	khun-ná-sŏm-bàt

reação (f)	ปฏิกิริยา	bpà-dtì gì-rí-yaa
risco (m)	ความเสี่ยง	khwaam sìang
ritmo (m)	จังหวะ	jang wà
segredo (m)	ความลับ	khwaam láp
série (f)	ลำดับ	lam-dàp

sistema (m)	ระบบ	rá-bòp
situação (f)	สถานการณ์	sà-thăan gaan
solução (f)	ทางแก	thaang gâe
tabela (f)	ตาราง	dtaa-raang
termo (ex. ~ técnico)	คำ	kham

tipo (m)	ประเภท	bprà-phâyt
urgente	เรงดวน	râyng dùan
urgentemente	อยางเรงดวน	yàang râyng dùan
utilidade (f)	ความมีประโยชน์	khwaam mee bprà-yòht

variante (f)	ขอ	khôr
variedade (f)	ตัวเลือก	dtua lêuak
verdade (f)	ความจริง	khwaam jing
vez (f)	ตา	dtaa
zona (f)	โซน	sohn

250. Modificadores. Adjetivos. Parte 1

aberto	เปิด	bpèrt
afiado	คม	khom
agradável	ดี	dee
agradecido	สำนึกในบุญคุณ	săm-néuk nai bun khun
alegre	รื่นเริง	rêun rerng

alto (ex. voz ~a)	ดัง	dang
amargo	ขม	khŏm
amplo	กวางขวาง	gwâang khwăang
antigo	โบราณ	boh-raan

apertado (sapatos ~s)	คับ	kháp
arriscado	เสี่ยง	sìang
artificial	เทียม	thiam
azedo	เปรี้ยว	bprîeow
baixo (voz ~a)	ต่ำ	dtàm

| barato | ถูก | thòok |
| belo | สวย | sŭay |

bom	ดี	dee
bondoso	ดี	dee
bonito	สวย	sǔay
bronzeado	ผิวดำแดง	phǐw dam daeng
burro, estúpido	โง่	ngôh
calmo	สงบ	sà-ngòp
cansado	เหนื่อย	nèuay
cansativo	น่าเหนื่อยหน่าย	nâa nèuay nàai
carinhoso	ที่หวงใย	thêe hùang yai
caro	แพง	phaeng
cego	ตาบอด	dtaa bòrt
central	กลาง	glaang
cerrado (ex. nevoeiro ~)	หนา	nǎa
cheio (ex. copo ~)	เต็ม	dtem
civil	พลเรือน	phon-lá-reuan
clandestino	ลับ	láp
claro	ออน	òrn
claro (explicação ~a)	ชัดเจน	chát jayn
compatível	เขากันได้	khâo gan dâai
comum, normal	ปกติ	bpòk-gà-dtì
congelado	แช่แข็ง	châe khǎeng
conjunto	รวมกัน	rûam gan
considerável	สำคัญ	sǎm-khan
contente	มีความสุข	mee khwaam sùk
contínuo	ยาวนาน	yaao naan
contrário (ex. o efeito ~)	ตรงข้าม	dtrorng khâam
correto (resposta ~a)	ถูก	thòok
cru (não cozinhado)	ดิบ	dìp
curto	สั้น	sân
de curta duração	มีอายุสั้น	mee aa-yú sân
de sol, ensolarado	แดดแรง	dàet raeng
de trás	หลัง	lǎng
denso (fumo, etc.)	หนาแน่น	nǎa nâen
desanuviado	ไร้เมฆ	rái mâyk
descuidado	ประมาท	bprà-màat
diferente	ต่างกัน	dtàang gan
difícil	ยาก	yâak
difícil, complexo	ยาก	yâak
direito	ขวา	khwǎa
distante	ห่างไกล	hàang glai
diverso	หลาย	lǎai
doce (açucarado)	หวาน	wǎan
doce (água)	จืด	jèut
doente	ป่วย	bpùay
duro (material ~)	แข็ง	khǎeng
educado	สุภาพ	sù-phâap

encantador	ดี	dee
enigmático	ลึกลับ	léuk láp
enorme	ใหญ่	yài
escuro (quarto ~)	มืด	mêut
especial	พิเศษ	phí-sàyt
esquerdo	ซ้าย	sáai
estrangeiro	ต่างชาติ	dtàang châat
estreito	แคบ	khâep
exato	ถูกต้อง	thòok dtôrng
excelente	ยอดเยี่ยม	yôrt yîam
excessivo	เกินขีด	gern khèet
externo	ภายนอก	phaai nôrk
fácil	ง่าย	ngâai
faminto	หิว	hǐw
fechado	ปิด	bpìt
feliz	มีความสุข	mee khwaam sùk
fértil (terreno ~)	อุดมสมบูรณ์	ù-dom sǒm-boon
forte (pessoa ~)	แข็งแกร่ง	khǎeng gràeng
fraco (luz ~a)	สลัว	sà-lǔa
frágil	เปราะบาง	bpròr baang
fresco	เย็น	yen
fresco (pão ~)	สด	sòt
frio	เย็น	yen
gordo	มันๆ	man man
gostoso	อร่อย	à-ròi
grande	ใหญ่	yài
gratuito, grátis	ฟรี	free
grosso (camada ~a)	หนา	nǎa
hostil	เป็นศัตรู	bpen sàt-dtroo
húmido	ชื้น	chéun

251. Modificadores. Adjetivos. Parte 2

igual	เหมือนกัน	měuan gan
imóvel	ไม่ขยับ	mâi khà-yàp
importante	สำคัญ	sǎm-khan
impossível	เป็นไปไม่ได้	bpen bpai mâi dâai
incompreensível	เข้าใจไม่ได้	khâo jai mâi dâai
indigente	ยากจน	yâak jon
indispensável	จำเป็น	jam bpen
inexperiente	ขาดประสบการณ์	khàat bprà-sòp gaan
infantil	ของเด็ก	khǒrng dèk
ininterrupto	ต่อเนื่อง	dtòr nêuang
insignificante	ไม่สำคัญ	mâi sǎm-khan
inteiro (completo)	ทั้งหมด	tháng mòt
inteligente	ฉลาด	chà-làat

| interno | ภายใน | phaai nai |
| jovem | หนุ่ม | nùm |

largo (caminho ~)	กว้าง	gwâang
legal	ทางกฎหมาย	thaang gòt mǎai
leve	เบา	bao
limitado	จำกัด	jam-gàt
limpo	สะอาด	sà-àat

líquido	เหลว	lěo
liso	เนียน	nian
liso (superfície ~a)	เรียบ	rîap
livre	ไม่จำกัด	mâi jam-gàt
longo (ex. cabelos ~s)	ยาว	yaao

maduro (ex. fruto ~)	สุก	sùk
magro	ผอม	phǒrm
magro (pessoa)	ผอม	phǒrm
mais próximo	ใกล้ที่สุด	glâi thêe sùt

mais recente	ที่ผ่านมา	thêe phàan maa
mate, baço	ด้าน	dâan
mau	แย่	yâe
meticuloso	พิถีพิถัน	phí-thěe-phí-thǎn
míope	สายตาสั้น	sǎai dtaa sân

mole	นิ่ม	nîm
molhado	เปียก	bpìak
moreno	คล้ำ	khlám
morto	ตาย	dtaai
não difícil	ไม่ยาก	mâi yâak

não é clara	ไม่ชัดเจน	mâi chát jayn
não muito grande	ไม่ใหญ่	mâi yài
natal (país ~)	ดั้งเดิม	dâng derm
necessário	จำเป็น	jam bpen
negativo	แง่ลบ	ngâe lóp

nervoso	กระวนกระวาย	grà won grà waai
normal	ปกติ	bpòk-gà-dtì
novo	ใหม่	mài
o mais importante	ที่สำคัญที่สุด	thêe sǎm-khan thêe sùt

obrigatório	จำเป็น	jam bpen
original	ดั้งเดิม	dâng derm
passado	กลาย	glaai
pequeno	เล็ก	lék
perigoso	อันตราย	an-dtà-raai

permanente	ถาวร	thǎa-won
perto	ใกล้	glâi
pesado	หนัก	nàk
pessoal	ส่วนตัว	sùan dtua
plano (ex. ecrã ~ a)	แบน	baen
pobre	จน	jon
pontual	ตรงเวลา	dtrorng way-laa

possível	เป็นไปได้	bpen bpai dâai
pouco fundo	ตื้น	dtêun
presente (ex. momento ~)	ปัจจุบัน	bpàt-jù-ban

prévio	ก่อนหน้า	gòrn nâa
primeiro (principal)	หลัก	làk
principal	หลัก	làk
privado	ส่วนบุคคล	sùan bùk-khon
provável	เป็นไปได้	bpen bpai dâai

próximo	ใกล้	glâi
quente (cálido)	ร้อน	rórn
quente (morno)	อุ่น	ùn
rápido	เร็ว	reo
raro	หายาก	hǎa yâak

remoto, longínquo	ไกล	glai
reto	ตรง	dtrorng
salgado	เค็ม	khem
satisfeito	พอใจ	phor jai

seco	แห้ง	hâeng
seguinte	ถัดไป	thàt bpai
seguro	ปลอดภัย	bplòrt phai
similar	คล้ายคลึง	khláai khleung
simples	ง่าย	ngâai

soberbo	ยอดเยี่ยม	yôrt yîam
social	สาธารณะ	sǎa-thaa-rá-ná
sólido	แข็ง	khǎeng
sombrio	มืดมัว	mêut mua
sujo	สกปรก	sòk-gà-bpròk

superior	สูงสุด	sǒong sùt
suplementar	เพิ่มเติม	phêrm dterm
terno, afetuoso	อ่อนโยน	òn yohn
tranquilo	เงียบ	ngîap
transparente	ใส	sǎi

triste (pessoa)	เศร้า	sâo
triste (um ar ~)	เศร้า	sâo
último	ท้ายสุด	tháai sùt
único	อย่างเดียว	yàang dieow

usado	มือสอง	meu sǒrng
útil	ที่เหมาะสม	thêe mòr sǒm
vazio (meio ~)	ว่าง	wâang
velho	เก่า	gào
vizinho	เพื่อนบ้าน	phêuan bâan

500 VERBOS PRINCIPAIS

252. Verbos A-B

aborrecer-se (vr)	เบื่อ	bèua
abraçar algm.	กอด	gòrt
abrir (~ a janela)	เปิด	bpèrt
acalmar (vt)	ทำให้...สงบ	tham hâi...sà-ngòp
acariciar (vt)	ลูบ	lôop
acenar (vt)	โบกมือ	bòhk meu
acender (~ uma fogueira)	จุดไฟ	jùt fai
achar (vt)	เชื่อ	chêua
acompanhar (vt)	รวมไปด้วย	rûam bpai dûay
aconselhar (vt)	แนะนำ	náe nam
acordar (despertar)	ปลุกให้ตื่น	bplùk hâi dtèun
acrescentar (vt)	เพิ่ม	phêrm
acusar (vt)	กลาวหา	glàao hǎa
adestrar (vt)	ฝึก	fèuk
adivinhar (vt)	คาดเดา	khâat dao
admirar (vt)	ชมเชย	chom choie
advertir (vt)	เตือน	dteuan
afirmar (vt)	ยืนยัน	yeun yan
afogar-se (pessoa)	จมน้ำ	jom náam
afugentar (vt)	ไล่ไป	lâi bpai
agir (vi)	ปฏิบัติ	bpà-dtì-bàt
agitar, sacudir (objeto)	เขยา	khà-yào
agradecer (vt)	แสดงความขอบคุณ	sà-daeng khwaam khòrp kun
ajudar (vt)	ช่วย	chûay
alcançar (objetivos)	บรรลุ	ban-lú
alimentar (dar comida)	ให้อาหาร	hâi aa-hǎan
almoçar (vi)	ทานอาหารเที่ยง	thaan aa-hǎan thîang
alugar (~ o barco, etc.)	จ้าง	jâang
alugar (~ um apartamento)	เช่า	châo
amar (pessoa)	รัก	rák
amarrar (vt)	มัด	mát
ameaçar (vt)	ขู่	khòo
amputar (vt)	ตัดอวัยวะ	dtàt a-wai-wá
anotar (escrever)	จดโน๊ต	jòt nóht
tomar nota	จด	jòt
anular, cancelar (vt)	ยกเลิก	yók lêrk
apagar (com apagador, etc.)	ขัดออก	khàt òrk
apagar (um incêndio)	ดับ	dàp

apaixonar-se de …	ตกหลุมรัก	dtòk lǔm rák
aparecer (vi)	ปรากฏ	bpraa-gòt
aplaudir (vi)	ปรบมือ	bpròp meu
apoiar (vt)	สนับสนุน	sà-nàp-sà-nǔn
apontar para …	เล็ง	leng

apresentar (alguém a alguém)	แนะนำ	náe nam
apresentar (Gostaria de ~)	แนะนำ	náe nam
apressar (vt)	รีบ	rêep
apressar-se (vr)	รีบ	rêep

aproximar-se (vr)	เข้าใกล้	khâo glâi
aquecer (vt)	อุนให้รอน	ùn hâi rórn
arrancar (vt)	ฉีก	chèek
arranhar (gato, etc.)	ขวน	khùan
arrepender-se (vr)	เสียใจ	sǐa jai

arriscar (vt)	เสี่ยง	sìang
arrumar, guardar (vt)	เก็บที่	gèp thêe
arrumar, limpar (vt)	จัดระเบียบ	jàt rá-bìap
aspirar a …	ปรารถนา	bpràat-thà-nǎa

assinar (vt)	ลงนาม	long naam
assistir (vt)	ชวย	chûay
atacar (vt)	โจมตี	johm dtee
atar (vt)	ผูกกับ...	phòok gàp...
atirar (vi)	ยิง	ying

atracar (vi)	จอดเรือ	jòrt reua
aumentar (vi)	เพิ่ม	phêrm
aumentar (vt)	เพิ่ม	phêrm
avançar (sb. trabalhos, etc.)	คืบหน้า	khêup nâa

avistar (vt)	เหลือบมอง	lèuap morng
baixar (guindaste)	ลด	lót
barbear-se (vr)	โกน	gohn
basear-se em …	อิง	ing

bastar (vi)	พอเพียง	phor phiang
bater (espancar)	ตี	dtee
bater (vi)	เคาะ	khór
bater-se (vr)	สู	sôo

beber, tomar (vt)	ดื่ม	dèum
brilhar (vi)	สองแสง	sòrng sǎeng
brincar, jogar (crianças)	เลน	lên
buscar (vt)	หา	hǎa

253. Verbos C-D

caçar (vi)	ล่าหา	lâa hǎa
calar-se (parar de falar)	หยุดพูด	yùt phôot
calcular (vt)	นับ	náp

carregar (o caminhão)	ขนของ	khŏn khŏrng
carregar (uma arma)	ใส่กระสุน	sài grà-sŭn
casar-se (vr)	แต่งงาน	dtàeng ngaan
causar (vt)	เป็นสาเหตุ...	bpen săa-hàyt...
cavar (vt)	ขุด	khùt
ceder (não resistir)	ยอม	yorm
cegar, ofuscar (vt)	ทำให้มองไม่เห็น	tam hâi morng mâi hĕn
censurar (vt)	ตำหนิ	dtam-nì
cessar (vt)	หยุด	yùt
chamar (~ por socorro)	เรียก	rîak
chamar (dizer em voz alta o nome)	เรียก	rîak
chegar (a algum lugar)	ไปถึง	bpai thĕung
chegar (sb. comboio, etc.)	มาถึง	maa thĕung
cheirar (tem o cheiro)	มีกลิ่น	mee glìn
cheirar (uma flor)	ดมกลิ่น	dom glìn
chorar (vi)	ร้องไห้	rórng hâi
citar (vt)	อ้างอิง	âang ing
colher (flores)	เก็บ	gèp
combater (vi)	สู้รบ	sôo róp
começar (vt)	เริ่ม	rêrm
comer (vt)	กิน	gin
comparar (vt)	เปรียบเทียบ	bprìap thîap
compensar (vt)	ชดเชย	chót-choie
competir (vi)	แข่งขัน	khàeng khăn
complicar (vt)	ทำให้...ซับซ้อน	tham hâi...sáp són
compor (vt)	แต่ง	dtàeng
comportar-se (vr)	ประพฤติตัว	bprà-phréut dtua
comprar (vt)	ซื้อ	séu
compreender (vt)	เข้าใจ	khâo jai
comprometer (vt)	ทำให้...เสียเกียรติ	tham hâi...sĭa gìat
concentrar-se (vr)	ตั้งสมาธิ	dtâng sà-maa-thí
concordar (dizer "sim")	เห็นด้วย	hĕn dûay
condecorar (dar medalha)	มอบรางวัล	môrp raang-wan
conduzir (~ o carro)	ขับรถ	khàp rót
confessar-se (criminoso)	สารภาพ	săa-rá-phâap
confiar (vt)	เชื่อ	chêua
confundir (equivocar-se)	สับสน	sàp sŏn
conhecer (vt)	รู้จัก	róo jàk
conhecer-se (vr)	ทำความรู้จัก	tham khwaam róo jàk
consertar (vt)	จัดเรียง	jàt riang
consultar ...	ปรึกษา	bprèuk-săa
contagiar-se com ...	ติดเชื้อ	dtìt chéua
contar (vt)	เล่า	lâo
contar com ...	พึ่งพา	phêung phaa
continuar (vt)	ดำเนินการต่อ	dam-nern gaan dtòr
contratar (vt)	จ้าง	jâang

controlar (vt)	ควบคุม	khûap khum
convencer (vt)	โน้มน้าว	nóhm náao
convidar (vt)	เชิญ	chern
cooperar (vi)	ร่วมมือ	rûam meu
coordenar (vt)	ประสานงาน	bprà-sǎan ngaan
corar (vi)	หน้าแดง	nâa daeng
correr (vi)	วิ่ง	wîng
corrigir (vt)	แก้ไข	gâe khǎi
cortar (com um machado)	ตัดออก	dtàt òrk
cortar (vt)	ตัดออก	dtàt òrk
cozinhar (vt)	ทำ	tham
crer (pensar)	คิด	khít
criar (vt)	สร้าง	sâang
cultivar (vt)	ปลูก	bplòok
cuspir (vi)	ถุย	thǔi
custar (vt)	มีราคา	mee raa-khaa
dar (vt)	ให้	hâi
dar banho, lavar (vt)	อาบน้ำให้	àap náam hâi
datar (vi)	มาตั้งแต่...	maa dtâng dtàe...
decidir (vt)	ตัดสินใจ	dtàt sǐn jai
decorar (enfeitar)	ตกแต่ง	dtòk dtàeng
dedicar (vt)	อุทิศ	u thít
defender (vt)	ปกป้อง	bpòk bpôrng
defender-se (vr)	ปกป้อง	bpòk bpôrng
deixar (~ a mulher)	หย่า	yàa
deixar (esquecer)	ลืม	leum
deixar cair (vt)	ทำให้...ตก	tham hâi...dtòk
denominar (vt)	เรียก	rîak
denunciar (vt)	ประณาม	bprà-naam
depender de ... (vi)	พึ่งพา...	phêung phaa...
derramar (vt)	ทำให้...หก	tham hâi...hòk
derramar-se (vr)	หก	hòk
desaparecer (vi)	หายไป	hǎai bpai
desatar (vt)	แก้มัด	gâe mát
desatracar (vi)	ถอดออก	thòrt òrk
descansar (um pouco)	พัก	phák
descer (para baixo)	ลง	long
descobrir (novas terras)	คนพบ	khón phóp
descolar (avião)	บินขึ้น	bin khêun
desculpar (vt)	ให้อภัย	hâi a-phai
desculpar-se (vr)	ขอโทษ	khǒr thôht
desejar (vt)	ปรารถนา	bpràat-thà-nǎa
desempenhar (vt)	เล่นบท	lên bòt
desligar (vt)	ปิด	bpìt
desprezar (vt)	รังเกียจ	rang gìat

destruir (documentos, etc.)	ทำลาย	tham laai
dever (vi)	ต้อง	dtôrng
devolver (vt)	ส่งคืน	sòng kheun
direcionar (vt)	บอกทาง	bòrk thaang
dirigir (~ uma empresa)	จัดการ	jàt gaan
dirigir-se	พูดกับ	phôot gàp
(a um auditório, etc.)		
discutir (notícias, etc.)	หารือ	hǎa-reu
distribuir (folhetos, etc.)	แจกจ่าย	jàek jàai
distribuir (vt)	แจกจ่าย	jàek jàai
divertir (vt)	ทำให้รื่นเริง	thám hâi rêun rerng
divertir-se (vr)	มีความสุข	mee khwaam sùk
dividir (mat.)	หาร	hǎan
dizer (vt)	พูด	phôot
dobrar (vt)	เพิ่มเป็นสองเท่า	phêrm bpen sǒrng thâo
duvidar (vt)	สงสัย	sǒng-sǎi

254. Verbos E-J

elaborar (uma lista)	รวบรวม	rûap ruam
elevar-se acima de …	ทำให้…สูงเหนือ	tham hâi…sǒong nĕua
eliminar (um obstáculo)	กำจัด	gam-jàt
embrulhar (com papel)	หอ	hòr
emergir (submarino)	ขึ้นมาที่ผิวน้ำ	khêun maa thêe phǐw náam
emitir (vt)	ปล่อย	bplòi
empreender (vt)	ดำเนินการ	dam-nern gaan
empurrar (vt)	ผลัก	phlàk
encabeçar (vt)	นำ	nam
encher (~ a garrafa, etc.)	เติมให้เต็ม	dterm hâi dtem
encontrar (achar)	คนหา	khón hǎa
enganar (vt)	หลอก	lòrk
ensinar (vt)	สอน	sǒrn
entrar (na sala, etc.)	เข้า	khâo
enviar (uma carta)	สง	sòng
equipar (vt)	ติด	dtìt
errar (vi)	ทำผิดพลาด	tham phìt phlâat
escolher (vt)	เลือก	lêuak
esconder (vt)	ซอน	sôrn
escrever (vt)	เขียน	khǐan
escutar (vt)	ฟัง	fang
escutar atrás da porta	ลอบฟัง	lôrp fang
esmagar (um inseto, etc.)	บี้	bêe
esperar (contar com)	คาดหวัง	khâat wǎng
esperar (o autocarro, etc.)	รอ	ror
esperar (ter esperança)	หวัง	wǎng
espreitar (vi)	แอบดู	àep doo

| esquecer (vt) | ลืม | leum |
| estar | อยู่ | yòo |

estar convencido	ถูกโน้มน้าว	thook nóhm náao
estar deitado	นอน	norn
estar perplexo	สับสน	sàp sŏn
estar sentado	นั่ง	nâng

estremecer (vi)	สั่น	sàn
estudar (vt)	เรียน	rian
evitar (vt)	หลีกเลี่ยง	lèek lîang
examinar (vt)	ตรวจสอบ	dtrùat sòrp
exigir (vt)	เรียกร้อง	rîak rórng

existir (vi)	มีอยู่	mee yòo
explicar (vt)	อธิบาย	à-thí-baai
expressar (vt)	แสดงออก	sà-daeng òrk
expulsar (vt)	ไล่ออก	lâi òrk
facilitar (vt)	ทำให้...ง่ายขึ้น	tham hâi...ngâai khêun

falar com ...	คุยกับ	khui gàp
faltar a ...	พลาด	phlâat
fascinar (vt)	หว่านเสน่ห์	wàan sà-này
fatigar (vt)	ทำให้...เหนื่อย	tham hâi...nèuay

fazer (vt)	ทำ	tham
fazer lembrar	นึกถึง	néuk thěung
fazer piadas	ล้อเล่น	lór lên
fechar (vt)	ปิด	bpìt
felicitar (dar os parabéns)	แสดงความยินดี	sà-daeng khwaam yin dee

ficar cansado	เหนื่อย	nèuay
ficar em silêncio	นิ่งเงียบ	nîng ngîap
ficar pensativo	มัวแตครุ่นคิด	mua dtàe khrûn-khít
forçar (vt)	บังคับ	bang-kháp

formar (vt)	ก่อตั้ง	gòr dtâng
fotografar (vt)	ถ่ายภาพ	thàai phâap
gabar-se (vr)	อวด	ùat
garantir (vt)	รับประกัน	ráp bprà-gan

gostar (apreciar)	ชอบ	chôrp
gostar (vt)	ชอบ	chôrp
gritar (vi)	ตะโกน	dtà-gohn
guardar (cartas, etc.)	เก็บ	gèp

guerrear (vt)	ทำสงคราม	tham sŏng-khraam
herdar (vt)	รับมรดก	ráp mor-rá-dòrk
iluminar (vt)	ทำให้สว่าง	tham hâi sà-wàang
imaginar (vt)	มีจินตนาการ	mee jin-dta-naa gaan

imitar (vt)	เลียนแบบ	lian bàep
implorar (vt)	ขอร้อง	khŏr rórng
importar (vt)	นำเข้า	nam khâo
indicar (orientar)	ชี้	chée
indignar-se (vr)	ขุ่นเคือง	khùn kheuang

239

infetar, contagiar (vt)	ทำให้ติดเชื้อ	tham hâi dtìt chéua
influenciar (vt)	มีอิทธิพล	mee ìt-thí phon
informar (fazer saber)	แจง	jâeng

informar (vt)	แจ้ง	jâeng
informar-se (~ sobre)	สอบถาม	sòrp thăam
inscrever (na lista)	เขียน...ใส	khĭan...sài
inserir (vt)	สอดใส	sòrt sài

insinuar (vt)	พูดเป็นนัย	phôot bpen nai
insistir (vi)	ยืนยัน	yeun yan
inspirar (vt)	บันดาลใจ	ban-daan jai
instruir (vt)	สอน	sŏrn

insultar (vt)	ดูถูก	doo thòok
interessar (vt)	ทำให้...สนใจ	tham hâi...sŏn jai
interessar-se (vr)	สนใจ	sŏn jai
intervir (vi)	แทรกแซง	sâek saeng

invejar (vt)	อิจฉา	ìt-chăa
inventar (vt)	ประดิษฐ์	bprà-dìt
ir (a pé)	ไป	bpai
ir (de carro, etc.)	ไป	bpai

ir nadar	ว่ายน้ำ	wâai náam
ir para a cama	ไปนอน	bpai norn
irritar (vt)	ทำให้...รำคาญ	tham hâi...ram-khaan
irritar-se (vr)	หงุดหงิด	ngùt-ngìt

isolar (vt)	แยก	yâek
jantar (vi)	ทานอาหารเย็น	thaan aa-hăan yen
jogar, atirar (vt)	ขวาง	khwâang
juntar, unir (vt)	ทำให้...รวมกัน	tham hâi...ruam gan
juntar-se a ...	เขารวมใน	khâo rûam nai

255. Verbos L-P

lançar (novo projeto)	เปิด	bpèrt
lavar (vt)	ล้าง	láang
lavar a roupa	ซักผ้า	sák phâa
lavar-se (vr)	อาบน้ำ	àap náam

lembrar (vt)	จำ	jam
ler (vt)	อ่าน	àan
levantar-se (vr)	ลุกขึ้น	lúk khêun
levar (ex. leva isso daqui)	เอาไป	ao bpai
libertar (cidade, etc.)	ปลดปล่อย	bplòt bplòi

ligar (o radio, etc.)	เปิด	bpèrt
limitar (vt)	จำกัด	jam-gàt
limpar (eliminar sujeira)	ทำความสะอาด	tham khwaam sà-àat
limpar (vt)	ทำความสะอาด	tham khwaam sà-àat
lisonjear (vt)	ชม	chom
livrar-se de ...	กำจัด...	gam-jàt...

lutar (combater)	สู้	sôo
lutar (desp.)	มวยปล้ำ	muay bplâm
marcar (com lápis, etc.)	ทำเครื่องหมาย	tham khrêuang mǎai
matar (vt)	ฆ่า	khâa
memorizar (vt)	จดจำ	jòt jam
mencionar (vt)	กลาวถึง	glàao thěung
mentir (vi)	โกหก	goh-hòk
merecer (vt)	สมควรได้รับ	sǒm khuan dâai ráp
mergulhar (vi)	ดำ	dam
misturar (combinar)	ผสม	phà-sǒm
morar (vt)	อยู่อาศัย	yòo aa-sǎi
mostrar (vt)	แสดง	sà-daeng
mover (arredar)	ย้าย	yáai
mudar (modificar)	เปลี่ยน	bplìan
multiplicar (vt)	คูณ	khoon
nadar (vi)	ว่ายน้ำ	wâai náam
negar (vt)	ปฏิเสธ	bpà-dtì-sàyt
negociar (vi)	เจรจา	jayn-rá-jaa
nomear (função)	มอบหมาย	môrp mǎai
obedecer (vt)	เชื่อฟัง	chêua fang
objetar (vt)	ค้าน	kháan
observar (vt)	สังเกตการณ์	sǎng-gàyt gaan
ofender (vt)	ลวงเกิน	lûang gern
olhar (vt)	มองดู	morng doo
omitir (vt)	เว้น	wén
ordenar (mil.)	สั่งการ	sàng gaan
organizar (evento, etc.)	จัด	jàt
ousar (vt)	กล้า	glâa
ouvir (vt)	ได้ยิน	dâai yin
pagar (vt)	จ่าย	jàai
parar (para descansar)	หยุด	yùt
parecer-se (vr)	เหมือนๆ	měuan
participar (vi)	มีส่วนร่วม	mee sùan rûam
partir (~ para o estrangeiro)	ออกเดินทาง	òrk dern thaang
passar (vt)	ผ่าน	phàan
passar a ferro	รีด	rêet
pecar (vi)	ทำบาป	tham bàap
pedir (comida)	สั่งอาหาร	sàng aa-hǎan
pedir (um favor, etc.)	ขอ	khǒr
pegar (tomar com a mão)	รับ	ráp
pegar (tomar)	เอา	ao
pendurar (cortinas, etc.)	แขวน	khwǎen
penetrar (vt)	แทรกซึม	sâek seum
pensar (vt)	คิด	khít
pentear-se (vr)	หวีผม	wěe phǒm
perceber (ver)	สังเกต	sǎng-gàyt

perder (o guarda-chuva, etc.)	ทำหาย	tham hǎai
perdoar (vt)	ยกโทษให้	yók thôht hâi
deixar (permitir)	อนุญาตให้	a-nú-yâat hâi
permitir (vt)	อนุญาต	a-nú-yâat
pertencer (vt)	เป็นของของ...	bpen khǒrng khǒrng...

perturbar (vt)	รบกวน	róp guan
pesar (ter o peso)	มีน้ำหนัก	mee nám nàk
pescar (vt)	จับปลา	jàp bplaa
planear (vt)	วางแผน	waang phǎen

poder (vi)	สามารถ	sǎa-mâat
pôr (posicionar)	วาง	waang
colocar (vt)	วาง	waang
possuir (vt)	เป็นเจ้าของ	bpen jâo khǒrng

predominar (vi, vt)	ชนะ	chá-ná
preferir (vt)	ชอบ	chôrp
preocupar (vt)	ทำให้...เป็นห่วง	tham hâi...bpen hùang
preocupar-se (vr)	กังวล	gang-won

preocupar-se (vr)	เป็นห่วง	bpen hùang
preparar (vt)	เตรียม	dtriam
preservar (ex. ~ a paz)	รักษา	rák-sǎa
prever (vt)	คาดหวัง	khâat wǎng

privar (vt)	ตัด	dtàt
proibir (vt)	ห้าม	hâam
projetar, criar (vt)	ออกแบบ	òrk bàep
prometer (vt)	สัญญา	sǎn-yaa

pronunciar (vt)	ออกเสียง	òrk sǐang
propor (vt)	เสนอ	sà-něr
proteger (a natureza)	ปกป้อง	bpòk bpôrng
protestar (vi)	ประท้วง	bprà-thúang
provar (~ a teoria, etc.)	พิสูจน์	phí-sòot

provocar (vt)	ยั่วยุ	yûa yú
publicitar (vt)	โฆษณา	khôht-sà-naa
punir, castigar (vt)	ลงโทษ	long thôht
puxar (vt)	ดึง	deung

quebrar (vt)	ทำพัง	tham phang
queimar (vt)	เผา	phǎo
queixar-se (vr)	บ่น	bòn
querer (desejar)	ต้องการ	dtôrng gaan

256. Verbos Q-Z

rachar-se (vr)	แตก	dtàek
realizar (vt)	ทำให้...เป็นจริง	tham hâi...bpen jing
recomendar (vt)	แนะนำ	náe nam
reconhecer (identificar)	จดจำ	jòt jam
reconhecer (o erro)	ยอมรับ	yorm ráp

recordar, lembrar (vt)	จำ	jam
recuperar-se (vr)	ฟื้นตัว	féun dtua
recusar (vt)	ปฏิเสธ	bpà-dtì-sàyt
reduzir (vt)	ลด	lót
refazer (vt)	ทำซ้ำ	tham sám
reforçar (vt)	เสริม	sĕrm
refrear (vt)	ยับยั้ง	yáp yáng
regar (plantas)	รดน้ำ	rót náam
remover (~ uma mancha)	ลางออก	láang òrk
reparar (vt)	ซอม	sôrm
repetir (dizer outra vez)	พูดซ้ำ	phôot sám
reportar (vt)	รายงาน	raai ngaan
repreender (vt)	ดุวา	dù wâa
reservar (~ um quarto)	จอง	jorng
resolver (o conflito)	ยุติ	yút-dtì
resolver (um problema)	แก้ไข	gâe khăi
respirar (vi)	หายใจ	hăai jai
responder (vt)	ตอบ	dtòrp
rezar, orar (vi)	ภาวนา	phaa-wá-naa
rir (vi)	หัวเราะ	hŭa rór
romper-se (corda, etc.)	ขาด	khàat
roubar (vt)	ขูโมย	khà-moi
saber (vt)	รู	róo
sair (~ de casa)	ออกไป	òrk bpai
sair (livro)	ออกวางจำหน่าย	òrk waang jam-nàai
salvar (vt)	ชวยชีวิต	chûay chee-wít
satisfazer (vt)	ทำให้...พอใจ	tham hâi...phor jai
saudar (vt)	ทักทาย	thák thaai
secar (vt)	ทำให้...แห้ง	tham hâi...hâeng
seguir …	ไปตาม...	bpai dtaam...
selecionar (vt)	เลือก	lêuak
semear (vt)	หวาน	wàan
sentar-se (vr)	นั่ง	nâng
sentenciar (vt)	พิพากษา	phí-phâak-săa
sentir (~ perigo)	รับรู	ráp róo
ser diferente	แตกต่าง	dtàek dtàang
ser indispensável	มีความจำเป็น	mee khwaam jam bpen
ser necessário	เป็นที่ต้องการ	bpen thêe dtôrng gaan
ser preservado	ได้รับการรักษา	dâai ráp gaan rák-săa
ser, estar	เป็น	bpen
servir (restaurant, etc.)	เชิรฟ	sêrf
servir (roupa)	เหมาะ	mò
significar (palavra, etc.)	บงบอก	bòng bòrk
significar (vt)	บ่งบอก	bòng bòrk
simplificar (vt)	ทำให้งายขึ้น,	tham hâi ngâai khêun

| sobrestimar (vt) | ตีค่าสูงเกิน | dtee khâa sŏong gern |
| sofrer (vt) | ทรมาน | thor-rá-maan |

sonhar (vi)	ฝัน	făn
sonhar (vt)	ฝัน	făn
soprar (vi)	เป่า	bpào
sorrir (vi)	ยิ้ม	yím

subestimar (vt)	ดูถูก	doo thòok
sublinhar (vt)	ขีดเส้นใต้	khèet sên dtâi
sujar-se (vr)	สกปรก	sòk-gà-bpròk
supor (vt)	สมมุติ	sŏm mút
suportar (as dores)	ทน	thon

surpreender (vt)	ทำให้...ประหลาดใจ	tham hâi...bprà-làat jai
surpreender-se (vr)	ประหลาดใจ	bprà-làat jai
suspeitar (vt)	สงสัย	sŏng-săi
suspirar (vi)	ถอนหายใจ	thŏrn hăai-jai

fazer uma tentativa	ลอง	lorng
tentar (vt)	พยายาม	phá-yaa-yaam
ter (vt)	มี	mee
ter medo	กลัว	glua

terminar (vt)	จบ	jòp
tirar (vt)	เอาออก	ao òrk
tirar cópias	ถ่ายสำเนาหลายฉบับ	thàai săm-nao lăai chà-bàp
tirar uma conclusão	สรุป	sà-rùp

tocar (com as mãos)	สัมผัส	săm-phàt
tomar emprestado	ขอยืม	khŏr yeum
tomar o pequeno-almoço	ทานอาหารเช้า	thaan aa-hăan cháo
tornar-se (ex. ~ conhecido)	กลายเป็น	glaai bpen

trabalhar (vi)	ทำงาน	tham ngaan
traduzir (vt)	แปล	bplae
transformar (vt)	เปลี่ยนแปลง	bplìan bplaeng
tratar (a doença)	รักษา	rák-săa
trazer (vt)	นำมา	nam maa

treinar (pessoa)	ฝึก	fèuk
treinar-se (vr)	ฝึก	fèuk
tremer (de frio)	หนาวสั่น	năao sàn
trocar (vt)	แลกเปลี่ยน	lâek bplìan

trocar, mudar (vt)	แลกเปลี่ยน	lâek bplìan
usar (uma palavra, etc.)	ใช้	chái
utilizar (vt)	ใช้	chái
vacinar (vt)	ฉีดวัคซีน	chèet wák-seen
vender (vt)	ขาย	khăai

verter (encher)	ริน	rin
vingar (vt)	แก้แค้น	gâe kháen
virar (ex. ~ â direita)	เลี้ยว	líeow
virar (pedra, etc.)	พลิก	phlík
virar as costas	หมุนหน้า	múan nâa

viver (vi)	มีชีวิต	mee chee-wít
voar (vi)	บิน	bin
voltar (vi)	กลับ	glàp

votar (vi)	ลงคะแนน	long khá-naen
zangar (vt)	ทำให้...โกรธ	tham hâi...gròht
zangar-se com ...	โกรธ	gròht
zombar (vt)	เยาะเย้ย	yór-yóie

www.ingramcontent.com/pod-product-compliance
Lightning Source LLC
Chambersburg PA
CBHW071321090426
42738CB00012B/2760